식민 정책 논쟁

우무상 편역

편역자

우무상

경북대학교 불어불문학과에 재직하면서
학생들과 더불어 프랑스 문화에 대해서 공부하고 있다.

메일 moswoo@knu.ac.kr

식민 정책 논쟁
- 1885년 7월 28일과 30일 프랑스 하원에서

찍은 날 2023년 1월 16일 | **펴낸 날** 2023년 1월 20일
편역자 우무상 | **펴낸이** 홍원화 | **펴낸 곳** 경북대학교출판부
출판등록 1973년 10월 10일 ㉶97호 | **주소** 대구광역시 북구 대학로 80
전화 053-950-3830 | **팩스** 053-953-4692
이메일 press@knu.ac.kr | **홈페이지** http://knupress.com
ISBN 978-89-7180-597-8 93920

정가는 뒤표지에 있습니다. 파본은 바꾸어 드립니다.

식민 정책 논쟁

1885년 7월 28일과 30일 프랑스 하원에서

우무상 편역

경북대학교출판부

contents

식민 정책 논쟁

일러두기 6

편역자의 말 7

1885년 7월 28일(화요일) **제90차 회의** 33

1885년 7월 30일(목요일) **제91차 회의** 129

※ **일러두기**

- 아래 번역문은 프랑스 공화국 『관보 *Journal officiel*』에 실려 있는 해당 일자의 논쟁 기록 전체를 옮긴 것이다. 제목은 편역자가 임의로 붙였다.

- 각주는 모두 편역자가 붙였다.

- [ ] 속의 내용은 앞뒤 발언을 보충하기 위해서 편역자가 임의로 넣은 것이다.

- ≪ ≫ 속의 내용은 발언자가 다른 사람의 말이나 글을 고스란히 인용한 것이다.

- " " 속의 내용은 발언자가 다른 사람의 말이나 글을 인용하면서 자기 식으로 해석한 것이다.

- 원문은 프랑스 하원의 연단과 의석에서 오간 말들을 문서로 정리한 것인데, 편역자가 이를 읽으면서 오류를 범했을 수도 있다는 점을 말씀드리며 양해를 구한다.
  1) 프랑스어 주어 인칭 대명사 'vous'는 2인칭 단수 존칭, 2인칭 복수 존칭, 2인칭 복수 비칭으로 쓰이는데, 이 번역문에서는 상황에 따라 '의원님', '의원님들' 등으로 옮겼다. 경우에 따라서는 '의원님'은 '의원님들'로, '의원님들'은 '의원님'으로 옮겨야 옳을 수도 있다.
  2) 주어 인칭 대명사 'on'은 모든 인칭 대명사를 대신해서 쓰이는데, 이 번역문에서는 상황에 따라 '어느 분', '그분', '우리', '프랑스 사람들' 등으로 옮겼다. 경우에 따라서는 다른 낱말로 옮겨야 옳을 수도 있다.

편역자의 말

2005년 10월 27일, 프랑스 북동부에 있는 작은 코뮌(우리의 읍, 면, 동에 해당하는 행정 구역) 클리시-수-브와 *Clichy-Sous-Bois*에서 시작된 사건은 프랑스인들뿐만 아니라 세계인들이 그때까지 프랑스에 대해서 지니고 있던 '아름다운' 이미지를 여지없이 부수어놓았다. 그날, 경찰의 검문을 피해 달아나던 청소년 3명이 담을 넘어 변전소로 들어갔다가 그들 중에서 2명(아랍계 1명과 흑인 1명으로 보인다.)이 변압기에 감전되어 사망했다. 청소년들이 거리로 나와서 주차된 차량들에 불을 지르고 돌을 던지면서 경찰에 항의하는 시위가 시작되었다. 시위에 참가한 청소년 대부분은 과거에 프랑스 식민지였던 국가들에서 이민한 사람들의 2~3세대 후손들이었다. 시위는 프랑스 전역으로 확산되었다. 급기야 프랑스인들의 맞불 시위가 벌어지면서 프랑스가 자체 내에 큰 문제를 안고 있다는 것이 드러나기에 이르렀다. 프랑스 내의 이민자들과 무슬림들 문제가 그러했다. 이 사건 이후로 프랑스에서 이민자들의 후손이나 무슬림이 일으키는 잦은 테러 소식은 우리로 하여금 프랑스의 식민 지배 과거사를 되돌아보게 한다.

클리시-수-브와 사건이 일어난 그해 2월 23일에 프랑스 국회에서 가결된 법 제4조에 다음과 같은 내용이 포함되어 있었다. ≪학교 교과 과정에서는 프랑스인들이 해외, 특히 북아프리카에 진출해서 한 긍정적인 역할을 인정하고, 이 영토 출신으로 프랑스 군대에 가담해서 싸운 사람들의 희생과 역사에 대해서는 마땅한 자리를 마련한다.≫ 이 글에서 ≪(…) 인정하고, (…) 마련한다≫는 사실상 ≪(…) 인정해야 하며, (…) 마련해야 한다≫는 의미를 담고 있다. 따라서 이 조항의 내용은 프랑스인들이 식민지에서 한 ≪긍정적인 역할≫을 학교에서 가르쳐야 한다는 것과 다르지 않다. 역사학자들의 주도로 반대 운동이 전개되면서 문제의 조항은 이듬해에 폐기되었다. 이 법의 발의 동기문(이것은 2003년 3월 5일에 프랑스 국민의회에 제출되었다.)을 보면, 이 법을 입안한 사람들의 머릿속에 담겨 있던 생각을 보다 분명하게 알 수 있다. 그 내용은 다음과 같다. 프랑스는 알제리를 식민 지배하면서(1830~1962년) 그곳에 ≪[프랑스] 공화국의 과학·기술·행정의 노하우, 공화국의 문화, 공화국의 언어를 가져다주었으며, (…) 부분적으로는 많은 남성과 여성의 용기와 개척 정신 덕분에 알제리는 발전했다.≫ 이 구절은 프랑스가 알제리를 식민 지배한 것을 정당화하는 것 아닌 다른 어떤 것으로 이해되지 않는다.

프랑스의 식민 지배를 정당화하는 보다 최근의 예는 세네갈 — 이곳은 17세기 중반에 프랑스 노예 무역 상인들이 진출한 이후로 1960년까지 프랑스 식민지였다. — 을 방문한 니콜라 사르코지 프랑스 대통령이 2007년 7월 26일에 다카르에 있는 셰이크-안타-디옵 *Cheikh-Anta-Diop* 대학교의 계단강의실에서 그곳 젊은이들을 대상으로 한 연설에서 표명한 견해이다. 그 연설에서 그는 노예 제도와 노예 무역을 ≪반인륜 범죄≫ — 2001년 3월 21일 프랑스 국회에서 가결된 일명 ≪토비라 *Taubira*≫법에서 노예 제도와 노예 무역은 그렇게 규정되었다. —로 규정하면서도 다음과 같이 말했다. ≪그 어느 누구도 과거 세대들이 자행한 그 범죄에 대해서 속죄하라고 지금 세대들에게 요구할 수 없습니다. 그 어느 누구도 아버지의 과오에 대해서 참회하라고 자식에게 요구할 수 없습니다.≫ 이어지는 연설에서 그는 유럽의 식민지 개척자가 아프리카를 점령하고 그곳의 자원과 부(富)를 수탈했으며 식민지인들의 인격을 박탈하고 자유, 땅, 노동의 결실을 빼앗았다고 인정하면서도, 그 식민지 개척자가 그곳에 ≪다리, 도로, 병원, 진료소를 건설했으며≫ ≪그곳 땅을 비옥하게 만들었다.≫라고 했다. 그의 발언은 다음과 같이 이어진다. ≪모든 식민지 이주민들이 도둑이었던 것은 아니며, 모든 식민지 이주민들이 착취자였던 것은 아닙니다. 그들 중에는 나쁜 사람들도 있었지만, 선의(善意)의 사람들, 자신이 문명화 사명 *mission civilisatrice*을 완수하고 있다고 생각한 사람들, 선(善)을 행하고 있다고 생각한 사람들도 있었습니다. 그들은 착각했지만, 어떤 사람들은 진실했습니다. (…) 그들은 자신들이 [식민지인들의] 무지몽매, 미신, 예속의 사슬을 부순다고 믿었습니다.≫ 대통령 특별 보좌관인 앙리 게노 *Henri Guaino*가 쓴 이 연설문에서 프랑스 최고위 당국자(대통령)는 프랑스의 식민 지배 과거사에 대해서 ≪속죄하고≫ ≪참회하기≫를 명시적으로 거부하고 그 역사를 정당화했던 것이다. 이 연설문에서 특히 주목할 것은 ≪문명화 사명≫이라는 표현이다. 이 낱말은 사르코지의 발언이 있었던 때로부터 122년 전에 식민지 확장 정책을 지지하던 프랑스의 유력 정치인들이 자주 언급한 낱말이다. 우리는 아래에서 읽게 될 논쟁 기록에서 그들을 만나게 될 것이다.

*

프랑스의 해외 영토 개척 역사는 멀리는 자크 카르티에 *Jacques Cartier*가 캐

나다에 진출한 때(1534년)까지 소급되지만, 식민지 확장 사업이 크게 활기를 띠게 된 것은 제3공화국 시대(1870~1940년)이다. 프랑스 제3공화국 정부가 식민지 확장 사업에 몰두하게 된 동기는 무엇이었던가? 이 질문에 대한 명쾌한 답변을 얻을 수 있는 사료가 아래에 우리말로 옮겨둔 논쟁(1885년 7월 28일과 30일 프랑스 하원에서 있었다.) 기록이다. 이 기록은 고등학교 역사 교과서에 발췌·수록되고 바칼로레아 시험 예상 문제로 제시될 정도로 프랑스에서는 비교적 잘 알려져 있다.

이 논쟁이 벌어진 시점이 베를린 회의(1884년 11월 15일~1885년 2월 26일)가 끝난 직후였다는 사실을 주목할 필요가 있다. 비스마르크가 주도한 이 회의에 참석한 14개국(독일, 프랑스, 오스트리아-헝가리, 벨기에, 덴마크, 스페인, 미국, 영국, 이탈리아, 스웨덴, 노르웨이, 포르투갈, 러시아, 오스만 제국)의 대표자들은 협정문 제34조와 제35조에서 사하라 사막 이남의 아프리카를 나누어 가지기 위한 규칙을 설정했다. 아프리카 대륙의 어떤 대표자도 회의에 참여하지 못한 채로 아프리카의 운명이 열강에 의해서 결정된 것이다. 이 협정의 결과로 유럽 열강의 식민지 확장 정책은 일종의 합법성을 얻었다. 프랑스 제3공화국의 집권 공화주의자들 역시 식민지 확장 정책을 펴는 데에 있어서 이 회의 결과에 고무되었다.

1885년 7월 28일과 30일의 논쟁은 프랑스 제3공화국 정부가 마다가스카르를 정복하기 위한 원정대를 보내는 데에 필요한 예산에 대한 심의를 하원에 회부하면서 시작되었다. 이 논쟁의 맥락을 이해하기 위해서는 약간의 설명이 필요하다. 아프리카 대륙 동남쪽에 있는 이 큰 섬은 한때 프랑스인들이 ≪오리엔트의 프랑스≫라고 불렀던 곳으로, 면적은 프랑스 본국 영토(약 53만 km^2)보다 약간 더 넓지만(59만 km^2) 인구는 350만 명을 넘지 않아서 프랑스 제3공화국 정부에게는 매력적으로 보였다. 마다가스카르와 프랑스의 관계는 루이 13세와 루이 14세까지 거슬러 올라가지만, 프랑스가 마다가스카르 섬 전체를 정복하려는 야욕을 드러내기 시작한 것은 19세기 후반이다. 1883년 2월, 해군·식민부 장관 대행 프랑스와 세제르 드 마이 *François Césaire de Mahy*가 인도양 주둔 함대를 지휘하는 귀스타브 피에르 *Gustave Pierre* 해군 소장에게, 함대를 이끌고 마다가스카르로 가서 호바족(마다가스카르의 지배 종족) 정부에 대해서 실력 행사를 하도록 명령했다. 그렇게 해서 프랑스와 호바족 정부 사이에 긴장이 드높아갔다. 베를린 회의가 폐막되고 약 한 달이 지난 3월 23일, 마침내 마다가스카르에 대해서 강경책을 펴기로 결심을 굳힌 쥘 페리 *Jules Ferry* 각의장(閣議長 *président du conseil des ministres*)(당시에 내각 수반을 부르던 이름)이 새 해군·식민부 장관 알렉상드르 페이롱 *Alexandre Peyron*의 이름으로, 마다가스카르에 원정대를 보내는 데에 필요한 1219만 프랑의 특별 예산과 관련한 법안을 하원에 제출했다. 이 예산안은 우여곡절(이에 대해서는 아래에서 다시 언급할 것이다.)을 거쳐서 그해 7월 30일의 표결에서 가결되었다. 이렇게 해서 프랑스 제3공화국은 마다가스카르를 복속하기 위한 원정에 힘차게 뛰어들 수 있었다.

1885년 12월 17일에 조약이 체결되어 프랑스와 마다가스카르의 호바족 정부 간의 긴장은 해소되는 듯이 보였지만, 마다가스카르가 프랑스의 식민지로 전락하는 데에는 적지 않은 세월이 필요했다. 그로부터 10년이 흐른 1895년에 비로소 마다가스카르는 프랑스에 병합되었던 것이다. 그해 10월 1일, 쟈크 뒤셴 *Jacques Duchesne* 장군이 이끄는 원정대가 마다가스카르의 수도 타나나리브에 입성했으며, 이듬해 8월 6일에 프랑스 하원은 마다가스카르를 프랑스에 병합하기로 가결했다. 이렇게 해서 마다가스카르는 독립할 때(1960년)까지 64년 동안 프랑스의 지배를 받기에 이르렀다.

문제의 논쟁에서 자주 마주치게 될 통킹에 대해서도 간략히 살펴보기로

하자. 마다가스카르에 원정대를 파견하는 문제가 대두되던 1885년 초, 프랑스군은 통킹 북부에서 청나라의 흑기군(黑旗軍)과 싸우고 있었다. 코친차이나, 안남, 통킹은 이미 프랑스의 보호령이 되어 있었으며, 청불 전쟁이 끝을 향해 가던 시점이었다. 그해 2월 말, 루이 브리에르 드 릴 *Louis Brière de l'Isle* 장군이 이끄는 부대와 오스카르 드 네그리에 *Oscar de Négrier* 장군이 이끄는 부대가 통킹에 있는 랑선 *Langson*을 점령하는 데에 성공했다. 랑선은 중국과의 국경 부근에 있는 홍하(紅河 또는 송꼬이강) 입구의 삼각주에 인접한 곳으로, 청나라 군대의 공격으로부터 통킹을 방어할 수 있는 전략적 요충지였다. 그해 3월 29일 아침 6시, 브리에르 드 릴 장군이 보낸 전문(電文)이 파리의 육군부에 도착했다. 전문 내용은, 중국군의 대대적인 공격을 받고서 드 네그리에 장군이 크게 부상(負傷)했으며, 프랑스 병력이 중국군의 수적 우세에 밀리고 탄약이 바닥나서 랑선에서 퇴각해야 하며, 가능한 한 빨리 증원군을 보내 달라는 것이었다. 많은 프랑스인에게 있어서 그 사건은 ≪해외의 스당 *Sedan d'outre-mer*≫으로 여겨졌다. 스당은 보불 전쟁에서 1870년 9월 1일에 나폴레옹 3세가 치욕적으로 프로이센군의 포로가 되고 항복 문서에 서명한 곳이다. 따라서 랑선 퇴각 사건은 프랑스 군대가 당한 또 다른 수모로 여겨졌던 것이다. 30일 오후 3시, 페리가 하원의 연단에 올라 의원들에게 통킹의 상황에 대해서 안심시키고, 통킹 원정을 계속하는 데에 필요한 특별 예산 2억 프랑에 대해서 심의해줄 것을 요청했다. 급진 공화주의자들의 우두머리 죠르쥬 클레망소 *Georges Clemenceau*는 쥘 페리를 비롯한 장관들을 가리켜서 ≪대역죄를 저지른 피고인들≫이라고 하면서 맹렬히 공격했다. 페리가 요청한 안건은 압도적인 반대(찬성 149표, 반대 306표)로 부결되었다. 궁지에 몰린 페리는 쥘 그레비 *Jules Grévy* 대통령에게 사임서를 제출했다. 하지만 이튿날(31일), 하원은 통킹 원정에 사용할 5000만 프랑의 예산안을 만장일치로 가결하고 8000명의 증원군을 보내는 데에 동의했다. 랑선 퇴각 소식이 들려올 당시에 프랑스는 비밀리에 추진해오던 중국과의 조약(1885년 6월 9일 자 톈진 조약)을 체결하기 직전이었다. 그러나 페리는 그 사실을 하원에 알리지 않았다. 그렇게 한다면 그 소식이 중국에 알려지게 되고 그에 따라 조약 체결이 무산될지도 모른다는 우려 때문이었다. 그 조약으로 프랑스는 베트남 전역의 주권을 실질적으로 장악했으며 청불 전쟁은 종결되었다. 그로부터 2년 뒤(1887년), 통킹은 코친차이나, 안남, 캄보디아와 합쳐져서 인도차이나 연합 *Union indochinoise*이 되었으며, 1899년에 라오스가 합류했다.

*

쥘 페리 내각이 붕괴되고 약 4개월이 흐른 7월, 쥘 페리의 후임 각의장 앙리 브리송 *Henri Brisson*이 3월 23일 이후로 오랫동안 잠자고 있던 마다가스카르와 관련한 1219만 프랑의 특별 예산 법안을 하원에 다시 회부했다. 이렇게 해서 25일에 논쟁이 시작되어 27일, 28일, 30일까지 이어졌다. 이 나흘 동안의 논쟁에서 식민 정책을 둘러싼 찬반 주장이 가장 생생하게 드러난 것은 28일과 30일의 논쟁이며, 그 주역은 쥘 페리와 클레망소이다.

28일, 쥘 페리가 연단에 섰다. 그는 그해 3월 30일에 실각하고, 프랑스 동부에 있는 보쥬 *Vosges*도(道) 지역구 소속의 하원의원 신분으로 되돌아온 상태였다.(당시에는 정부 각료직과 하원의원직을 겸하는 것이 가능했다.) 그는 자신이 각의장으로 있으면서 추진해오던 마다가스카르 원정 정책을 새 내각이 계속 추진할 수 있도록 하기 위해서 식민 정책 전반에 대한 자신의 견해를 약 3시간에 걸쳐 제시했다.

페리는 세 종류의 이념, 즉 ≪경제적 이념≫, ≪정치적이며 애국적인 부류에 속하는 이념≫, ≪문명화의 이념≫을 동원해서, 식민지 확장 정책을 펴야 할 필요성을 역설했다. 세 이념 중에서 식민지 확장 사업의 진짜 목적으로 제시된 것은 ≪경제적 이념≫이다. 식민지는 식민 국가에게는 자국의 과잉된 인구를 내보내서 그들에게 ≪안식처≫와 ≪일자리≫를 제공할 수 있는 곳, 국내의 과잉된 자본을 투자할 수 있는 곳, 자국 상품을 판매할 수 있는 곳, 자국 산업이 필요로 하는 원자재를 확보할 수 있는 곳 — 페리는 이에 대해서는 언급하지 않았다. —이었다.

≪경제적 이념≫과 관련한 페리의 주장은 당시에 프랑스가 처한 경제적 상황과 관련이 있다. 1873년에 비엔나 증권 시장이 붕괴하면서, 유럽 각국에서는 1848년 이래로 계속되어오던 번영과 임금 인상의 시기가 끝나고 경기 침체가 시작되어 1897년까지 20년 이상 계속되었다. 1870년대 이후로 프랑스 경제는 마이너스 성장률을 기록했다.(1873년, 1877년, 1879년, 1883~1885년) 1875년부터 1905년까지 국민 총생산액 누적 증가율에 있어서 프랑스(10%)는 독일(113%), 영국(60%)에 비해 형편없었다. 자본 투자도 마찬가지로 위기에 처했다. 프랑스 자본은 1870년대 전반기에는 해외에 엄청나게 투자되었지만(연평균 7억 프랑), 1870년대 말부터 투자 수익률이 감소하면서 국내에 과잉 축적되기 시작했다. 1876~1895년, 프랑스 자본의 해외 투자액은 1870년대 전반기의 절반에도 미치지 못하는 연평균 3억 1500만 프랑이었다.

가장 심각한 위기는 유럽 내에서 19세기 내내 성장해오던 상품 수출이 둔화하고 각국이 동일 산업 분야에서 상품을 생산함으로써 가열되는 경쟁이었다. 1878년부터 유럽 각국은 자국의 산업을 보호하기 위해서 관세 장벽을 쌓기 시작했다. 관세율은 해가 갈수록 높아졌으며, 1890년에 절정에 달했다. 1892년 1월 11일, 프랑스에서는 관세율을 올리는 조처를 담은 새로운 관세법(일명 ≪멜린 *Méline*법≫)이 가결되며, 그렇게 해서 프랑스는 영국과 1860년 1월 23일에 맺은 ≪고브던-슈발리에 조약≫으로 정립된 자유 무역주의를 버리고 보호 무역 체제로 되돌아갔다.

이런 상황에서 프랑스 산업을 위기에서 구해낼 수 있는 최고의 방안으로 모색된 것이 식민지 확장 사업이다. 페리는 다음과 같이 설명했다. ≪유럽의 모든 산업 국가들이 위기를 겪고 있는 상황에서 (…) 식민지를 건설하는 것은 판로를 만드는 것입니다.≫ 그의 논리는 간단했다. 프랑스가 식민지를 가지게 된다면 그곳에서 정치적으로 우위를 차지할 수 있고, 그에 따라 경제적으로도 우위를 점할 수 있다는 것이었다. 그는 ≪경제적 우위가 말하자면 정치적 우위와 동시에 생기거나 그것을 뒤따르기 위해서는 [상품을] 생산하는 모국과 그 모국이 건설한 식민지 사이에 식민 관계가 있는 것으로 충분≫하다고 보았다. 즉, 식민지를 확보한다는 것은 프랑스산 상품을 판매할 수 있는 유리한 입지를 확보한다는 의미였던 것이다.

페리는 식민지를 건설함으로써 판로를 개척해야 한다는 주장을 여러 차례 개진했다. 이를테면, 『통킹과 모국 *Le Tonkin et la Mère-Patrie*』(1890년)에 붙인 <서문>에서 그는 ≪식민지 정책은 산업 정책의 소산이며≫, 제조업이 성장을 이어가고 있는 국가들에게서 ≪수출은 공공 번영의 본질적인 요소이다.≫라고 했다. 유럽 각국이 경쟁을 벌이고 있었을 뿐만 아니라, 미국이나 독일 같은 후발 산업 국가들이 등장하고, 이탈리아나 스페인 또는 스위스 같은 나라들도 경쟁에 가세하고, 러시아가 힘을 키우고 있는 상황에서 관세 장벽을 높임으로써 자국 산업을 방어하는 것으로는 충분치 않았다. ≪보호 무역 시스템은 그 완화제와 보조제로 건전하고 신중한 식민 정책을 가지지 않는다면 안전밸브가 없는 증기 기관≫과도 같았다. 페리는 ≪제조업 자본의 증가는 외국에서의 판로 확장이 동반되지 않는다면, 내부적 경쟁의 효과만으로도 [상품] 가격과 이윤과 임금의 총체적 하락을 만들어내게 될 것이다.≫라고 전망했다. ≪유럽의 소비는 포화 상태가 되었기≫ 때문에 유럽 밖에서

≪새로운 소비층≫을 찾아야 했다. 프랑스 제3공화국 정부는 톈진 조약을 통해서 ≪4억 명의 소비자≫가 있는 중국과 관계를 맺었는데, 페리는 이 거대 시장이 프랑스에게는 ≪미래를 위한 준비물≫이 될 것이라는 희망을 품었다. 1883년 10월 31일, 하원에서 한 발언에서 그는 그 미래가 단지 ≪내일의 미래가 아니라, 50년 또는 100년 동안의 미래≫라고 한 적이 있다. 요컨대, 그는 중국이 장차 50년 또는 100년 동안 프랑스인들을 번영에로 이끌 새로운 시장이 되리라고 기대했던 것이다.

식민지 확장 정책을 통해서 확보한 새 시장에서 프랑스가 가장 큰 이익을 보게 될 부문은 철강 산업이었다. 식민지의 철도·항만 건설, 가스·수도 설비 공급에 프랑스산 레일, 파이프, 들보 등의 자재들이 사용될 것이기 때문이었다. 페리가 염두에 둔 또 다른 부문은 섬유 산업이었다. 19세기에 섬유 산업은 페리 자신의 지역구인 보쥬도(道)를 포함한 프랑스 동부 지역의 주요 산업이었다. 보쥬에서는 에피날 *Épinal*과 페리의 고향 마을인 생-디에 *Saint-Dié*를 중심으로, 그리고 뫼르트-모젤 *Meurthe-et-Moselle*도(道)의 계곡 지대에서 면직물 산업이 비약적으로 발전했다. 1877년의 경우, 프랑스는 영국과 미국 다음으로 세계 제3위의 섬유 생산국이었다. 영국이 인도 시장을 개척함으로써 부유하게 된 잉글랜드의 랭커셔가 선례로 보여주듯이, 식민지 확장을 통해서 보쥬 지역의 면직물 산업은 새로운 판로를 얻게 되리라고 페리는 기대했다.

식민지 확장을 통한 판로 개척과 관련하여 페리는 당대의 저명 자유주의 경제학자들의 영향을 받은 것으로 보인다. 페리는 ≪식민지는 부유한 나라들에게는 이윤이 가장 많이 남는 자본 투자≫라고 했는데, 이 표현은 존 스튜어트 밀의 표현, 즉 ≪식민화 사업은 오래되고 부유한 나라들에게는 그 나라들이 몰두할 수 있는 최고의 사업들 중 하나≫라는 표현에서 빌려온 것이다. 스튜어트 밀 외에도 페리에게 영향을 끼친 경제학자들 중에서 특별히 언급해야 할 사람은 프랑스 경제학자 폴 르르와-보리외 *Paul Leroy-Beaulieu*이다. 애덤 스미스의 『국부론』에서 큰 영향을 받은 것으로 보이는 이 사람은 저서 『근대 국민들에게 있어서의 식민화 사업에 대해서 *De la colonisation chez les peuples modernes*』로 큰 인기를 얻었다. 이 책의 1882년 판(제2판)의 <서문>에서 저자는 프랑스가 18세기 이후로 ≪대륙 정책≫을 우선시함으로써 러시아, 독일, 영국에 뒤처지게 되었는데, ≪이러한 치유할 수 없는 쇠퇴≫에서 벗어날 수 있는 방법은 식민지를 가지는 것이라고 주장했다. 그가 보기에 식민지 확장 사업은 프랑스에게는 ≪생사가 걸린 문제≫였으며, ≪식민지를 건설하는 국민은 자신들이 미래의 가지게 될 주도권의 토대를, 그리고 자신들이 미래에 가지게 될 위대성의 초석을 놓는 국민≫으로 여겨졌다. 하지만 클레망소가 지적했듯이, 페리의 발언은 그가 ≪이런 것들을 공개적으로 입에 올린 것은 이번이 처음이라는 것을≫ 프랑스인들이 알게 된 계기였다는 점에서 의의가 있다.

페리의 발언이 있고 나서 하루를 쉬고 30일에 속개된 회의에서 이번에는 죠르쥬 클레망소가 연단에 올라 페리 못지않게 오랜 시간 동안 발언했다. 이미 자신의 정적 페리를 두 번이나 권좌에서 끌어내리는 데에 성공한 — 1881년 11월에 페리가 펴는 튀니지 원정을 공격함으로써, 그리고 1885년 3월 30일에 랑선 퇴각 사건에 대한 페리의 책임을 물음으로써 — 클레망소는 그날도 신랄하면서도 재치 있게(클레망소는 신랄성과 재치에 있어서 탁월한 재능이 있었다.) 페리의 허점을 공격했다. 그는 먼저 페리가 마다가스카르 원정과 통킹 원정을 벌이고도 그 사실을 국민들에게 감추고 알리지 않았다는 점을 지적한 다음, 페리가 그 기정사실을 정당화하기 위한 목적으로 동원하는 주장은 ≪억지 주장≫이자 ≪만들어낸≫ 주장이며 ≪사후적 정당화≫라고 규정했다. 식민지 확장을 통해서 새 판로를 개척해야 한다는 페리의 주장을 논박하기 위해서 그는 투자와 장사는 그 방식에 따라 결과가 좋을 수도 있고 나쁠 수도 있다고 지적했다. 그가 판단하기에, 프랑스에서 멀지 않은 곳에 있는 알제리의 경우에는 그곳으로 상품을 운송하는 데에 비용이 많이 들지 않기 때문에 경제적 우위가 정치적 우위를 뒤따르지만, 코친차이나는 프랑스에서 멀리 떨어져 있어서 그곳으로 상품을 운반하는 데에 비용이 많이 들기 때문에 경제적으로 실익이 없었다. 식민지 확장이 판로 개척에 오히려 장애가 된다는 것을 강조하기 위해서 클레망소는 ≪판로는 포격으로 열리지 않습니다.≫라고 외쳤다. 이에 대해서 보나파르트주의 계열의 라울-뒤발 *Raoul-Duval* 의원은 ≪판로는 포격으로 닫힙니다.≫라고 호응했다.

더욱 유감스러운 것은 프랑스의 식민 확장 정책으로 덕을 보게 되는 것은 프랑스가 아니라 이웃 국가들이라는 사실이었다. 그 국가들은 식민지 원정 비용을 지출하지 않기 때문에 상품을 보다 싼 가격에 판매할 수 있어서 프랑스의 ≪무시무시한 경쟁 상대≫가 되며, 심지어 프랑스의 고유 시장에서 통상을 앗아갈 것이라고 클레망소는 예상했다. 식민지 원정으로 프랑스는 그 국가들이 안전하게 통상을 하고 돈을 벌 수 있도록 ≪치안 활동≫과 ≪경비 활동≫을 하는 셈이었다. 코친차이나가 그 한 예였다. 프랑스는 그곳에 매년 적지 않은 재정을 투입하고 있지만, 그 덕분에 코친차이나와 통상을 하고 있는 것은 영국과 중국이었다. 클레망소는 식민지를 가지지 않고도 큰 판로를 가질 수 있다는 것을 증명하기 위해서 스위스를 예로 들었다. 프랑스의 인구는 스위스의 인구의 13배나 되지만, 프랑스의 판로는 스위스의 판로의 3배에 불과했다. 스위스인들(1인당 17프랑)은 프랑스인들(1인당 96프랑)보다 훨씬 적은 세금을 내기 때문에 더 큰 판로를 가질 수 있었다. 그리고 클레망소는 중국이 프랑스 상품의 시장이 되리라는 기대는 ≪순전한 환상≫이라고 비웃었다. 국내에 철도를 건설하게 될 중국이 프랑스 산업에 도움을 요청할 것이고 그렇게 되면 프랑스는 중국에서 ≪특권≫을 가질 수 있으리라고 페리는 기대했지만, 중국은 프랑스가 아니라 영국과 독일에 도움을 청하면서 톈진 조약을 이행하고 있었다.

판로를 개척하기 위해서 식민지를 확장하면, 자국의 많은 인명이 희생될 뿐만 아니라 막대한 돈이 지출되고, 이 재정 지출은 세금 증액을 불러오며, 과중한 세금은 노동 비용(생산비)에 반영되어 상품의 가격 경쟁력을 약화하며, 이는 결국 해외 판로를 닫을 뿐이다. 따라서 지금 페리는 자신의 ≪목표에 반대되는 방향으로 직행≫하고 있다. 클레망소가 보기에는 세금을 줄이고 재정을 국내에 투자해서 새로운 일자리를 만들고, 상품의 생산비와 운송비를 낮추어서 경쟁력을 높이는 것이 판로를 확대하는 참된 방법이었다. 타당하고 설득력이 있어 보이는 대안이었다.

페리의 주장이 그러하듯이, 클레망소를 비롯한 여러 의원이 제시한 반론 역시 당대의 몇몇 경제학자의 주장에 바탕을 두고 있다. 논쟁이 벌어진 1885년 바로 그해에 프랑스 자유주의 경제학자 이브 기요 *Yves Guyot*가 발표한 『식민 정책에 대한 편지 *Lettres sur la politique coloniale*』에서 클레망소의 주장과 같은 주장을 볼 수 있다. 기요의 주장은 다음과 같이 요약할 수 있다. 막대한 돈이 투입되는 원정을 통해서 얻는 식민지는 프랑스 상품의 ≪판로 *débouché*≫가 아니라 ≪납세자들의 돈≫이 새어나가는 ≪출구 *débouché*≫이기 때문에 식민 정책은 그 목표와는 정반대로 판로를 닫는다. 더욱이 프랑스가 확보한 식민지는 프랑스의 경쟁국인 영국, 스위스, 독일의 판로가 될 것이다. 영국, 스위스, 독일 상품의 생산 단가가 프랑스 상품의 생산 단가보다 값싸서 경쟁력이 있기 때문이다. 중국이라는 거대 시장도 크게 기대할 곳이 못 된다. 1860년에 프랑스는 중국의 문을 열기 위해서 많은 고통을 겪었는데, 그로부터 22년이 지난 1882년에 프랑스의 중국에 대한 수출액(290만 프랑)은 수입액(8800만 프랑)보다 적다. 프랑스는 오히려 중국 상품에 판로를 열어주었던 것이다. 클레망소의 주장은 사실상 기요에게서 빌려온 것으로 보인다.

*

≪경제적 이념≫ 못지않게 식민지 확장 사업의 실질적 목적으로 제시된 것은 ≪정치적이며 애국적인 부류에 속하는 이념≫이다. 보불 전쟁(1870년 7월~1871년 1월)에서 패배하면서 프랑스는 제2제정 정부가 붕괴되고 로렌 일부와 알자스를 독일에 빼앗겼으며, 독일 측에 전쟁 배상금으로 50억 금화 프랑을 지불해야 했다. 왕정복고 정부(샤를 10세 정부)가 정권 말기에 실추된 인기를 만회하려는 목적으로 알제를 점령하기로 결정한 것(1830년)과 마찬가지로, 제3공화국 정부는 보불 전쟁에서의 패배를 통해서 허약성이 백일하에 드러난 프랑스가 '건재하다'는 것을 증명하기 위해서 식민지 확장 정책을 펴는 방향을 택했다. 페리에 따르면, 큰 시련을 겪은 국민들에게 강요되는 ≪침잠≫은 ≪포기≫로 바뀌지 않아야 하며, ≪앞으로도 여전히 피가 흐르게 될 그 상처를 들여다보는 데에 골몰하고≫ 있을 수는 없었다. 비스마르크의 '격려'도 작용하지 않았다고는 할 수 없다. 비스마르크로서는 프랑스인들이 식민지 개척에 열중하게 함으로써, 그들이 독일에 대해서 품고 있던 원한과 복수의 감정을 잊도록 해야 할 필요가 있었던 것이다.

경쟁 심리도 적지 않게 작용했다. 프랑스가 세계로 진출하지 않고 ≪대륙의 강국≫이 되는 것으로 만족한다면, 유럽의 다른 국가들이 튀니지, 홍하 하구, 통킹, 적도 아프리카, 이집트를 차지하게 된다. 따라서 유럽 열강의 식민지 쟁탈전에 참여해서 프랑스의 영향력을 확대해야 한다. 이러한 페리의 주장은 다음과 같은 표현 속에 요약되어 있다. ≪많은 경쟁국이 벌이는 이러한 경쟁 속에서 (…) 침잠하거나 포기하는 정책은 쇠퇴로 나아가는 지름길일 뿐≫이며, ≪1등에서 3등이나 4등으로 추락하는 것≫이다. 사실, 식민지 확장을 둘러싼 영국과의 경쟁은 페리를 위시한 프랑스 주요 정치 지도자들의 강박 관념과도 같은 것이었다. 그들은 7년 전쟁을 종결짓는 파리 조약(1763년)으로 누벨 프랑스(지금의 캐나다)와 인도 등을 영국에 내주어야만 했던 것을 잊을 수 없었다. 이에 더해서 1882년부터 1904년까지 프랑스는 마다가스카르, 인도차이나, 뉴펀들랜드, 흑아프리카, 이집트를 두고 영국과 충돌했다. 이런 상태에서 프랑스가 다시 위대한 나라가 되기 위해서는, 아니 여전히 위대한 나라라는 것을 '과시하기' 위해서는 프랑스의 영향력을 ≪전 세계로 확산해야 하며, 가져갈 수 있는 곳이라면 모든 곳에 프랑스어, 프랑스의 풍습, 프랑스의 깃발, 프랑스의 군대, 프랑스의 정신을 가져가야 한다.≫라고 페리는 주장했다. 알프레드 랑보 *Alfred Rambaud*의 저서 『튀니지 사태 *Les Affaires de Tunisie*』에 붙이는 <서문>(1882년)에서 페리는 같은 주장을 한 적이 있다. 프랑스는 ≪위험스러운 고립≫과 ≪일관된 무위≫ 상태를 벗어나서, ≪식민지 쟁탈전 *course au clocher*≫에 참여해야 한다. ≪정주(定住) 정책 *politique sédentaire*, 국내에서의 안온을 추구하는 정책 *politique du coin du feu*≫을 벗어던지고, ≪도처 — 그곳에서는 확장하는 것이 보존하는 유일한 방법이라는 것임이 분명하다. —에서 그 식민지 영토를 확장해야 한다.≫라고 썼던 것이다.

페리는 해군 — 그 명칭(해군·식민부)이 말해주듯이, 당시에 해군은 식민지 확장 및 관리를 담당했다. —의 전략 면에서도 식민지가 필요하다고 보았다. 만일 대규모 해전이 벌어진다면, 프랑스에서 가까운 지중해나 영불 해협에서보다는 인도양이나 중국해에서 마르세유나 툴롱 *Toulon*을 더 효율적으로 방어할 수 있다. 또한 함선이 원거리를 항해하려면 군수품을 보급받기 위한 정박 기지, 피난처, 방어·보급 항구가 필요하다. 페리는 바로 이런 이유로 프랑스가 튀니지, 사이공, 인도차이나, 마다가스카르 북부에 이미 진출했다고 지적했다.

페리의 발언에 대해서 보나파르트주의자 폴 드 카사냑 *Paul de Cassagnac* 의원은 ≪그 말씀은 전쟁을 벌이자는 주장≫이라고 응수함으로써, 그리고 왕당파 레옹-아르망 드 보드리 다송 *Léon-Armand de Baudry d'Asson* 의원은 ≪공화국은 곧 전쟁을 의미≫한다고 함으로써 페리의 주장이 담고 있는 본질을 드러냈다. 클레망소는 새로운 식민지를 정복하기 위해 먼 곳으로 병력을 파견하는 데에서 오는 위험을 지적했다. 1885년 당시에 통킹에 파견된 프랑스 병력은 3만 5000명이었지만, 그곳의 상황을 유지하기 위해서는 총 10만 명이 필요했다. 파견된 병력이 상주할 수는 없고 주기적으로 교체되어야 하고 또 대기 병력이 필요하기 때문이었다. 이것이 의미하는 바는 프랑스 본국에서는 그만큼의 병력이 부족하게 된다는 것이었다. 이런 상황임에도 프랑스는 통킹의 여러 지역을 정복하지 못하고 있었을 뿐만 아니라 마다가스카르, 안남, 오보크 *Obock*(지금의 지부티 공화국의 항구 도시)에서 전쟁을 동시다발적으로 수행하고 있었다. 클레망소는 그러한 행위를 가리켜서 ≪이미 저질러진 옛 광기에 뒤이은≫ ≪새로운 광기≫라고 질타했다. 그는 페리가 주장하는 ≪전쟁에 의한 국위 선양≫이 아니라 ≪평화적인 국위 선양≫이야말로 국가를 위대하게 만드는 방법이며, ≪사치성 지출≫인 식민지 원정을 포기하고 군대를 재조직하고 내치(內治) 정책에 주력하는 것이 프랑스를 재건할 수 있는 바른 방법이라고 보았다.

*

쥘 페리의 여러 주장 중에서 특별히 주목해야 할 것은 소위 ≪문명화 사명

mission civilisatrice≫과 관련한 주장이다. ≪문명화 사명≫이란 ≪우등 민족들≫은 교육자, 감독자, 후견자로서, 흑인종이나 황인종 같은 미개하고 야만적이며 미성숙 단계에 있는 ≪열등 민족들≫에게 자신들의 찬란한 문명을 전해주고, 그들을 자신들과 같은 수준의 문명 단계로 끌어올려야 할 ≪의무≫가 있다는 것이다. 이런 주장은 당대에 유행한 인종학 *raciologie*을 바탕으로 하고 있다. 인류는 여러 인종(백인종, 황인종, 홍인종, 흑인종 등)으로 분류되며, 그 여러 인종 사이에는 지능 면에서 우등성과 열등성의 위계 *hiérarchie*가 있는데, 그 우등성과 열등성은 선천적이며 생물학적으로 결정되어 있다는 것이 인종학 이론의 골자이다.

페리는 ≪우등 민족들≫은 물리력을 사용해서라도 ≪열등 민족들≫을 굴복시켜야 한다고 주장했다. 만일 아프리카에서 ≪다른 모험가들에 의해서, 다른 여행자들에 의해서, 다른 탐험가들에 의해서 이따금 오염되고 타락한 검은 주민들≫이 프랑스가 건설한 거류지를 공격한다면 어떻게 해야 하는가? 그 자신이 제기한 이 물음에 대해서 페리는 거듭 ≪문명화 사명≫으로 답했다. ≪여러분은 물리력으로 저항하실 것이며, 여러분은 여러분의 안전을 위해서, 반란을 일으킨 그 미개 원주민들에게 여러분의 보호령 제도를 강요해야만 할 것입니다. (…) 거듭 말씀드립니다. 우등 민족들은 권리가 있습니다. 그들에게는 의무가 있기 때문입니다. 우등 민족들은 열등 민족들을 문명화해야 할 의무가 있습니다…….≫ 하지만 페리는 ≪열등 민족들≫을 문명화해야 할 ≪의무≫에서 그 민족들을 예속할 수 있는 ≪권리≫가 어떻게 유추되는지는 말하지 않았다.

놀랍게도 당대의 적지 않은 유력 정치인들과 저명 학자들은 ≪문명화 사명≫의 신념을 공유하고 있었다. 의학자이자 인류학자였으며 1885년 당시에 쥘 페리와 가까운 정치인이었으며, 머지않아 인도차이나 총독(1891~1894년)

과 해군부 장관(1899~1902년)을 지내게 되는 장-루이 드 란느상 *Jean-Louis de Lanessan* 의원이 한 예이다. 7월 27일의 하원 발언에서 그는 식민지 확장 정책은 ≪야만 민족들을 문명에로 초대하는 것≫, ≪그 열등 민족들에게 이념 *des idées*의 씨를 뿌리는 것≫이라고 주장했다. 그보다 4개월 전(3월 24일)에 한 발언에서도 그는 ≪문명화된 민족은 그렇지 않은 민족들에 대해서 일종의 인간적인 의무, 즉 그들에게 문명과 그 문명의 혜택을 확산시켜야 하는 의무가 있다.≫라고 했다. 하지만 그는 ≪상업적으로, 평화적으로≫ 문명을 전파해야 한다고 함으로써 방법론에 있어서는 페리와는 의견을 달리했다. 우파 의원들도 ≪문명화 사명≫의 신념을 공유하고 있었다. 란느상이 발언한 것과 같은 날(3월 24일), 알베르 드 묑 *Albert de Mun* 의원은 먼 곳에 있는 어느 곳을 정복하러 갈 때, 그 땅과 그곳에 사는 사람들에게 ≪문명을 전파하고≫ ≪문명의 혜택을 퍼트리는≫ 사명에 충실하다는 것은 ≪문명화된 국민들의 명예≫이며, 그것이야말로 ≪그 국민들이 행하는 정복에 대한 가장 고결하고 멋진 정당화이다.≫라고 했다. 같은 해 12월 17일, 프랑스 북서부에 있는 도시 앙제 *Angers*의 주교(主敎)이자 군주주의 계열에 속하는 샤를-에밀 프레펠 *Charles-Émile Freppel* 의원은 프랑스인들을 ≪법, 정의, 진보, 진리의 사도(使徒)≫이자 ≪문명 면에서 연장자(年長者)들≫로 규정하면서, ≪사회 질서 면에서 후진인(後進人)들≫, ≪열등 문화 국민들≫ — 그러나 그는 열등 민족은 없다고 함으로써 인종 우열론은 부정했다. —에게 ≪광명≫을 전하고 그들을 프랑스인들과 같은 ≪수준으로 끌어올리는≫ 것은 ≪하느님과 사람들이 프랑스에 부여한 그 사명≫이라고 보았다. 1863년, 경제학자 샤를 라볼레 *Charles Lavollée*는 하느님께서 프랑스인들에게 준 사명은 그들이 지닌 ≪우등한 생각들 *notions supérieures*을 다른 민족들에게 퍼트리고 일깨우는 것이며≫, ≪우리의 문명을 확장하고 전수하는 이 일은 위대한 식민 사업을 영광스럽게 하기에 충분히 아름다운 것이다.≫라고 썼다. 1886년, 또 다른 경제학자 샤를 지드 *Charles Gide*는 라틴 민족, 특히 프랑스 민족은 다른 ≪여러 민족을 가르치는 훌륭한 교육자≫로서, 수많은 민족을 자체의 법에 종속시키고 그들에게 자체의 언어와 풍습과 정신을 전파한 로마인으로부터 ≪식민지 개척자의 재능≫을 물려받았다고 썼다.

≪문명화 사명≫을 종교적 차원으로 변용하면 '전교(傳敎)의 사명'이 될 것이므로, 식민 정책과 가톨릭인들의 관계에 대해서 간략히 살펴볼 필요가 있다. 같은 해 7월 25일, 급진 좌파 계열의 카미유 펠르탕 *Camille Pelletan* 의원은 마다가스카르 원정이 가톨릭인들의 이해관계가 맞아떨어진 것이라고 주장했다. 영국과 프랑스의 선교사들이 도착하기 전에 마다가스카르에서 호바족은 전통 종교를 간직하면서 ≪지복 *félicité*≫을 누리고 있었지만, 영국 침례교 선교사들과 프랑스 가톨릭 선교사들이 경쟁적으로 ≪문명화 활동≫을 하면서 마다가스카르인들은 세 종교(호바족의 전통 종교, 가톨릭, 침례교) 세력 간의 싸움으로 말미암아 분열되었다. 이런 상황에서 프랑스 가톨릭인들은 마다가스카르를 정복하는 데에 큰 관심을 보였다. 펠르탕에 따르면, 프랑스의 마다가스카르 원정은 가톨릭 선교사들을 위한 십자군 전쟁이었다. ≪내부적으로는 강력하게 탈종교적인 프랑스의 정책은 [가톨릭을 해외로] 전파하는 데에는 가톨릭적이 되는≫ 모순을 범했던 것이다. 그는 프랑스가 벌이는 거의 모든 원정은 가톨릭 신자들을 위해서, 그리고 가톨릭인들과 공동보조를 취한다는 조건으로 행해졌다고 지적했다. ≪탈종교적인 프랑스의 정책≫에 대해서는 설명이 필요하다. 1879년부터 국정을 장악한 공화주의자들은 대외적으로는 식민지 확장 정책을, 대내적으로는 탈종교적 *laïque* 정책을 가속화하는 방향으로 나아갔으며, 쥘 페리가 그러한 정책을 편 대표적인 인물이다. 페리가 1881~1882년에 정립한, 무상, 의무, 탈종교성 *laïcité*의 원리에 토대

를 둔 공교육 체제는 공화주의자들이 추진해온 탈종교적 정책 — 공교육 체제와 정교분리는 파리 코뮌 정부가 이미 시도한 것이다. —의 소중한 결실이었으며, 그 정책은 장차 1905년의 정교분리법으로 결정화되기에 이른다.

페리는 자신의 주장이 옳다는 것을 증명하기 위해서 ≪문명화 사명≫의 성과를 열거했다. ≪프랑스가 정복한 이후로 북아프리카에는 보다 많은 정의, 보다 많은 물질적이며 도덕적인 질서, 보다 많은 공정, 보다 많은 사회적 미덕≫이 있으며, 프랑스가 알제를 점령한 것은 ≪지중해에서 해적질을 근절하고 통상의 자유를 확보하기 위해서≫였으며, 영국이 점령한 이후로 인도에는 이전보다 ≪무한히 더 많은 정의, 더 많은 광명, 질서, 공·사적 미덕≫이 있다. 특히 프랑스와 영국이 적도 아프리카에서 ≪노예 무역을, 그 끔찍한 거래를, 노예 제도를, 그 비열한 제도를≫ 타파한 것은 ≪문명화 사명≫이 거둔 더없이 좋은 성과이다. 페리는 그러므로 그곳이 프랑스와 영국의 보호령이 된 것은 그곳의 ≪불행한 주민들≫에게는 ≪행운≫이었다는 말을 내뱉기에 이르렀다!

급진 공화주의자 의원들과 극좌파 계열에 속하는 의원들뿐만 아니라 반공화주의자들도 ≪문명화 사명≫과 관련한 페리의 주장이 <인권 선언문>으로 천명된 원리, 즉 모든 이들은 평등하다는 원리와 모순된다는 점을 지적하기를 잊지 않았다. 극좌파 계열의 쥘 메뉴 *Jules Maigne* 의원은 ≪의원님은 <인권 선언문>이 공표된 나라에서 감히 그따위 말을 지껄이고 있습니다!≫라고 했으며, 보나파르트주의 계열의 아데마르 드 기유테 *Adhémar de Guilloutet* 의원은 페리의 주장이 ≪노예 제도와 흑인 노예 무역을 정당화하는 말≫이라고 공격했던 것이다. 이들의 거센 반응에 당황한 페리는 자신의 속내를 드러내고야 말았다. 흑인들은 <인권 선언문>의 적용 대상이 되지 않는다는 듯한 말을 내뱉었던 것이다! ≪존경하는 메뉴 의원님의 말씀이 옳다면, <인권 선언문>이 적도 아프리카의 흑인들을 위해서 작성된 것이라면, 그렇다면 여러분은 어떤 권리로 그들에게 교역과 거래를 강요할 것입니까? 그들이 여러분을 부르고 있지 않는데도 말입니다…….≫ 대표적인 공화파 지도자들 중의 한 사람이었던 페리의 어처구니없는 대응이었다. 이미 25일, 펠르탕은 ≪문명화 사명≫이란 ≪원주민들의 인권에 대한 부정(否定)≫이라고 강조하면서, 식민지 확장 전쟁에서 프랑스가 보여준 야만성을 부각했다. 그는 ≪대포를 쏘아가며≫ 또는 ≪총을 쏘아가며≫ ≪모든 야만인들을 문명화하는≫ ≪준엄한 의무≫를 다하는 것이 바로 그 열등 민족들에게 ≪기독교적 사랑의 의무를 완수하는≫ 것이라고 페리가 주장했다고 비웃었다. 페리의 ≪문명화 사명≫을 가장 격렬하게 논박한 사람은 클레망소이다. 그는 ≪열등 민족들이 문명의 혜택을 누리도록 강제하면서≫ 그 민족들에게 무력을 행사하는 프랑스 정부의 행위를 비꾼 다음, ≪문명화 사명≫이라는 것이 터무니없다는 사실을 지적하기 위해서, 보불 전쟁에서 프랑스인들이 독일인들로부터 당한 수모의 기억을 일깨웠다. ≪저로서는 프랑스인이 독일인보다 열등한 민족에 속하기 때문에 프랑스가 프랑스-독일 전쟁에서 패배해야만 했다는 것을 독일 학자들이 과학적으로 논증하는 것을 본 이후로 생각을 크게 고칩니다. 고백하거니와 그때부터 저는 어느 사람 또는 어느 문명을 향해 돌아서서 "열등한 사람"이라든가 "열등한 문명"이라고 하기 전에 생각을 거듭하고 거듭합니다.≫ 이어서 그는 유럽 밖의 세계, 아시아에도 찬란한 문명들이 있다는 사실을 상기했으며, 불교 문명을 창조한 힌두인들과 유교 문명을 꽃피운 중국인들을 열등 민족이라고 할 수는 없다고 했다.

클레망소는 ≪문명화≫라는 것의 본질이 폭력에 불과하다는 것을 간파했다. 그는 유럽 국가들이 소위 ≪야만인들≫을 정복한 역사 속에서는 ≪폭력, 마구 자행된 갖가지 범죄, 억압, 철철 흐르는 피, 정복자의 폭정에 시달리고 억압을 받는 약자≫를 볼 수 있는데, ≪이것이 바로 우리가 행한 문명화의 역사≫라고 규탄했다. 이어서 그는 페리를 다음과 같이 거세게 몰아붙였다. ≪의원님이 권장하는 정복, 그것은 사람을 자기 소유물로 삼고, 그 사람을 고문하고, 그 사람의 내면에 있는 모든 힘을 뽑아내어 자칭 문명 전파자의 이익을 추구하기 위해서, 과학 문명이 초보적인 상태에 있는 문명들에 행사하는 순전한 힘의 오용입니다. 그것은 권리가 아니라 권리의 부정(否定)입니다. 이와 관련하여 문명화 운운한다는 것은 폭력에 위선을 더하는 격입니다.≫ 그는 ≪정의와 문명화를 빙자하여≫ 식민지에서 자행된 ≪잔혹하고 끔찍한 범죄≫와 유럽인이 그 식민지에 퍼트리고 강요하는 ≪알코올과 아편이라는 악덕≫에 대해서 언급하면서, 프랑스가 ≪인권의 모국≫임을 상기했다. 클레망소의 비판은 죠르쥬 페랭 *Georges Périn*이 그로부터 닷새 전(25일)에 행한 비판과 거의 같다. 페랭은 인종 우열론을 부정하지 않으면서도 ― 그는 ≪나는 호바족들에 대한 우리의 우월성에 대해서 이의를 제기하지 않는다.≫라고 했다. ―, ≪문명화 사명≫ 운운하는 것은 정복 야욕을 은폐하기 위한 술책에 불과하다고 지적했다. 유럽 국가들은 다른 민족들의 땅을 탈취해서 그곳의 ≪열등 민족≫을 ≪교화(敎化)하고 문명화하는 데에는 아주 조금밖에 신경을 쓰지 않으며≫, 그 민족에게서 ≪가장 많은 물질적 이득을 끌어내려고 애쓴다.≫ 페랭은 식민지 수탈의 예로서, 프랑스가 코친차이나와 안남에서 운영한 아편 전매권 임대 제도, 도박장 경영권 임대 제도에 대해서 언급했다. 아편 전매권 임대 제도는 1885년 당시에도 여전히 계속되고 있었는데, 그것을 문명화의 방법으로 여길 수는 없었다. 그 제도는 먼저 코친차이나에서, 이어서 인도차이나 전역에서 식민지 행정에 사용할 세수(稅收)를 확보하는 한 방법으로 총독부가 운용했다. 아편 원료의 수입, 가공, 유통, 판매와 관련한 독점권을 입찰을 통해서 민간 업자에게 주는 제도였다. 1881년

2월 28일, 코친차이나의 식민지 심의회(1880년 2월에 코친차이나에 설립된 일종의 의회. 프랑스 도의회와 같은 권한을 가졌다.)로부터 만장일치 찬성을 얻어 아편 공사(公社)가 설립되어 총독부가 직접 아편을 제조하고 판매하게 되었다.

*

페리는 ≪쇠락≫의 위험에 처한 프랑스를 다시 위대한 국가로 만들어야 한다는 강박 관념에서 식민지 확장 정책을 폈으며, 그 정책을 뒷받침해줄 논리가 필요했다. 하지만 페리가 내놓은 주장은 그 자신이 내각 수장으로서 마다가스카르나 통킹에서 이미 행한 정복 작전에 대한 ≪사후적 정당화≫였으며 ≪만들어낸≫ 주장이었다는 클레망소의 지적은 옳다.

≪인권의 모국≫으로 자처하는 프랑스 제3공화국에서 공교육 체제를 확립한 사람으로 높이 평가되는 공화주의자 쥘 페리가 하원의 연단에서 자신이 시행한 식민지 확장 정책을 정당화하고 그 정책을 계속해야 할 필요성을 역설했다는 것은 놀랍다. 특히 오늘날의 기준으로 보자면 인종주의적 주장이라고 할 수 있는 ≪문명화 사명≫의 신념을 페리를 비롯한 당대의 많은 정치 지도자들과 학자들이 품고 있었다는 것은 놀랍다 못해 충격적이다. 식민지 확장 정책을 정당화하기 위한 명분에 불과하다는 것이 명백해 보이는 이 사명과 관련한 주장에 맞서서 클레망소, 쥘 메뉴, 카미유 펠르탕 같은 다른 공화주의자들이 공화주의적 보편성의 원리, 즉 인권은 모든 이들에게 적용된다는 원리를 거론한 것은 너무나 당연했다고 할 수 있다.

≪문명화 사명≫과 관련한 주장은 1885년을 전후한 시기에, 그리고 프랑스에서만 들을 수 있었던 것이 아니라, 제국주의 시대에 모든 식민주의 국가들에서 언제나 들을 수 있었던 것이 아닐까? 1885년으로부터 반세기가 지나서 탈식민화가 급속히 진행되기 시작할 무렵인 1940년 6월, 프랑스 해양·식

민 연맹 *Ligue maritime et coloniale française*이 발행한 잡지 「바다와 식민지 *Mer et Colonies*」에서 크게 다르지 않은 주장을 볼 수 있다. ≪프랑스는 그 역사 내내 위대한 문명 전파 국가로서의 의무를 결코 저버리지 않았다. [프랑스와] 경쟁 관계에 있는 식민 국가들이 [식민지를] 지배하고 부유하게 되려는 무분별한 욕망에 끌려다닌 반면, 프랑스는 책임을 맡은 원주민들의 안녕을 도모하는 데에 매진했다. 프랑스는 자신이 하는 일에 그 원주민들을 참여시켰으며, 그들로부터 사랑을 받았다. (···) 프랑스는 [여러 식민지에서] 병자들을 치료했으며, 노예들을 해방했으며, 전염병을 정복했으며, 정의를 확장했으며, 원주민들을 교육했으며, 생활 조건을 개선했으며, 광활한 영토를 개발했다.≫ 이 글은 2005년 2월 23일에 가결된 법 제4조, 그 법의 발의 동기문, 그리고 그로부터 2년 뒤에 니콜라 사르코지 대통령이 한 발언을 다시 떠올려 준다. ≪문명화 사명≫에 대한 신념은 뿌리가 깊고 생명력이 강하다!

1885년 7월 30일의 표결에서 예산안이 통과됨(397명 투표. 277명 찬성)으로써 — 예산안에 대해서 대체로 페리를 지지하는 온건 공화주의자들은 찬성했으며, 클레망소를 따르는 급진 공화주의자 의원들, 극좌파 의원들, 그리고 우파 의원들은 반대했다. — 승리한 것은 페리와 새 각의장 앙리 브리송, 그리고 페리의 주장을 지지한 사람들이었다. 프랑스 제3공화국 정부는 식민지 확장 사업을 시행하는 데에 있어서 이 논쟁에서 큰 힘을 얻었다. 사실, 프랑스 하원에서 반식민주의는 1885년 그해에 정점에 이르렀으나 이후로 점차 약화되었으며, 식민주의 이념은 대중 여론에서도 설득력을 얻기에 이르렀다. 심지어 이 논쟁에서 식민 정책에 반대했던 펠르탕과 클레망소 같은 급진 공화주의자들마저도 곧 그 정책을 지지하거나 그 정책을 실행에 옮기는 쪽으로 선회했다. 펠르탕은 에밀 콩브 *Émile Combes* 내각에서 해군부 장관으로 있으면서(1902~1905년) 프랑스의 해외 영토를 수호하기 위한 어뢰정 건조를 장려했으며, 클레망소는 1907년에 내각 수반으로서 카사블랑카를 점령하는 정책을 시행했던 것이다. 하지만 이후로 이어진 탈식민화 과정의 역사는 1885년 당시에 클레망소를 비롯하여 식민지 확장 정책에 반대한 사람들의 예지력이 옳았다는 것을 증명해준다.

*

논쟁의 두 주역 쥘 페리와 죠르쥬 클레망소의 약력을 덧붙인다.

■ **쥘 페리**(1832~1893년)

프랑스 북동부의 로렌 *Lorraine* 지방에 있는 보쥬 *Vosges*도(道)의 생-디에 *Saint-Dié* 코뮌에서 태어났다. 파리 시장(1870년 11월~1871년 6월), 보쥬 지역구의 하원의원(1871~1889년), 공교육·미술부 장관(1879년 2월~1881년 11월, 1883년 2~11월), 외무부 장관(1883년 11월~1885년 3월), 상원의장(1893년 2월 24일~3월 17일)을 지냈으며, 내각을 두 차례(1880년 9월 23일~1881년 11월 10일, 1883년 2월 21일~1885년 3월 30일) 이끌었다. ≪편의주의적 *opportuniste*≫(≪기회주의적≫으로 옮길 수도 있다.) 공화주의자로 분류되며, 당대의 주요 정치 지도자였다. ≪편의주의적≫ 공화주의자라는 것은 급진 공화주의자에 대립되는 개념으로, 경멸적인 뜻은 없다. 당시에 프랑스 공화주의자들은 ≪편의주의자들≫과 급진주의자들로 분열되어 있었다. 사회의 즉각적이며 대대적인 변화를 추구하는 ≪급진 *radical*≫(과격) 공화주의자들에 비해서 ≪편의주의자들≫은 ≪온건 *modéré*≫ 공화주의자라고 할 수 있다. 죠르쥬 클레망소와 쥘 페리가 각 진영의 대표자였다. 페리는 파리 시장으로 재임할 때에는 프로이센 군대에 포위된 파리 시민들에게 식량 배급제를 실시함으로써 ≪기아(飢餓)-페리 *Ferry-Famine*≫라는 별명을 얻었으며, 아돌프 티에르 *Adolphe Thiers*가 파리 코뮌을 강경 진압하는 데에 동의했다. 공교육·미술부 장관을 지내면서 무상, 의무, 탈종교성의 원리에 입각한 공교육 체계를 확립했다. 제1기 내각 때에는 튀니지에 원정대를 보내 정복 작전을 시작했으며(1881년 4월) 그곳을 곧 프랑스의 보호령으로 삼았고(1881년 5월 12일), 제2기 내각 때에는 안남, 통킹, 콩고, 마다가스카르에 원정대를 보냈다. 통킹 정복에 집착함으로써 ≪통킹 놈 페리 *Ferry le Tonkinois*≫라는 별명을 얻었다. 그가 실각한 1885년 3월 30일 바로 그날, 랑선 퇴각 소식을 들은 파리 시민 2만여 명은 거리로 나가, ≪페리를 타도하자! 그자를 센강에 처넣어라! 그 통킹 놈을 죽여라!≫라고 외쳤다.

■ **죠르쥬 클레망소**(1841~1929년)

프랑스 중서부에 있는 방데 *Vendée*도(道)에 속한 작은 코뮌에서 태어났다. 하원의원(1871년 2월 12일~3월 27일, 1876~1893년), 파리 시의장(1875년 11월~1876년 4월), 상원의원(1902~1920년), 내무부 장관(1906~1909년), 육군부 장관(1917~1920년)을 지냈으며, 내각을 두 차례(1906~1909년, 1917~1920년)이끌었다. 1885년 당시에 급진 공화주의자들의 우두머리이자 페리의 정적(政敵)이었다. 레옹 강베타 *Léon Gambetta* 내각과 쥘 페리 내각의 붕괴를 이끌어냄으로써 ≪내각 붕괴자≫라는 별명을 얻었으며, 파나마 사건 때에 영국의 첩자라는 비난을 받고 1893년 선거에서 낙선했다. 드레퓌스 사건 때에 드레퓌스에게 호의적인 입장에 섰으며, 펠릭스 포르 *Félix Faure* 대통령에게 보내는 에밀 졸라 *Émile Zola*의 공개 편지(1898년 1월 13일)에 ≪나는 고발한다…!≫라는 제목을 달아준 것으로 유명하다. 내무부 장관으로 있으면서 노동자들의 파업을 강경 진압함으로써 사회주의자들의 원성을 샀으며, ≪호랑이≫라는 별명을 얻었다.(클레망소는 ≪프랑스의 수석 경찰 *premier flic de France*≫로 자처했다.) 제2기 내각의 수반으로 제1차 세계대전을 승리로 이끌면서 ≪승리의 아버지≫라는 별명을 얻었으며, 주당 8시간 노동제를 공표했다. 1920년의 대통령 선거에서 폴 데샤넬 *Paul Deschanel*에게 패배하고 정계에서 은퇴했다.

*

부족한 점이 많은 원고를 책으로 펴내느라 수고하신 경북대학교출판부 편집진에게 감사의 말씀을 올리며, 독자 여러분께서 오류를 바로잡아주실 것을 기다린다.

2023년 2월

편역자 올림

식민 정책 논쟁

1885년 7월 28일(화요일)

제90차 회의

1885년 7월 28일(화요일)

제90차 회의

≪해군·식민부가 마다가스카르 사건으로 야기된 경비로 집행할 특별 예산 지출과 관련한 법안에 대한 토의[1] 속개≫

의장 의사일정에 따라, 해군·식민부[2]가 마다가스카르 사건으로 야기된 경비로 1885 회계 연도에 집행할 1219만 프랑의 특별 예산 지출과 관련한 법안 토의를 속개합니다.

쥘 페리 *Jules Ferry* 의원님이 발언하시겠습니다.

쥘 페리 의원 의원 여러분,[3] 여러분이 저를 계속 신뢰해주신 2년 동안 저는 식민 정책의 원인, 규모, 성격에 대해서, 특히 마다가스카르 사태와 관련해서는 우리의 식민지 확장 정책에 있어서의 한계 — 이 한계는 우리가 정치적 지혜를 발휘하고 정치적 신중을 기하려면 가질 수밖에 없는 것입니다. —에 대해서 저의 생각을 밝힐 기회가 여러 번 있었지만, 저는

---

1 이 법안에 대한 토의는 1885년 7월 25일에 시작되어 27일, 28일, 30일로 이어졌다.

2 당시에 식민지 및 해외 영토를 관할하던 프랑스 정부의 부처.

3 당시에 프랑스에서는 보통 선거가 실시되지 않았으며, 여성들은 선거권과 피선거권이 없었다. 따라서 하원의원들은 모두 남성이었다. 하원 *chambre des députés*은 1876년 3월부터 1942년 5월까지 프랑스 양원 중의 하나를 가리키던 이름이다. 프랑스 여성들이 선거권과 피선거권을 가지게 된 것은 제2차 세계대전이 막바지로 치닫던 1944년 4월 21일에 드골 장군이 이끄는 프랑스 임시 정부의 훈령을 통해서이다. 이듬해 4월 29일에 치러진 시의원 선거 1차 투표에서 프랑스 여성들은 사상 최초로 선거권을 행사했으며, 그해 10월 21일의 총선을 통해서 33명의 여성 의원이 제헌 국민의회(하원)에 진출했다.

다음과 같은 생각을 했으며, 어제 한 투표[4] — 이에 대해서는 깊이 감사 드립니다. —로 과반수 의원님들도 같은 생각을 피력하셨습니다…….

아샤르[5] 의원 [어제 투표에서] 반대는 없었습니다!

의장 여러분, 조용히 해주십시오.

쥘 페리 의원 반대가 없었다면, 제가 드리는 감사는 더욱 클 뿐입니다…….

앙드리외[6] 의원 그렇고말고요! 의원님의 감사는 모든 분에게 보내는 것입니다.

(미소)

쥘 페리 의원 의원님들은 우리가 국민들의 의사를 묻게 될 엄숙한 선거[7]를 앞둔 시점에서 이 정책 — 이 정책에 대해서는 너무나 논란이 많고, 너무나 반대가 심할 뿐만 아니라, 이 정책은 다가오는 선거에서는 온갖 반대 세력들의 공격 대상이 될 것입니다. —에 대해서 약간의 설명과 약간의 해명을 여기 이 연단에서 주고받는 것이 불필요한 일은 아니라고 생각하셨습니다.

여러분, 저는 개인적인 변명을 하려고 이 자리에 선 것이 아닙니다.

(극좌파 의석에서 "오!, 오!"라는 외침)

레이데[8] 의원 유감입니다!

---

4 1885년 7월 27일, 해군·식민부를 포함한 여러 정부 부처의 예산안에 대해서 투표자 전원이 찬성표를 던진 것을 가리킨다.

5 앙트완 필립 아드리앵 아샤르 *Antoine Philippe Adrien Achard*(1814~1890년). 급진 좌파 계열의 하원의원(1879~1889년)을 지냈다. 7월 30일의 표결에 참여하지 않았다.

6 루이 앙드리외 *Louis Andrieux*(1840~1931년). 죠르쥬 클레망소와 가까운 사이였으며, 극좌파 계열의 하원의원(1876~1924년)을 지냈다. 시인 루이 아라공 *Louis Aragon*은 그의 사생아이다. 7월 30일의 표결에 참여하지 않았다.

7 그해 10월 4일(1차 투표)과 18일(결선 투표)에 있을 하원의원 선거.

8 빅토르 레이데 *Victor Leydet*(1845~1908년). 급진 좌파 계열의 하원의원(1881~1897년)을 지냈다. 7월 30일의 표결에 참여하지 않았다.

로크[9] 의원(필롤 태생) 다행이군요! 그렇게까지 하신다면 참으로 가관일 것입니다!

쥘 페리 의원 적들과 동지들은 안심하시기 바랍니다. 그것[10]은 저의 의도가 아니기 때문입니다. 제가 저 자신을 변호하려는 생각보다는 다른 생각과 다른 의무를 우선시할 줄 안다는 것을······.(중도파 의석에서 박수갈채), 그리고 그런 자세는 나랏일을 지휘하는 영예[11]를 누렸던 사람에게 참 잘 어울린다는 것을 보여주었다고 저는 생각합니다.

살리스[12] 의원 유감스럽게도 말입니다!

브리알루[13] 의원 국민들에게는 불행입니다!

쥘 페리 의원 저는 발언을 방해하는 어떤 종류의 행위에 대해서도 대응하지 않으려고 단단히 마음먹고 있습니다.(중도파 의석에서 "옳소!"라는 외침)

의장 그리고 저는 발언자들이 연단에서 자유롭게 발언할 수 있도록 하려고 마음먹고 있습니다.("옳소!, 옳소!"라는 외침)

쥘 페리 의원 오늘 저는 이 하원의 일원[14]에 불과하며 이제는 권력이라는 짐과 책임을 지고 있지 않기 때문에, 이 자리에서 모든 이들이 관계되는

---

9 쟝 로크 *Jean Roque*(1824~1889년). 프랑스 남서부 지롱드 *Gironde*도(道)에 있는 작은 마을 필롤 *Fillol* 태생. 루이-나폴레옹이 일으킨 쿠데타에 반대했으며, 파리 코뮌을 지지함으로써 종신 강제 노역형을 선고받고 누벨칼레도니로 유배되었다. 1879년에 사면되어 귀국했으며, 급진 좌파 계열의 하원의원(1881~1889년)을 지냈다. 7월 30일의 표결에서 예산안에 반대표를 던졌다.

10 ≪개인적인 변명≫을 하려는 것.

11 페리 자신이 각의장을 두 차례 지낸 것(1880년 9월 23일~1881년 11월 10일, 1883년 2월 21일~1885년 3월 30일)을 가리킨다.

12 쟈크 미셸 살리스 *Jacques Michel Salis*(1848~1919년). 급진 좌파 계열의 하원의원(1881~1910년)을 지냈다. 7월 30일의 표결에서 예산안에 반대표를 던졌다.

13 죠르쥬 브리알루 *Georges Brialou*(1833~1897년). 노동자 출신으로 급진 좌파 계열의 하원의원(1883~1889년)을 지냈다. 7월 30일의 표결에서 예산안에 반대표를 던졌다.

14 페리는 1881년 8월 21일에 하원의원에 당선되었으며, 1885년 3월 30일에 실각하면서 하원의원 신분(당시에는 겸직이 가능했다.)으로 돌아왔다.

문제들, 모든 이들이 관계되는 정책 문제들, 모든 이들의 애국심과 관계되는 문제들을 다룰 수 있으리라고 기대한다는 말씀을 감히 드리며, 또한 동료 의원들 모두가 저에게 동료 대 동료로서 마땅히 가져야 할 예의를 갖추어주실 것이라고 기대합니다.(중간 의석에서 "옳소!"라는 외침)

만일 제가 그런 대접을 받지 않아야 하고 또 그런 자유를 누리지 않아야만 한다면, 저는 논의를 즉각 중단할 것입니다. 저의 체면이나 국익 면에서도 토의를 계속하는 것은 바람직하지 않을 것입니다.("발언하세요! 발언하세요!"라는 외침)

여러분, 저는 개인적인 변명을 하려고 이 자리에 선 것은 전혀 아니라는 말씀을 드리며, 또 제가 보기에 몇몇 논의를 시작하거나 벌이는 것이 공익 면에서 바람직하지 않다고 여겨질 때에는 제가 침묵할 줄 안다는 것을 보여드렸다는 말씀을 드립니다.(여러 종류의 동요)

로랑셰[15] 의원 그런데 의원님은 글을 쓸 줄 아시지 않습니까![16]

의장 질서를 곧잘 어지럽히는 분들은 회의 질서를 유지하는 권한을 행사하고 싶은 분들입니다. 발언을 방해하는 일이 생기면 저는 그것을 저지할 수 있을 것이며, 그렇지 않으면 하다못해 진정시킬 수는 있을 것입니다. 동료 의원님들 모두 조용히 경청해주시기 바랍니다. 이 토의에 혼란이 생기지 않도록 하는 유일한 방법은 조용히 경청하는 것입니다.

쥘 페리 의원 침묵해야만 했을 때, 그렇게 해야 할 의무가 제게 부과되었을 때, 저는 침묵했습니다. 며칠 전, 이 하원의 존경하는 어느 의원님[17]으로부

---

15 쟝 펠릭스 로랑셰 *Jean Félix Loranchet*(1845~1908년). 급진 좌파 계열의 하원의원(1883~1889년)을 지냈다. 7월 30일의 표결에 참여하지 않았다.

16 로랑셰는 다음과 같은 말을 하고자 한 것 같다. 즉, 쥘 페리가 자신은 필요한 경우에는 ≪침묵할 줄 안다≫는 것을 보여주었다고 하지만, 글로써 자신의 의사를 피력해왔다는 것이다.

17 죠르쥬 클레망소 의원을 가리키는 것으로 추정되지만 확실치 않다.

터 더없이 호되게 질의를 받고 도발을 당했을 때, 저는 침묵을 지켰습니다. 제가 생각하기에, 그분은 몇 주 전[18]에 그 자신이 우리에게 행한 거센 비난을 잊어버렸으며, 또 우리가 공화국 정부에서 손을 떼기를 어떤 방식으로 요구했는지도 잊어버렸습니다. 당시에 저는 저 자신의 생각을 밝힐 때가 아니라고 여기면서 침묵했습니다. 당시에는 프랑스-중국 조약[19]을 비준하는 것이 문제였습니다. 그것은 그 소식[20]이 도착한 다음날이었습니다. 그 소식은 너무나 다행스럽게도 바로잡히고 설명되었으며, 이제는 조국을 사랑하는 사람들에게 어떠한 근심거리도 남기지 않고 있습니다.(우파 의석에서 웅성거림) 바로 그때, 후에[21]의 궁전에서 들려오는 소식들은 걱정스럽긴 했지만, 그 소식들로 말미암아 우리 의원들에게 회부된 그 조약 [22]을 즉각적이며 빠른 표결로 비준해야 할 필요가 더욱 커졌습니다.

저는 이런 이유로 침묵했습니다. 다른 이유도 있었습니다. 프랑스와 중국 사이에 탄탄하고도 지속적인 평화를 가져다줄 것 같은 조약을 우리가 곧 비준하려는 때에 제가 보기에는 적절치 않았던 것입니다…….

드 보드리 다송[23] 의원 우리는 그 증거를 후에 사건[24]에서 보았습니다!……

---

18 1885년 3월 30일, 죠르쥬 클레망소는 ≪내각을 무너뜨리고 단죄할 것을≫ 의원들에게 요청했다. 그에 이어서 리보 *Ribot*(이 사람에 대해서는 아래 221번 각주를 보라.) 의원도 쥘 페리 각의장에게는 그 자신이 ≪몇 달 전부터 쌓아온 잘못을≫ ≪바로잡는 일을 다른 사람에게 넘겨야 하는 의무≫가 있으며, 각의장이 할 수 있는 일은 ≪물러나는 일뿐≫이라고 했다.

19 1885년 6월 9일 자 톈진 조약을 가리킨다.

20 이 책의 앞 부분에 붙인 <편역자의 말> 중에서 랑선 퇴각 사건을 참고하라.

21 후에 *Hué*는 당시에 안남(安南)의 수도.

22 비준 절차를 밟도록 하원에 회부된 톈진 조약을 가리킨다.

23 레옹-아르망 드 보드리 다송 *Léon-Armand de Baudry d'Asson*(1836~1915년). 왕당파, 반유태주의자, 반교권주의자 계열의 하원의원(1876~1914년)을 지냈다. 7월 30일의 표결에서 예산안에 반대표를 던졌다.

24 1885년 7월 4일에서 5일로 넘어가는 밤, 2만 2000명의 안남 병력이 앙리 루셀 드 쿠르시

의장 발언을 방해하지 마십시오!

쥘 페리 의원 …… 우리가 중화제국과 과거에 또는 최근에 벌였던 실랑이의 기억을 이 자리에서 쓰디쓰게 되새기고 일깨우기에는 적절치 않았습니다.(중도파 의석에서 "옳소!"라는 외침)

여러분, 오늘 저는 차분하고 사심 없이 말해야 한다고 생각합니다. 우리 의원들 모두는 우리의 최고 심판관 앞에서, 즉 국민들 앞에서 말하고 있기 때문에 이런 말씀을 드리는 것입니다.

그러나 어느 분은 다음과 같이 말씀하실 것입니다. 모든 이들이 동의하고 있는 것 같고, 1884년 3월 27일의 회의에서 있었던 그 엄청나고 놀라운 만장일치[25]가 어제 회의에서 다시 생긴 것[26] 같으며, 또 반대 세력들이 공격을 뚜렷이 멈추었는데, 왜 발언하는가라고 말입니다…….

극좌파 의석에서 들려오는 목소리 전혀 그렇지 않습니다!

쥘 페리 의원 …… 어느 분이 우리에게 말한 바에 따르면, 반대 세력들은 [정부가 펴는 식민 정책에 대해서 공격하기를] 포기했으며 그 이상으로 다른 행동은 하지 않을 것인데 왜 발언하는가라고 말입니다…….

극좌파 의석에서 그렇지 않습니다!

---

*Henri Roussel de Courcy*가 이끄는 1500명의 프랑스 병력을 향해 공격을 개시했다. 5일 새벽, 프랑스 병력이 반격을 개시해서 요새를 장악했다. 안남 황제 함응이[함의제 咸宜帝]는 도주했으며, 섭정 톤 탓 투엣 *Ton That Thuyet*의 사주를 받은 안남인들이 프랑스인들과 가톨릭인들을 공격하고 요새를 약탈했다.

25 1884년 3월 27일, 죠르쥬 페랭 *Georges Périn*은 다음과 같은 의제를 제안했다. ≪마다가스카르에서의 프랑스의 명예와 이익을 수호하고자 결심한 하원은 요청된 예산 검토 작업을 특별 위원회에 위임하고, 의제로 넘어간다.≫ 제안은 투표에 부쳐져서 찬성 437표, 반대 26표로 가결되었다. ≪만장일치≫는 아니었다. 페리가 보기에 이것은 마다가스카르를 포기하지 않겠다는 하원의원들의 굳센 결의를 보여주는 것이었다.

26 앞의 4번 각주를 보라.

조르쥬 페랭[27] 의원 그렇지 않다고요? 누가 의원님에게 그런 말을 하던가요?

쥘 페리 의원 …… 그리고 특히 우파 쪽의 반대 세력은…….

졸리브와[28] 의원 아닙니다! 아닙니다! 우리는 [예산안에] 반대표를 던질 것입니다!

뒤푸르 남작[29] 의원 물론입니다!

쥘 페리 의원 …… 드 카사냑[30] 의원으로 대표되는 우파 의원들 중에서 많은 분은 이 연단에서 다음과 같이 말씀하셨습니다. 이번 사태의 경우, 정부가 추진하는 정책 — 이 정책은 이전 내각이 폈던 정책과 다르지 않습니다. — 에 대해서…….

뒤푸르 남작 의원 저는 반대표를 던질 것입니다.

의장 의원님이 판단하시기에 좋으실 대로 투표하십시오. 의원님이 원하신다면, 의원님 자신의 투표에 대해서 설명하실 수 있을 것입니다. 하지만 그때까지는 조용히 해주시기 바랍니다.

쥘 페리 의원 우파 의원들 중에서 많은 분은 이 정책에 대해서 한 가지 사항만을 비난한다고 하셨습니다. 즉, 이 정책이 이 연단에서 단호한 형태로 제시되지 않았으며, 또 마다가스카르섬을 정복하고야 말겠다는 의지가 확실하고도 명확하게 표명되지 않았다는 것입니다.

---

27 죠르쥬 페랭(1838~1903년). 급진 좌파 계열의 하원의원(1873~1889년)을 지냈다. 죠르쥬 클레망소와 가까웠으며, 평화주의적 신념 때문에 식민주의에 완강히 반대했다. 7월 30일의 표결에서 예산안에 반대표를 던졌다.

28 외젠 졸리브와 *Eugène Jolibois*(1819~1896년). 보나파르트주의 계열의 하원의원(1876~1893년)을 지냈다. 7월 30일의 표결에서 예산안에 반대표를 던졌다.

29 오귀스트 베르트랑 프랑스와 죠제프 마리 데지레 뒤푸르 *Auguste Bertrand François Joseph Marie Désiré Dufour* 남작(1824~1897년). 보나파르트주의 계열의 하원의원(1876~1889년)을 지냈다. 7월 30일의 표결에서 예산안에 반대표를 던졌다.

30 폴 드 카사냑 *Paul de Cassagnac*(1842~1904년). 보나파르트주의 계열의 하원의원(1876~1902년)을 지냈다. 7월 30일의 표결에서 예산안에 반대표를 던졌다.

자, 여러분, 어제 바로 이런 일이 있었기 때문에 또다시 이런 일들에 대해서 언급하는 것이 중요합니다.

지난번 마지막 회의에서 끌어낼 수 있는 교훈, 귀중한 교훈이 하나 있습니다. 그러므로 지난 토요일 회의부터 어제 회의까지 지나온 과정을 보십시오.

존경하는 카미유 펠르탕[31] 의원님이 하신 조금은 고결하고 도발적인 말씀을 믿는다면, 지난 토요일 회의에서 예산안을 거부한다는 것은 의원님들이 보시기에는 식민 정책에 대해서 최종적인 판결을 내린다는 의미였을 것입니다. 그것은 원정을 종결한다는 의미였을 것이며, 또한 원정 정책, 모험 정책 또는 식민 정책이라 불리는 것을 명확하고, 선명하고, 결정적이며, 돌이킬 수 없이 파기한다는 의미였을 것입니다. 이에 대해서 찬성하는 사람들과 반대하는 사람들의 수를 세어보아야 했으며, 표결을 해야 했습니다. 그리고 존경하는 카미유 펠르탕 의원님은 다음과 같이 예언하셨습니다. 지지를 받지 못하고 폐기된 이 정책을 다시 추진할 사람은 이 자리에 아무도 없을 것이며, 이 자리에서 누구도 감히 이전 내각의 식민 정책을 일관된 계획 *système*으로 지지하지는 않을 것이라고 말입니다.

카미유 펠르탕 의원 저는 그런 말을 하지 않았습니다!

쥘 페리 의원 그런 말씀을 하시지 않았다고요? 그런 도발을 하시지 않았다고요? 그렇다면, 의원님이 하신 말씀이 실려 있는 『관보』에 오류가 있거나 제 기억이 몹시 부정확하겠지요!

---

31 카미유 펠르탕 *Camille Pelletan*(1846~1915년). 급진 좌파 계열의 하원의원(1881~1912년), 해군부 장관(1902~1905년)을 지냈다. 클레망소의 측근이었으며, 모든 종류의 식민 정책에 완강히 반대했다. 7월 30일에 있을 표결에서 기권하겠다고 선언했지만, 예산안에 반대하는 표를 던졌다.

여러분에게 진심으로 여쭈어봅니다. 어제 회의의 모습도 이러했던가요? 제가 보기에 식민 정책이라고 불리는 정책의 명분은 어제 회의에서 몇 걸음 전진했으며, 분명히 예기치 않은 운명의 역전을 맞은 것 같습니다. 제가 보기에 지난 토요일에는 온통 싸우는 분위기였지만, 어제는 평온한 분위기였습니다. 반대 세력은 눈에 띄게, 뚜렷이 약화되었습니다. 존경하는 파시[32] 의원님은 예외였습니다. 파시 의원님은 이 사태에서 쓴잔을 마시기는 했지만 결코 쓰러지지는 않았습니다. 제가 보기에 다른 반대 세력들, 즉 극우파 측의 반대 세력과 극좌파 측의 반대 세력은 기이하게도 무장을 해제한 것 같습니다.(좌파 의석에서 시끄러운 소리와 발언 방해)

조르쥬 페랭 의원 의원님이 틀렸습니다. 저는 예산안에 찬성표를 던지지 않을 것이라고 더없이 명확하게 밝혔습니다.

베르쥬로[33] 의원 우리는 항상 의원님[34]과 의원님의 정책에 반대합니다!

토니 레비용[35] 의원 우리는 의원님이 그런 어투로 말을 계속하도록 내버려 두지 않을 것입니다!

살리스 의원 [의원님의 어투는] 참을 수 없습니다!

---

32 프레데릭 파시 *Frédéric Passy*(1822~1921년). 1867년부터 국제 상임 평화 연맹, 프랑스 평화의 친구들 협회, 국가 간 중재를 위한 프랑스 협회를 설립하여 평화주의 운동을 벌였다. 하원의원(1881~1889년)을 지냈다. 자유 무역 체제를 지지하는 경제학자, 평화주의자, 반식민주의자, 페미니스트, 사형제도 폐지론자였다. 적십자 창설자인 앙리 뒤낭 *Henry Dunant*과 함께 1901년에 제1회 노벨 평화상을 수상했다. 7월 30일의 표결에서 예산안에 반대표를 던졌다.

33 알퐁스 루이 페르디낭 베르쥬로 *Alphonse Louis Ferdinand Bergerot*(1820~1912년). 보수주의 계열의 하원의원(1880~1893년)을 지냈다. 7월 30일의 표결에서 예산안에 반대표를 던졌다.

34 쥘 페리를 가리킨다.

35 토니 레비용 *Tony Révillon*(1831~1898년). 급진 좌파 계열의 하원의원(1881~1893년)을 지냈다. 소설가이기도 했다. 7월 30일의 표결에서 예산안에 반대표를 던졌다.

의장 발언자의 어투는 의원의 어투로 꼭 알맞습니다.

토니 레비용 의원 발언자의 어투는 마땅하지 않습니다! 우리는 [발언을] 더 듣고 싶지 않습니다…….(커져 가는 시끄러운 소리)

의장 토니 레비용 의원님, 경고합니다!……

(드네이루즈[36] 의원이 일어서면서 몇 마디 말을 하지만, 그 말은 시끄러운 소리에 묻힌다.)

의장 조용히 해주십시오.

(드네이루즈 의원이 시끄러운 소리 속에서도 계속 말한다.)

의장 드네이루즈 의원님, 경고합니다.(중도파 의석에서 외치는 소리)

여러분, 조용히 해주십시오. 어느 쪽에서 발언을 방해하더라도 발언을 방해하는 분들에게는 경고하겠습니다. 저는 이쪽(좌파 쪽)에도 경고했으며, 조금 전에는 드네이루즈 의원님에게도 경고했습니다.

드네이루즈 의원 왜 저인가요?……

의장 드네이루즈 의원님, 의원님이 아니라 토니 레비용 의원님에게 먼저 경고했습니다…….

드네이루즈 의원 의장님, 그렇다면 따르겠습니다.

의장 의원님이 그런 태도를 취하신 것은 잘못이며, 의원님이 다시 질서를 지키지 않으셨다면 저는 의사록에 기록을 남기는 경고[37]를 하지 않을 수

---

36 마리 루이 드네이루즈 *Marie Louis Denayrouze*(1848~1910년). 1884년에 보궐 선거에서 당선되어 1885년까지 쥘 페리의 노선을 따르는 공화주의 계열의 하원의원을 지냈다.

37 하원 규칙에서 의장은 그 규칙을 위반하는 의원에게 다음과 같은 ≪징벌≫을 내릴 수 있도록 규정되어 있다. ≪1. 경고≫(단순 경고), ≪2. 의사록에 기록을 남기는 경고≫, ≪3. 견책≫(단순 견책), ≪4. 회의장 밖으로 일시적으로 축출하는 견책≫.(하원 규칙 117조) ≪의사록에 기록을 남기는 경고≫의 경우에는 하원의원에게 주어지는 ≪보수의 절반을 15일 동안 박탈≫하는 조처가 동반된다.(120조) 경고는 의장만이 내릴 수 있다.(121조) 같은 회의에서 두 번 경고를 받은 의원은 의장의 제안에 따라 회의 나머지 시간에 발언을 할 수 없으며, 이 조처를 내림에 있어서 의원들은 토론 없이 착석·기립 투표로 의사를 표현한다.(122조) 견책은 다음 경우에 내려진다. ≪1. 의사록에 기록을 남기는 경고를 받고도 본분으로 돌아가지 않는 모든 의

없었을 것입니다.

공정성을 잃지 않기 위해서 갖은 노력을 다하고 있는 의장의 공정성을 의심하기에 앞서, 의장이 자신의 권한을 사용하는 방식부터 알아야 합니다.(우파 의석에서 박수갈채)

저는 이러한 점이 모든 분들에게 교훈이 되기를 바라며, 토의가 조용하게 계속되기를 바랍니다.("옳소! 옳소!"라는 외침)

토니 레비용 의원 그렇다면, 우리에게 도발하지 마십시오!

의장 아무도 의원님에게 도발하지 않습니다. 의원님이 연단에 서 계셨을 때, 저는 의원님이 최대한의 자유를 누릴 수 있게 해드렸습니다. 뒤이어 연단에 오르시는 분들 모두가 같은 자유를 누리시기 바랍니다.("옳소! 옳소!"라는 외침 — 다시 조용해짐)

쥘 페리 의원 제가 어떤 종류의 말과 어떤 종류의 도발로 조금 전에 있었던 그 소란을 초래했다면 자책감이 들겠지만, 저는 소란을 야기하지 않았습니다. 저는 겸허한 마음으로 곰곰이 생각해보고 또 지난 토요일에 있었던 회의에서 반대 세력이 취한 태도와 어제 회의에서 반대 세력이 취한 태도를 비교해보았지만, 그 소란의 원인을 찾을 수 없습니다. 그 격한 소란을 야기할 만한 것은 아무것도 없었습니다. 우리는 존경하는 죠르쥬 페랭 의원님이 다음과 같이 말씀하시는 것을 들었습니다. 의원님 자신은 [프랑스 군대가] 마다가스카르에서 철수하고 그곳을 즉각 포기하라는 요구를 하지 않는다고 말입니다. 이것은 어제 회의에서

원≫, ≪2. 30일 내에 세 번 경고를 받는 모든 의원≫, ≪3. 하원에서 소란스러운 장면을 주도하거나 입법 활동에 참여하는 것을 집단적으로 기피하는 행위를 주도하는 모든 의원≫, ≪4. 동료 의원들 중의 한 명 또는 여러 명에게 모욕, 도발 또는 위협을 가하는 모든 의원≫. 견책은 의장의 제안으로 의원들이 토의 없이 착석·기립 투표로 결정한다.(127조) ≪단순 견책≫을 받은 의원은 ≪1개월 동안 보수의 절반을 박탈≫당한다. ≪회의장 밖으로 일시적으로 축출하는 견책≫을 받은 의원은 ≪2개월 동안 보수의 절반을 박탈≫당한다.(규칙 128조)

반대 세력의 태도가 약간 바뀌었다는 것을 입증해주는 것입니다.

조르쥬 페랭 의원 의원님, 그렇지 않습니다!

곧바로 오류를 바로잡아도 괜찮겠습니까?

쥘 페리 의원 의원님은 나중에 이 연단에 오르셔서 의원님 자신의 말씀을 바로잡으시기 바랍니다.

조르쥬 페랭 의원 저는 우리가 점령한 영토에서 철수할 것을 요구한다고 말했으며, 또 조약이 빨리 체결되도록 하기 위해서라면 우리의 해군력을 그곳에 그대로 남겨둘 수 있을 것이라고 생각한다고 말했습니다. 저는 ≪우리의 해군력!≫이라는 말을 강조했습니다.("사실입니다!", "옳소!"라는 외침)

저는 의원님의 정책이 계속되는 것에 절대로 반대한다는 의사를 피력했습니다. 그리고 저는 이런 이유로 예산안에 찬성표를 던지지 않을 것이라고 했습니다.(여러 의석에서 "옳소! 옳소!"라는 외침)

쥘 페리 의원 그러면, 우리는 어떤 분들이 예산안에 반대표를 던질 것인지 알게 될 것입니다. 그리고 이 표결에서는 찬성하는 사람들과 반대하는 사람들의 수가 드러나게 될 것입니다. 의원님이 의도를 드러내셨듯이 말입니다.

드 보드리 다송 의원 우리는 의원님에게 반대하는 표를 던지지 않을 것이므로, 이제는 표 계산을 하지 마십시오!

의장 드 보드리 다송 의원님, 그 말씀이 의원님답다고 생각하십니까?

쥘 페리 의원 그 말씀은 받아들일 수 없습니다.

의장 그런 말씀을 한 본인들은 후회하고 있습니다. 저는 확신합니다.

드 보드리 다송 의원 아니오, 저는 제가 한 말을 취소하지 않겠습니다.

의장 그러면, 경고하겠습니다.

쥘 페리 의원 [의원님들의] 태도와 반응에 생긴 이런 뚜렷한 변화는 무엇 때문일까요? 프랑스의 전통, 이익, 명예를 위탁받은 정부 기관이신 외무부 장관님[38]이 이 연단에 오르셔서, 식민 정책과 원정 정책을 싸잡아 경멸하는 모든 분들에게 간단명료하고 확고하게 다음과 같은 사실을 상기시킨 것만으로도 그런 변화가 일어났던 것입니다. 하지만 정당한 원정도 있으며, 프랑스는 전통과 권리가 있으며, 내각이 교체된 것을 구실로 삼아 프랑스가 지니고 있는 전통의 연속성을 깨트리는 것은 허용되지 않으며, 마다가스카르를 식민지로 삼으려는 사업은 한 내각만의 사업이 아니라 일련의 내각이 추진하는 사업이며, 우리는 드 프레시네 *de Freycinet*로부터 그 사업을 받았으며 그 사업을 그에게 돌려주었다는 사실을…….(우파와 극좌파 의석에서 비꼬는 듯한 웃음), 그리고 소심하거나 지각이 없는 사람들에게 말하고 내뱉는 것만으로는 충분치 않다는 사실을 말입니다…….(여러 종류의 이의 제기)

에르네스트 드레올[39] 의원 의원님 자신을 위해서 발언하십시오!

의장 의원님들은 왜 자신들에게 그런 수식어[40]를 붙이시나요?

에르네스트 드레올 의원 우리는 그 수식어를 발언자 그 사람에게 붙입니다. 그 사람에게는 평생 그런 수식어가 붙여져야 마땅했습니다.

쥘 페리 의원 어제 회의에서 있었던 일 이후로는 소심하거나 지각이 없는 사람들

---

38 샤를 드 프레시네 *Charles de Freycinet*(1828~1923년). 1879년 12월~1880년 9월, 1882년 1~8월에 각의장을 지내면서 식민 정책을 추진했으며, 1885년 7월 28일 당시에 외무부 장관이었다. 1886년 1~12월, 그리고 1890년 3월~1892년 2월에 또다시 각의장을 지냈다. 1885년 7월 27일에 하원에 출석해서 마다가스카르에 원정대를 보내야 할 사유(원정대를 보내는 것은 마다가스카르를 점령하기 위해서가 아니라 프랑스가 그곳에서 ≪확보한 입지≫를 유지하기 위해서라고 했다.)를 역설하면서, 원정에 필요한 예산을 가결해줄 것을 요청했다.

39 에르네스트 장-바티스트 앙드레 드레올 *Ernest Jean-Baptiste André Dréolle*(1829~1887년). 보나파르트주의 계열의 하원의원(1869~1870년, 1876~1885년)을 지냈다.

40 ≪소심한≫, ≪지각이 없는≫ 같은 수식어.

에게 내뱉는 것만으로는 충분치 않을 것이라는 말씀을 드립니다…….

에르네스트 드레올 의원 당신 같은 사람들에게 말이지요!

쥘 페리 의원 …… 열정적이며 맹목적인 대중들에게…….(발언 방해) 여러분, 여러분이 이렇게 계속 발언을 방해한다면, 저는 연단에서 내려갈 것입니다.(시끄러운 소리)

중도파 의석에서 어느 의원의 목소리 이제 연단에서의 자유는 없습니다!

의장 저는 발언자의 논의가 방해받고 있다는 말이 나오도록 내버려 둘 수 없습니다. 사람들의 모임에서는 항상 발언 방해가 일어납니다. 저는 발언 방해를 진정시키려고 갖은 애를 쓰고 있으며, 오늘보다 더 애쓴 적은 없습니다. 그리고 저는 연단에서의 자유가 완전하지 않다는 말이 나오도록 내버려 둘 수 없습니다. 의원님들이 유심히 지켜보고 있으며, [곧 연단에 서게 될] 많은 발언자는 자신의 발언이 조용히 경청되기를 바랄 것입니다.("옳소! 옳소!"라는 외침)

쥘 페리 의원 여러분, 원정에 대해서, 모험 정책에 대해서 부단히 거듭된 그 말들을 선거 경쟁과 정당들의 각축장에서 내뱉는 것만으로는 이제 충분치 않을 것이라고 저는 말했습니다. 그것은 프로그램이 전혀 아닙니다. 위대한 나라에서는 신중한 정책을 그런 식으로 펴지 않습니다. 모든 분들의 말씀에 따르면, 그리고 이곳에서 모든 의원님들의 신뢰를 받고 있는 정부 당국자의 말에 의하면, 프랑스의 명예, 이익, 명성, 미래가 개재되어 있기에 추구하기를 두려워하지 말아야 할 모험과 정당한 원정이 있기 때문입니다.(중도파 의석과 좌파의 여러 의석에서 열렬한 박수갈채)

드 보드리 다송 의원 의원님이 그 모험과 원정을 지휘하지 않아야 합니다.(시끄러운 소리)

쥘 페리 의원 그건 다른 문제입니다! 이 모든 발언 방해를 중단시켜야 할 것 같습니다만…….

의장 하지만 저는 모든 발언 방해를 즉각 제지할 수는 없으며, 이 자리에서 학습 감독자의 역할을 할 수는 없습니다.("옳소!"라는 외침과 동의한다는 뜻의 웃음소리)

발언자는 자신의 논의를 중단할 수밖에 없는데, 이것은 이따금 생길 수 있는 발언 방해 때문이기도 하지만, 그보다는 발언 방해가 진정되는 것을 보고 싶은 사람들의 초조함 때문입니다. 발언 방해가 저절로 잦아들도록 가만두는 것이 더 간단할 텐데 말입니다.(우파와 극우파의 여러 의석에서 박수갈채. 그리고 중도파 측에서 이의 제기와 시끄러운 소리)

여러분, 여러분은 정말로 의장이 임무를 수행할 수 없도록 만들고 있습니다. 매 순간 이런 말씀을 드리지 않을 수 없는 것이 유감스럽지만, 거듭 말씀드립니다. 발언 방해가 과격한 형태로 이루어질 때, 그 발언 방해가 무시되거나 또는 의장만이 그 발언 방해를 진정시킨다면, 평화적인 여건에서 토의가 계속될 수 있을 것입니다. 이와는 반대로, 의원님들 각자가 발언 방해에 대해서 항의하신다면, 소란이 생겨나고 그 소란은 잠재울 수 없습니다.(박수갈채)

알베르 페리[41] 의원 (발언자에게) 연단에서 내려오십시오.(시끄러운 소리)

의장 조용히 해주십시오.

쥘 페리 의원 여러분, 이것은 확인해볼 필요가 있었습니다. 어제 있었던 토의 ― 이 토의는 여러분이 오늘 하실 표결로 곧 마무리될 것입니다. ―의 분명한 결과를 여러분 앞에서 지적해야 했습니다. 공화파 여당 의원 여러분 ― 어느 분은 여러분이 먼 곳에서 모험을 감행한 것에 대해서

---

41 알베르 페리 *Albert Ferry*(1833~1893년). 쥘 페리와 마찬가지로 보쥬 *Vosges* 태생이지만, 쥘 페리와 인척 관계가 아니다. 급진 좌파 계열의 하원의원(1881~1893년), 상원의원(1893년 6~12월)을 지냈다. 7월 30일의 표결에서 예산안에 찬성표를 던졌다.

유권자들의 면전에서 모욕을 줄 작정이었습니다. ㅡ, 여러분 앞에서 그렇게 해야 했습니다!(여러 종류의 동요)

토니 레비용 의원 의원님을 실각시킨 것은 바로 그 여당입니다!

쥘 페리 의원 아! 존경하는 발뤼[42] 의원님이 어제 힘차게 연설하시면서 말씀하셨듯이, 여당은 머리를 당당히 들고, 자신의 생각을 감추지 않으면서 국민들 앞에 설 수 있습니다…….(중도파 의석에서 "옳소! 옳소!"라는 외침) 어느 분이 여당에 비난하는 그 세 전쟁 중에서 두 전쟁은 끝났으며, 그렇게 해서 프랑스는 명예와 큰 이익을 얻게 되었다는 것이 오늘 확인되었기 때문입니다!(중도파 의석에서 박수갈채)

그리고 세 번째 전쟁, 즉 마다가스카르의 먼 해안에서 다시 시작된 전쟁으로 말씀드리자면, 정부를 필두로 소속 정당을 막론하고 많은 의원님이 다음과 같이 말씀하십니다. 그 전쟁은 우리가 여러 해 전부터 벌여온 모든 전쟁 중에서 개인과는 가장 관련이 없고 참으로 가장 범국민적인 차원의 전쟁이라고 말입니다.(다시 박수갈채)

그리고 여러분, 저는 문제 속으로 조금 더 깊이 들어가고자 합니다. 지난 토요일의 회의에서 하원의 이쪽 편(좌파)에 속한 두 분의 저명하신 발언자, 즉 존경하는 죠르쥬 페랭 의원님과 존경하는 카미유 펠르탕 의원님이 식민 정책 문제에 대해서 포괄적으로 설명하셨기 때문에, 이번에는 제가 이 자리에서 이 문제를 다루고자 합니다. 그리고 이것은 저의 권리입니다.

우리의 두 동료 의원님은 이 식민 정책을 몇 가지로 규정지으셨는데, 저는 그 규정을 받아들일 수 없습니다.

---

42 아르튀르 오귀스트 엘레오노르 발뤼 *Arthur Auguste Eléonor Ballue*(1835~1894년). 급진 좌파 계열의 하원의원(1880~1889년)을 지냈다. 7월 30일의 표결에서 예산안에 찬성표를 던졌다.

두 분은 그 정책이 일관된 계획 *système*인가라고 물으셨으며, 적어도 두 분 중의 한 분은 그 정책을 일관된 계획이라고 주장할 수 있다면 어디 한번 그렇게 주장해보라고 하셨습니다.

식민 정책은, 식민지 확장 정책은 일관된 계획일까요, 아닐까요? 만일 그것을, 싸움과 모험과 어렵지 않게 얻을 수 있는 영광을 바라는 무어라 말할 수 없는 어떤 욕구에 이끌려서 아무런 제지도 없고, 아무런 제한도 없고, 원칙도 없고, 규칙도 없이, 말하자면 무턱대고 우리의 식민 영토를 넓히고 키워나가려는, 무어라 말할 수 없는 어떤 열정으로 여긴다면, 아! 여러분, 이렇게 설계된 식민 정책은 일관된 계획이 아닐 것이며, 미친 짓에 불과할 것입니다…….

죠르쥬 클레망소 의원 바로 그러합니다!(극좌파와 우파 의석에서 동의한다는 표시)

쥘 페리 의원 여러분은 국민들에게 그 정책을 그런 모습으로 보여주려고 애를 쓰고 있는데, 그것은 그 정책을 가증스러운 것으로 만들기 위해서입니다. 여러분은 그 정책을 왜곡하고 일그러뜨리는 일부터 시작하고 있습니다.

그라네[43] 의원 하지만, 우리는 당신이 세운 학교[44]에 다닌 적이 없습니다!

쥘 페리 의원 여러분은 국민들에게 그 정책을 참모습 그대로 보여주지 않고 있습니다. 여러분은 국민들에게 그 정책을 있는 그대로 보여주지 않고 있습니다. 그리고 여러분은 재주가 많은 분들이기에 그 정책을 희화화하고 있을 뿐입니다.(여러 방향에서 동요)

죠르쥬 페랭 의원 저는 의원님이 조금 전에 저의 말을 왜곡하신 것처럼 의원님

---

43 펠릭스 아르망 에티엔 그라네 *Félix Armand Etienne Granet*(1849~1936년). 클레망소의 측근이었으며, 급진 좌파 계열의 하원의원(1881~1893년)을 지냈다. 7월 30일의 표결에 참여하지 않았다.

44 쥘 페리에 의해서 공립 초등학교에서 무상, 의무, 탈종교 교육이 시행되기 시작한 것(1881~1882년)을 가리킨다.

의 말씀을 절대로 왜곡하지 않았습니다! 절대로 말입니다, 의원님!

의장 페랭 의원님, 발언자는 의원님의 말씀을 왜곡하지 않습니다. 발언자는 일관된 계획이라는 것에 대해서 설명하고 있습니다……. 저는 의원님 자신이 적수들의 정책을 공격하기 위해서 더없이 격한 표현을 사용하셨다는 사실을 지적하고자 합니다.

쥘 페리 의원 저는 그 표현을 받아들이지만, 최소한 이 연단에서 있었던 발언에 대해서, 그리고 특히 다른 곳에서 — 면면이 알려져 있고 선별된 몇몇 사람들의 모임에서는 머릿속에 떠오르는 생각을 자유롭게 드러내는 것이 훨씬 더 쉽기 때문입니다. — 있었던 발언에 대해서 답할 수 있기를 바랍니다.

거듭 말씀드립니다. 심지어 여기 하원에서조차도 식민 정책을 있는 그대로 보지 않고 희화화하고 있습니다. 그 정책을 일종의 정신 착란과 같고 자신감 넘치는 발상 같은 것으로, 먼 곳에서 벌어지는 위험한 모험을 찾아 세계를 돌아다니는, 일종의 미쳐 날뛰는 편력 기사 같은 것으로 묘사했습니다…….

폴 드 카사냑 의원 중국 여자 둘시네아를 찾으려고 돌아다니는 편력 기사 같은 것[45]으로 말이지요!

쥘 페리 의원 …… 목적지도 없고, 종착점도 없으며, 매사에 우연에 이끌리는 것으로 묘사했습니다.

여러분, 그런 식민 정책은 결코 없습니다. 어느 정부가 그런 미친 짓을 생각해냈다는 상상은 할 수 없습니다. 역사적 진실, 너무나 쉽게 알 수 있는 사실이 정당들 간의 논쟁으로 흐려지지 않는 한에는 말입니다!

그리고 이와는 반대로, 만일 여러분이 식민지 확장 정책이 정치적

---

45 식민 정책을 세르반테스의 소설에 등장하는 돈키호테의 무모한 행동에 빗댄 것.

동기, 경제적 동기에 토대를 두고 있다고 말씀하시고자 한다면…….

(여러 의석에서 비꼬는 듯한 웃음)

극좌파 의석에서 신중하고 안전한 정책 *politique de père de famille*[46]이지요!

폴 드 카사냑 의원 5억 프랑의 비용이 들지요!

쥘 페리 의원 미래를 바라보며 5억 프랑을 지출할 수 있습니다. 나쁜 정책을 펴지 않는다면 말입니다. 문제는 목표가 충분히 높이 설정되었으며 이익이 큰가를 검토해보는 것, 바로 그것입니다.

그런 동기들[47]로는 아무것도 증명되지 않습니다. 저의 발언을 계속하도록, 그리고 저의 주장을 명확히 하도록 가만두는 편이 더 좋을 것입니다. 지금과 같은 식의 발언 방해가 계속되면 저의 주장을 분명히 하는 것이 몹시 어려워진다는 말씀을 드립니다.

폴 드 카사냑 의원 의원님도 자주 발언을 방해하셨습니다.

의장 여러분, 발언자가 자신의 생각을 밝히도록 가만두십시오.

쥘 페리 의원 제가 정부 측 자리에 앉아 있었을 때, 저는 발언을 방해했습니다. 그러나 의석에 의원으로 앉아 있을 때에는 절대로 발언을 방해하지 않습니다.(우파 의석에서 외치는 소리와 웃음)

폴 드 카사냑 의원 오! 그건 말도 안 됩니다!(우파 쪽에서 다시 웃음)

우파 의석에서 들려오는 목소리 우리들 중에서 한 사람이 연단에 서 있을 때, 그분의 발언은 계속 방해당합니다.

의장 여러분, 여러분이 나누시는 그런 대화는 참으로 참을 수 없습니다!

폴 드 카사냑 의원 뭐라고요? 도대체 이제는 옆자리 의원과 이야기를 나눌 수도 없군요!

---

46 극좌파 의원들은 이 표현으로 쥘 페리가 말하는 정책을 비웃고 있다.

47 정치적 동기, 경제적 동기.

의장 적어도 큰 소리로 이야기하면 안 됩니다.

쥘 페리 의원 식민지 확장 정책에 반대하는 사람들이 우리에게 던지는 질문은 다음과 같습니다. "당신들이 추진하는 정책은 많은 청중 앞에서 벌어지는 토론에서 설득력을 얻을 수 있고 또 프랑스 국민들 같은 위대한 국민들이 항상 이해할 수 있을 정도로 — 프랑스 국민들 같은 위대한 국민들은 모든 위대한 것을 숭배하고 기념하기 때문입니다. — 파급력이 크고 효력이 오래 지속될 수 있는 이런저런 시각, 견해, 관심 일체와 관련성이 있으며, 이런저런 고결한 생각과 관련성이 있는가?"라고 말입니다.

여러분이 우리에게 그렇게 물으시면, 우리는 "그렇습니다. 우리에게는 일관된 계획에 토대를 둔 식민 정책, 식민지 확장 정책이 있습니다." 라고 답할 것입니다.

존경하는 죠르쥬 페랭 의원님과 존경하는 클레망소 의원님은 이처럼 어렵고 복잡한 문제에 있어서는 식민 정책을 순전히 부정적인 정책으로 간주하는 것만으로는 충분하지 않다는 것을 매우 잘 깨닫고는, 식민 정책을 무어라 규정지으려고 애를 쓰셨습니다. 존경하는 죠르쥬 페랭 의원님은 지난 토요일의 연설에서 — 저는 페랭 의원님의 생각을 설명하면서 의원님의 생각을 왜곡하고 싶지 않습니다. 만일 그렇게 한다면, 그것은 여하튼 저의 본의가 아닐 것입니다. —, 존경하는 죠르쥬 페랭 의원님은 각기 다른 세 종류의 식민 정책을 제시하셨습니다. 첫 번째 정책은 페랭 의원님이 저의 존경하는 동료이신 루비에[48] 의원님의 정책이라고 한 것입니다. 페랭 의원님은 그것을 가리켜서, 우리나라

---

48 모리스 피에르 루비에 *Maurice Pierre Rouvier*(1842~1911년). 하원의원(1871~1903년), 통상·식민부 장관(1881년 11월~1882년 1월), 통상부 장관(1884년 10월~1885년 4월), 재정부 장관(1902년 6월~1905년 6월), 각의장(1887년 5~12월, 1905년 1월~1906년 3월)을 지냈다. 경제·재정 문제에 밝았다. 7월 30일의 표결에서 찬성표를 던졌다.

재외 국민들의 이익을 지키려면 필요할 수도 있을 이런저런 군사 원정에 이어서 우연하게 시행되는 정책이라고 하셨습니다. 그것은 우연에 이끌리는 정책입니다.

두 번째 정책은 페랭 의원님이 저의 정책이라고 하신 것입니다. 페랭 의원님은 그 정책을 가리켜서, 기회를 엿보는 정책이라고 하셨습니다.

마지막으로, 존경하는 죠르쥬 페랭 의원님 자신의 정책이 있습니다. 페랭 의원님은 이 정책을 다음과 같이 규정지으셨습니다.

≪이 세 번째 정책은 신중하고 현명한 식민 정책으로서, 제가 조금 전에 말씀드렸듯이, 우리의 소유지 대부분에서 아직도 부분적으로 미개척 상태에 있을 정도로 충분히 큰 식민 영토를 잘 활용하는 것입니다 …….≫

카미유 펠르탕 의원님은 ≪옳소! 옳소!≫라고 하셨습니다.

죠르쥬 페랭 의원님은 계속해서 다음과 같이 말씀하셨습니다. ≪…… 수백만 프랑 — 우리는 그곳을 개발하는 데에 이 돈을 유익하게 사용할 수도 있을 것입니다. —을 허비하면서 날마다 더 크게 확장하려는 잘못을 저지르고 있는 식민 영토를 잘 활용하는 것입니다.≫

죠르쥬 페랭 의원 그렇고말고요.

쥘 페리 의원 존경하는 죠르쥬 페랭 의원님에게 다음과 같은 답변을 드리고자 합니다. 먼저, 첫 번째 정책은 존재하지 않습니다. 그 정책은 존경하는 저의 옛 동료이신 루비에 의원님의 정책도, 루비에 의원님이 협력하시고자 했던 내각 수장의 정책도, 누구의 정책도 아닙니다. 이 연단에서 루비에 의원님은 우연에 이끌리는 식민 정책이 있다고 말씀하신 적이 절대로 없습니다. 그분이 그렇게 말씀하셨다고 주장하는 것은 그분의 말씀을 잘못 이해했거나 잘못 들었기 때문입니다. 저는 [그분의 말씀이 있었던] 회의에 참석하지 않았지만, 『관보』를 읽어보았습니다.

사건을 잘 활용하는 것과 우연에 이끌리는 것은 전혀 다릅니다. 루비에 의원님은 자신이 옹호하는 식민 정책이 우연에 이끌리는 정책이라고 말씀하시려고 하지 않았으며, 결코 그렇게 말씀하시지도 않았습니다. 반대로, 그분은 자신이 옹호하는 정책이 변덕 *fantaisie*에 이끌린 적이 절대로 없다는 것을 여러분에게 지적하셨으며, 그것을 지적하시려고 했습니다. 그분은 여러분에게 다음과 같이 말씀하셨습니다. 프랑스의 이익뿐만이 아니라, 공식 조약들, 엄숙하게 한 약속들 — 명예와 권리는 그것들을 이행해야 할 의무를 우리에게 부과합니다. —이 우리를 부르는 그곳에 우리는 갔다고 말입니다.(좌파의 여러 의석에서 "옳소! 옳소!"라는 외침)

루비에 의원님은 어느 다른 나라가 할 수 있었던 것을 프랑스 공화국은 조금도 하지 않았다는 것을, 그리고 또 프랑스 공화국은 어느 날 아침에 "여기에 내 마음에 드는 지구상의 한 곳이 있군. 이곳을 차지하자!"라고 중얼거리면서 잠에서 깨어나지 않았다는 것을 여러분에게 상기시키면서 그렇게 말씀하셨습니다. 그렇습니다. 여러분, 우리는 우리의 권리가 존중되지 않았기 때문에, 그리고 또한 더없이 공식적인 조약들이 위반되었기 때문에 무력으로 개입해야 할 의무를 가지게 된 곳에서만 우리의 영토를 확장했습니다.

우리가 홍하(紅河) 계곡과 통킹에 개입하고 있는 사연이 그렇지 않은가요? 우리가 마다가스카르에 개입하고 있는 사연이 또한 그렇지 않은가요?

여러분, 우리의 정책은 우리가 다른 때에 다른 여러 나라에서 보았던 것과 같은 폭력적인 정복 정책이라고 할 수 없으므로, 이 일련의 사태에서 반대 세력이 하는 비난 중의 하나는, 야만 민족들이 무례한 태도를 보일 때 그에 대응해서 우리가 너무나 오랫동안 관대한 자세를 보였다는 것, 그리고 우리가 [그들과] 너무나 오랫동안 협상을 했다는 것입니다.(여러 종류의 동요) 어제도 드 란느상[49] 의원님은 우리가 호바족[50]과 너무나 오랫동안 협상을 했으며, 그들에게 끌려다녔으며, 위대한 국민의 위엄에 조금도 부합하지 않는 관대한 자세를 보였다고 비난했습니다.

루이 기요[51](이제르도(道) 출신) 의원 물론이지요.

쥘 페리 의원 만일 우리가 협상을 덜하고 사건을 빨리 매듭지었더라면, "물론이지요."라고 말하는 바로 그분들은 우리의 신속성과 민첩성을 비난했을 것이라고 저는 믿습니다.(좌파의 여러 의석에서 박수갈채)

루이 기요(이제르도 출신) 의원 절대로 그렇지 않습니다! 절대로 그렇지 않습니다!

클레망소 의원 그런 말을 하는 사람은 통킹 사람[52]이오.

의장 의원님은 발언을 방해하는 사람으로서 부당합니다.

---

49 쟝-루이 드 란느상 *Jean-Louis de Lanessan*(1843~1919년). 파리 의과대학에서 동물학을 강의하다가 1881년에 극좌파 계열의 하원의원에 당선되었다. 1885년에 쥘 페리를 비롯한 ≪편의주의자들 *opportunistes*≫에 가까워졌으며, 식민지 확장 정책을 옹호했다. 인도차이나 총독(1891~1894년)과 해군부 장관(1899~1902년)을 지내고, 파리 인류학 협회 회원(1881~1888년)으로서 인류학 교육을 위한 협회(파리 인류학 학교)에 간여했으며, 1912년에 이 기구의 대표가 되었다. 자연사, 진화론, 식민화 사업 등을 다룬 많은 책을 썼다. 30일의 표결에서 예산안에 찬성하는 표를 던졌다.

50 호바족 *Hovas*은 당시에 마다가스카르의 지배 종족. 아래 58번 각주를 보라.

51 루이 기요 *Louis Guillot*(1844~1892년). 프랑스 남부에 있는 이제르 *Isère*도(道) 출신으로 처음에는 급진 좌파, 나중에는 온건 좌파 계열의 하원의원(1878~1889년)을 지냈다. 30일의 투표에서 예산안에 찬성표를 던졌다.

52 ≪통킹 사람 *Tonkinois*≫은 통킹 원정을 계속할 것을 고집하는 쥘 페리의 별명이었다. 이 책의 앞 부분에 붙인 <편역자의 말> 중에서 쥘 페리의 약력을 참고하라.

루이 기요 (이제르도 출신) 의원 같은 분들[53]이 아닙니다! 의원님에게 그런 비난을 했을 수도 있는 사람은 제가 아닙니다.

쥘 페리 의원 저는 발언을 방해한 분이 누구인지 알지 못합니다. 하지만 의회 이쪽(왼쪽)에서 발언 방해가 있었습니다…….

루이 기요(이제르도 출신) 의원 페리 의원님, 여기, 제 옆에 앉아 계시는 스퓔레르[54] 의원님이 발언을 방해하셨습니다.(요란한 폭소)

스퓔레르 의원 기요 의원님, 저는 절대로 누구의 발언도 방해하지 않습니다. 의원님들 모두가 알고 있습니다.("옳소! 옳소!"라는 외침)

의장 기요 의원님, 의원님은 통킹 원정의 책임을 지려고 너무나 활발하게 끼어드셔서 저는 지난 토요일에 의원님에게 경고하지 않을 수 없었습니다!……(좌중에 웃음)

루이 기요(이제르도 출신) 의원 저는 그 책임을 계속 지겠습니다.

의장 …… 또다시 경고를 받지 마시기 바랍니다!

쥘 페리 의원 그런데 누가 뭐라고 생각하고 또 뭐라고 생각할 수 있든지 간에, 우리가 무력으로 요구할 필요가 있는 것을 설득력 있는 행동과 조금은 힘찬 압박으로 얻어냈더라면 훨씬 더 좋았을 것 같다는 말씀을 드립니다. 제가 여러분에게 말씀드렸듯이, 우리가 오랫동안, 아마도 너무나 오랫동안 호바족과 협상한 것이 바로 그 증거입니다. 그리고 이쪽

---

53 ≪관대한 자세를 보였다고 비난한≫ 사람들과 ≪우리의 민첩함과 경솔함을 비난했을≫ 사람들을 가리키는 것으로 보인다.

54 외젠 스퓔레르 *Eugène Spuller*(1835~1896년). 공화파 계열의 하원의원(1876~1892년), 상원의원(1892~1896년), 공교육·미술·종교부 장관(1887년 5~12월, 1893년 12월~1894년 5월), 외무부 장관(1889년 2월~1890년 3월)을 지냈다. 레옹 강베타 *Léon Gambetta*와 가까웠으며, 강베타가 1870년 10월 7일에 열기구를 타고 파리를 탈출할 때 함께했다. 1886년 10월, 프랑스가 뉴욕에 보낸 자유의 여신상 제막식에 프랑스 국회 대표로 참석했다. 7월 30일의 표결에서 예산안에 찬성표를 던졌다.

에(극좌파 의석) 앉아 계시고 또 죠르쥬 페랭 의원님처럼 생각하시는 의원님들이 우리가 그렇게 한 것에 대해서 비난하신 것을 저는 이해할 수 없습니다. 지금, 존경하는 페랭 의원님이 또다시 [호바족과] 협상하자고 여러분에게 제안하셨기 때문입니다. 페랭 의원님은 협상이 가능하리라고 아직도 믿고 있습니다!

존경하는 외무부 장관님은 페랭 의원님에게 다음과 같은 사실을 지적하셨지만 허사였습니다. 프랑스가 받아들일 만한 호바족과의 협상은 없었다는 사실, 호바족 사람들이 특히 우리의 유구한 권리[55]를 되사들이기 위해서 상당한 액수의 돈을 우리에게 분명히 지불했다는 사실, 프랑스인들이 제기한 소유권 문제[56] 자체에 대해서는 그들이 진지하면서도 확실한 제안을 결코 하지 않았다는 사실을 말입니다. 여하튼 죠르쥬 페랭 의원님이 새로운 협상 계획에서 일관성 있게 배제하는

---

55 프랑스가 오래전부터 마다가스카르에 대해서 가진 권리를 말한다. 1642년에 루이 13세가 오리엔트 프랑스 회사 *Compagnie française d'Orient*를 설립한 몇몇 프랑스인에게 마다가스카르에 대한 특권을 부여한 면허장에 따라 가지게 된 권리(아래 59번 각주를 보라.), 1840년과 1841년에 프랑스가 마다가스카르의 피지배 종족인 사칼라바족 *Sakalaves*과 체결한 조약에 따라(프랑스 정부는 이 조약에 따라 자신들에게는 사칼라바족을 호바족으로부터 보호해야 할 의무가 있는 것으로 여겼다.) 그 종족이 사는 마다가스카르 북서부 지방에 대해서 가지게 된 권리, 1862년과 1868년에 프랑스가 호바족과 체결한 조약으로 가지게 된 권리를 가리킨다.

56 프랑스인들이 마다가스카르의 토지를 소유할 수 있는 권한과 관련한 문제. 1881년 3월 29일에 공포된 마다가스카르의 제85호 법에서는 다음과 같이 규정되어 있었다. ≪마다가스카르의 땅은 마다가스카르 정부의 신민(臣民)들 사이에서만 매매되거나 담보물로 제공될 수 있다. 만일 어느 사람이 다른 나라 사람들에게 땅을 팔거나 땅을 담보물로 제공한다면, 그 사람은 종신형에 처해질 것이다. 그 땅을 매입하며 지불한 돈 또는 그 땅을 담보로 빌려준 돈은 반환 대상이 되지 않으며, 그 땅은 정부에 귀속된다.≫ 이 법은 프랑스가 호바족 정부와 1868년 8월 8일에 체결한 조약 제4조와 상치되었다. 제4조에서는 마다가스카르에서 ① 프랑스인들은 자신들이 판단하기에 적절한 곳 어디든지 정착하고, ② 임대차 계약을 체결하고(기한이 명시되지 않았기 때문에 무기한으로 체결하는 것으로 해석될 수 있었다.), ③ 동산과 부동산을 취득할 수 있는 권리를 누린다고 규정되어 있었다. 이 문제와 관련하여 호바족 정부와 프랑스 정부 간의 줄다리기는 계속되었다.

사항이 하나 있는데, 저는 프랑스의 이익뿐만 아니라 명예의 측면에서도 이 사항은 중요하다고 생각합니다. 1841년에 체결한 조약들[57]이 바로 그것인데, 이 조약들로 말미암아 우리는 그 섬의 북부 지역에 사는 사람들[58]을 보호해야 할 의무를 가지게 되었습니다.

뭐라고요! 다음과 같은 기본 방침에 따라서 호바족과 협상을 하라고 제안하시다니! [우리는] 1841년에 맺은 조약들에 대해서는 앞으로 언급하지 않을 것이며, 그 섬의 북부 지역에서 물러나며, 그렇게 함으로써 사칼라바족이 호바족에게 복수를 당하도록 내버려 두고 또한 프랑스의 이름이 치욕스럽게 되도록 내버려 두겠다는 방침 말입니다. 받아들일 수 있는 제안인가요?(좌파의 여러 의석에서 박수갈채. — 우파 의석에서 중얼거림)

그것은 정부가 추진하는 정책이 아니라는 것을 저는 잘 알고 있습니다. 그리고 또한 그것은 의원님들의 뜻이 아니라는 것도 저는 매우 잘 알고 있습니다. 그러나 조금 전에 제가 말씀드렸듯이, 언제나 우리의 공식적인 권리들이 존중받도록 해야 하고 또 예로부터 내려오는 이익뿐만 아니라 최근에 문서로 보장된 권리도 보전해야 할 필요성에 이끌려서, 그리고 또 리슐리외나 루이 14세가 공포한 헌장[59]에만 의거

---

57 프랑스가 1841년에 앙카라 *Ankara*의 왕과 맺은 조약, 그리고 1841년에 역시 사칼라바족에 속하는 치미아루 *Tsimiarou*(치미아로 *Tsimiaro* 또는 치미하로 *Tsimiharo*로도 표기됨)와 맺은 조약을 통해서도 마다가스카르에서의 프랑스의 권리가 확보되었다. 같은 해에 사칼라바족의 또 다른 왕 앙드리앙 솔리 *Andrian Soli*는 마요트 *Mayotte*를 프랑스에 양도했다.

58 사칼라바족을 가리킨다. 이들은 아프리카 동부 해안에서 이주한 여러 부족이 뒤섞여서 형성된 종족으로, 당시에 마다가스카르 북서부 해안 지역에서 살고 있었으며, 호바족으로부터 시달림을 받고 있었다. 호바족은 손다 *la Sonde* 제도(諸島)나 아시아의 해안에서 이주한 것으로 추정되는 종족으로, 마다가스카르 중앙의 고원지대에서 살고 있었다.

59 리슐리외는 1642년 1월에 해군 대위 리고 *Rigault*에게 마다가스카르 및 그 부속령들과 20년 동안 통상을 할 수 있는 특권을 부여했으며, 같은 해 6월 28일에 루이 13세는 마다가스카

하는 것이 아니라 훨씬 더 생생하고 훨씬 더 명확한 1841년의 조약들에도 또한 의거해서 우리는 마다가스카르에 개입했습니다.

여러분, 이 모든 사실로부터 다음과 같은 결론을 취하고 끌어내야 한다고 저는 생각합니다. 우리는 프랑스인들이 먼 곳에서 희생 ― 프랑스인들이 얼마나 희생을 당할지 그 정도를 가늠할 수 없습니다. ―을 당하지 않도록 해주고 싶고 또 그렇게 해주려고 애를 쓰기는 하지만, 외무부 장관님이 말씀하셨듯이, 우리가 하찮은 야만 민족에게 더 오랫동안 끌려다니지 않기를 프랑스의 명예가 요구하는 때가 있으며 또 그런 경우가 있다는 결론을 말입니다. 달리 말하자면, 지금 극동에서는 문명 전체가 위태롭게 되었습니다.(좌파의 여러 의석에서 "옳소! 옳소!"라는 외침)

드 보드리 다송 의원 그러면, 정부를 갈아치워야 합니다!(좌중에 웃음)

쥘 페리 의원 여러분, 저는 이전 내각을 비난하는 데에 많이 사용되었던 표현 중에서 한 낱말을 다시 말하고 싶었습니다.

존경하는 루비에 의원님이 우연에 끌려다니는 식민 정책이 있다고 말씀하신 것을 존경하는 죠르쥬 페랭 의원님은 비난하셨습니다. 그리고 어느 분은 제가 먼 곳에 있는 [다른 민족의] 땅을 식민지로 삼는 사업의 경우에는 정책이 사건을 이끌어가기보다는 사건이 정책을 이끌어가는 경우가 종종 있다고 말한 것을 비난하셨습니다.

여러분, 저는 너무나 간단한 것을 말했다고 생각했습니다…….

쥘 들라포스[60] 의원 [의원님은] 너무나 어리석은 말씀을 하셨습니다!

르와 그 인접 도서(島嶼)에 정착해서 통상할 수 있는 배타적 특권을 오리엔트 프랑스 회사에 부여하는 면허장에 서명했다. 1643년 9월 20일, 루이 14세가 이 면허장을 추인했다. 1664년과 1670년, 루이 14세의 칙령에 의해서 마다가스카르(당시에는 '왕세자섬 *île Dauphine*'으로 불림)는 프랑스에 병합되었다. 이 조처는 루이 15세 치세 때에 공고하게 되었다.

60 쥘 들라포스 *Jules Delafosse*(1841~1916년). 보나파르트주의 계열의 하원의원(1877~1898년, 1902~1916년)을 지냈다. 7월 30일의 표결에서 예산안에 반대표를 던졌다.

쥘 페리 의원 …… 그것은 역사 전체를 통해서 확인된 너무나 명백한 것입니다. 예측하지 못한 것이 크게 작용하는 종류의 사업이 있다면, 그것은 먼 곳에 있는 [다른 민족의] 땅을 식민지로 삼는 것입니다. 그것이 바로 그 사업의 위험스러운 면입니다.

클레망소와 다른 극좌파 의원들 그렇습니다! 바로 그것입니다!

우파 의석에서 들려오는 목소리 그렇습니다!

쥘 페리 의원 그렇기 때문에 분명히 필요한 경우에만 그 사업에 착수해야 합니다.

귀스타브 리베[61] 의원 옳소! 옳소!

우파의 어느 의원 정말 그렇습니다!

쥘 페리 의원 우리는 항상 그렇게 해왔습니다!

우파 의석에서 들려오는 목소리 아닙니다! 아닙니다! 예컨대, 우리는 그렇게 하지 않았습니다.

쥘 페리 의원 뭐라고요. 리비에르 소령[62]이 사망하고 나서 여러분은 예산안을 가결[63]하시지 않았습니까…….

드 랑쥐이네[64] 백작 의원 문제는 그게 아닙니다!

우파 의석에서 들려오는 목소리 그게 아닙니다! 그게 아닙니다!

---

61 귀스타브 리베 *Gustave Rivet*(1848~1936년). 급진 좌파 계열의 하원의원(1883~1902년), 상원의원(1903~1924년)을 지냈다. 시인이자 극작가이기도 했다. 7월 30일의 표결에서 예산안에 찬성표를 던졌다.

62 앙리 리비에르 *Henri Rivière*(1827~1883년). 크림 전쟁(1853~1856년), 멕시코 원정(1861~1867년), 보불 전쟁에 해군 장교로 참전했으며, 누벨칼레도니에 파견되어 반란을 진압했으며(1878~1879년), 청불 전쟁과 통킹 원정에 참전해서 하노이(1882년 4월 25일)와 남딘(1883년 3월 27일)을 점령했다. 흑기군에 포위되어 탈출하는 도중에 사살되었다(1883년 5월 19일).

63 리비에르 소령이 사망한 소식이 알려진 직후인 1883년 5월 26일, 하원은 통킹 원정을 계속하기 위해서 530만 프랑의 예산안을 만장일치로 가결했다.

64 폴-앙리 드 랑쥐이네 *Paul-Henry de Lanjuinais*(1834~1916년). 왕당파 계열의 하원의원(1881~1914년)을 지냈다. 7월 30일의 표결에서 예산안에 찬성표를 던졌다.

쥘 페리 의원 …… 여러분 중에서 최소한 몇 분은 그렇게 하셨습니다!

뒤푸르 남작 의원 의원님은 상하 양원의 허락도 받지 않고 전쟁을 벌였습니다!

(좌파의 여러 의석에서 외치는 소리)

의장 지금은 그런 문제를 다룰 때가 아닙니다.

쥘 페리 의원 그렇습니다. 그럴 때가 아닙니다.(우파 의석에서 비꼬는 듯이 발언을 방해하는 소리)

뒤푸르 남작 의원 이제는 적절치 않다고요!

쥘 페리 의원 여러분, 아무리 훌륭하고 얻는 것이 많은 사업이라 하더라도, 그리고 그 바탕이 무엇이든 간에, 식민지 확보 사업이 전체적으로 그리고 처음부터 세밀하게 설계되고 사전에 정해진 어떤 구상과 준비된 어떤 플랜에 따라 추진된 전례는 없다는 말씀을 드립니다.

여러분, 많은 예가 있습니다.

영국인들이 인도에서 프랑스의 거점에 인접해 있고 또 그 거점과 경쟁 관계에 있는 첫 상사(商社)를 개설했을 때, 처음에는 영국 정부와 뚜렷한 관계가 없었던 상인들의 회사인 인도 회사 *compagnie des Indes*가 설립되었을 때, 100년 뒤에 그곳에 2억 5000만 명의 신민(臣民)으로 이루어진, 그리고 모국과 15억 프랑 이상의 거래를 하는 영국-인도 제국이 구축될 것이라고 짐작한 사람이 있었습니까?

우리가 태수(太守 *dey*)[65]를 징벌하기 위해서, 그리고 오래 전부터 지중해 연안을 유린하던 해적질을 근절하기 위해서 알제로 갔을 때, 50년 뒤에 그곳에 프랑스 땅 ― 그 땅은 재난을 당한 프랑스인들의 위안거리였으며, 미래에 거는 프랑스인들의 희망입니다. ―이 생겨서 커

---

65 오스만 제국의 섭정령인 알제를 다스리던 사람. 여기서는 알제의 마지막 태수 후세인을 가리킨다. 후세인은 1830년 6월에 프랑스가 알제를 공격하자 그해 7월 말에 항복하고 나폴리와 파리 등지를 거쳐서 알렉산드리아로 망명했으며, 1838년에 사망했다.

져가는 것을 프랑스인들이 보게 되리라고 생각한 사람이 있었습니까?(여러 의석에서 박수갈채)

프랑스 제국의 함대가 중국 원정을 끝낸 다음, 말하자면 코친차이나를 손에 넣고 사이공에 프랑스의 깃발을 꽂았을 때, 바로 그때, 짐작한 사람이 있습니까? 그 원정 ― 우리는 아마도 그 원정의 규모 전체를 계산해보지 않았으며, 여하튼 그 원정의 미래를 알지 못했습니다. ―으로 말미암아 그로부터 20년 뒤에 우리가 불가피하게 톈진 조약을 맺게 되리라는 것을 말입니다. 우리로 하여금 세계의 여러 소비 지역 중에서 가장 큰 곳, 가장 부유한 곳, 가장 넓은 곳[66]과 접할 수 있게 해준 그 조약을 말입니다.(여러 의석에서 그렇지 않았다는 표시를 함 ― 중도와 좌파 의석에서 박수갈채)

그렇습니다. 여러분, 톈진 조약으로 우리는 4억 명의 소비자가 있는 그 거대 시장 ― 장차 이 거대 시장은 불가피하게 우리와 통상하게 될 것입니다. ―, 삶이 완전히 초보적인 상태에 있기 때문에 필요로 하는 것이 아무것도 없는 사람들인 적도 아프리카에 사는 사람들처럼 가난한 흑인들이 아닌 4억 명의 소비자가 있는 그 시장과 관계를 맺게 되었습니다. 톈진 조약으로 우리는 세계에서 가장 진보하고 가장 부유한 민족, 필연적인 변화 ― 이 변화는 지난 여러 사건 때문에 확실히 속도가 빨라졌습니다. ―를 통해서 서양인들과 상거래를 하는 궤도에 성큼 진입한 민족과 관계를 맺게 되었습니다.(중도파와 좌파 의석에서 "옳소! 옳소!"라는 외침과 박수갈채 ― 여러 종류의 발언 방해)

여러분, 여러분은 인도의 모든 지방들을 하나씩 하나씩 차례로 영국의 지배하에 두기에 이른 정책에서 영국의 정치 지도자들이 보여준

---

66 중국을 가리킨다.

선견지명에 분명히 감탄하실 것입니다. 그 큰 영국 식민지 인도에서 사람들이 그 정치 지도자들의 선견지명에 대해서 무어라고 말하는지 여러분은 아시나요?

최근에 출간된 어느 책의 저자가 이 문제와 관련하여 자신의 견해를 어떻게 밝히는지 봅시다. 그분은 옥스퍼드 대학교의 교수로, 식민지 확장 정책에 대해서 매우 흥미로운 책을 하나 썼습니다. 이 책은 이 책이 보여주는 관심에 있어서 적어도 영국에 관한 책이며, 또 그만큼 프랑스에 관한 책이기도 합니다. 이 책은 프랑스의 식민 정책과 영국의 식민 정책을 비교하는 더없이 흥미로운 내용을 담고 있기 때문입니다. 어느 분은 우리가 주도한 식민 정책이 부질없다는 것과 그 정책의 오류를 논증하려고 애를 쓰면서 영국인들의 재능을 매우 높이 평가하는 체하는데, 그 재능을 실리 교수[67]는 어떻게 평가하고 있는지 봅시다. 실리 교수는 다음과 같이 말합니다.

≪우리는 두 눈을 감은 채로 인도를 획득했습니다. 영국인들이 이룬 위대한 일들 중에서 그 어떤 것도 인도 정복보다 더 사전 계획 없이, 더 우연하게 이루어지지는 않았습니다……. 인도에서 우리가 바랐던 것과 우리가 한 것은 달랐습니다. 우리의 목표는 통상이었으며, 이러한 관점에서 보자면 우리의 만족도는 형편없었을 뿐입니다. 우리는 우리의 첫 거점을 확보한 지 한 세기가 지난 뒤에야 비로소 원주민 무리들과 싸우려는 생각을 했습니다. 더욱이 우리는 우리의 통상을 보호하기 위한 전쟁만을 염두에 두었습니다. 원주민 무리들을 지배하는

---

67 존 로버트 실리 *John Robert Seeley*(1834~1895년). 영국 사학자. 영국 제국주의 역사 분야를 개척했다. 영국이 식민지를 개척하게 된 이유와 그 방법을 다룬 『영국의 팽창 *The Expansion of England*』(1883)으로 유명하다. 이 책은 우리가 보고 있는 논쟁이 벌어진 1885년에 프랑스어로 번역·출판되었다.

정책은 19세기가 지난 뒤에야 비로소 시행되었습니다……. 우리는 언제나 저쪽을 바라보면서 이쪽으로 걸어갔습니다.≫(극좌파와 우파 의석에서 발언 방해)

쥘 들라포스 의원 의원님은 그것을 정부의 주장으로 여기십니까?

드 솔랑[68] 의원 그것은 의원님의 일관된 계획입니다! 유권자들에게 그것을 말해야 할 것입니다!

라울-뒤발[69] 의원 그 일관된 계획은 이따금 성공하지만, 십중팔구 실패합니다.

쥘 페리 의원 제가 여러분에게 이것을 일관된 계획으로 제시하고 있다는 말인가요?

에르네스트 드레올 의원 의원님이 인용한 글은 [의원님의 주장에 대한] 동의(同意)이군요.

쥘 페리 의원 저는 여러분에게 다음과 같은 말씀을 드리기 위해서 이 글을 인용하고 있습니다. 즉, 더없이 위대한 그 사업 — 저는 영국에게 있어서 인도 정복보다 더 위대하고, 요컨대 더 영광스럽고 더 풍성한 결실을 맺는 사업을 알지 못합니다. —은 실제로는 절차가 처음부터 설계되고 정해진 것이 결코 아니라는 것을, 예측하지 못한 일에 좌우되기도 한다는 것을, 상황에 따라 전개된다는 것을, 그리고 이런 종류의 일에 있어서는 정책이 사건을 이끌어간다기보다는 사건이 정책을 이끌어간다고 할 수 있다는 것을 말입니다.(여러 종류의 동요)

클레망소 의원 그게 무슨 의미일까요? 우연에 붙이는 다른 이름이지요!

---

68 테오발드 드 솔랑 *Théobald de Soland*(1821~1906년). 정통 왕가(王家)를 지지하는 *légitimiste* 우파 계열의 하원의원(1876~1893년)을 지냈다. 7월 30일의 표결에서 예산안에 찬성표를 던졌다.

69 에드가 라울-뒤발 *Edgar Raoul-Duval*(1832~1887년). 하원의원(1871~1877년, 1884~1887년)을 지냈다. 1885년 이전에는 보나파르트주의자들과 관계를 맺었으나 곧 공화주의적 우파로 전향했다. 7월 30일의 표결에서 예산안에 찬성표를 던졌다.

드 솔랑 의원 예전에는 통치한다 *gouverner*는 말은 예측한다 *prévoir*는 뜻이었습니다. 이 모든 것이 변했군요.

쥘 페리 의원 여러분, 저는 존경하는 죠르쥬 페랭 의원님이 하신 주장, 즉 이전 내각이나 또는 이전의 여러 내각 중의 한 내각은 우연에 끌려다니는 식민 정책을 폈을 것이라는 주장에 대해서 이의를 제기하면서 이 점에 대해서는 논의를 그만 마치고자 합니다…….

죠르쥬 페랭 의원과 클레망소 의원 하지만 방금 의원님은 그 주장이 사실이라는 것을 입증했습니다!(중도파 의석에서 발언 방해)

쥘 페리 의원 그런 식민 정책을 펴는 데에는 사건이 영향을 미쳤습니다. 그런 사업에 있어서는 항상 미치기 마련인 영향 말입니다. 그리고 만일 우리가 안남에서 1874년에 체결된 조약[70]이 충실히 이행되는 것을 보았더라면, 그리고 또 마다가스카르섬에서 좋지 못한 조언을 듣거나 또는 좋지 못한 영향을 받은 사람들과 마주치지 않고, 얼마 전부터 프랑스의 진출과 프랑스의 영향력을 결연히 떨쳐버리려는 사람들과 마주쳤더라면, 틀림없이 사건은 그렇게 될 수밖에 없었던 호전적인 형세를 띠지 않았을 것입니다.

죠르쥬 페랭 의원 만일 원정을 하지 않았더라면 의원님은 패하지 않았을 것입니다.

쥘 페리 의원 우리는 우리가 해야만 했던 원정을 했습니다. 우리는 그 원정을

---

70 프랑스와 안남(安南)이 1862년에 체결한 제1차 사이공 조약에 이어서 1874년 3월 15일에 체결한 제2차 사이공 조약을 말한다. 이 조약에 따라, 안남은 제1차 사이공 조약에서 프랑스에 양도한 코친차이나의 3개 성(省)(비엔호아, 자딘, 딩샹)에 대한 프랑스의 주권을 인정하고, 홍하(紅河), 하노이, 하이퐁항, 꾸이년항을 개방함으로써 프랑스의 보호령이 되었다. 프랑스가 안남에 하노이를 되돌려주었지만, 안남 황제는 청나라에 도움을 요청했다. 이렇게 해서 프랑스와 청나라는 안남의 주권을 차지하기 위해서 충돌하게 되었다. 1882년, 프랑스는 제2차 사이공 조약이 이행되지 않은 것으로 간주하고 하노이를 점령했다.

전혀 사전에 계획하지 않았습니다. 그리고 그 원정을 사전에 계획한 것이 전혀 아니기 때문에, 우리가 우연에 이끌렸다고 하는 말을 저는 받아들일 수 없습니다.(극좌파와 우파 의석에서 비웃는 듯이 외치는 소리)

우리는 필요에, 권리에 이끌렸습니다. 우리는 그 책무에, 그 의무에 이끌렸습니다. 모든 문명 국민들에게 부과되는 것으로서, 야만 종족들의 대표자들이 조약의 하단에 명기한 서명을 그 종족들이 존중하도록 해야 할 의무 말입니다.

우리가 펴온 식민 정책의 사연이 바로 이러합니다. 그것은 우연에 이끌려 떠다니고 표류하는 정책이 아닙니다.(좌파와 중도파 의석에서 "옳소! 옳소!"라는 외침 — 극좌파와 우파 의석에서 외치는 소리와 발언 방해)

앙리 드 라크르텔[71] 의원 쿠르베 제독[72]의 의견과는 반대로 말이지요……. 그분의 편지를 읽어보십시오.

쥘 페리 의원 여러분, 페랭 의원님은 우연에 끌려다니는 정책 — 이것은 루비에 의원님의 정책일 것 같습니다. —과 기회를 따르는 정책 *politique des occasions* — 페랭 의원님에 따르면, 이것은 저의 정책일 것 같습니다. —을 비슷한 것으로 간주하고 있습니다. 저는 이 짤막하고 거친 표현을 그대로 받아들일 수 없습니다. 이 표현은 몹시 불완전합니다. 존경하는 죠르쥬 페랭 의원님이 어떤 표현을 사용해서 저에 대해서 설명을 해주시려고 하기 때문에, 반대로 저는 저 자신이 그 정책에 적용한 표

---

71 피에르 앙리 드 라크르텔 *Pierre Henri de Lacretelle*(1815~1899년). 급진 좌파 계열의 하원 의원(1871~1898년)을 지냈다. 7월 30일의 표결에 참여하지 않았다.

72 아메데 쿠르베 *Amédée Courbet*(1827~1885년). 극동 함대 소속으로 누벨칼레도니 총독을 지내고 코친차이나, 안남, 통킹 원정에서 싸웠으며, 안남과 통킹을 프랑스령으로 만드는 데에 결정적인 기여를 했다. 청불 전쟁에서 복건 함대를 물리치고 푸저우와 포르모사를 포격하고 펑후 제도를 점령하면서 국민적 영웅이 되었으나, 톈진 조약이 체결된 지 이틀 뒤에 콜레라로 사망했다.

현 — 저는 저의 입장을 변호하기 위해서 이런 표현을 사용한 것은 아닙니다.—을 의원님에게 제시하도록 허락해주시기를 요청하렵니다.

조르쥬 페랭 의원 기꺼이 허락합니다!

쥘 페리 의원 …… 그리고 자기 자신의 말을 인용하는 것이 언제나 유쾌하지 않기는 하지만, 제가 1884년 3월 27일에 이 연단에서 식민 정책에 대해서, 그 한계에 대해서, 그 대상에 대해서, 그 성격에 대해서 말한 것을 읽어드리는 것을 의원님들이 허락해주시리라고 저는 믿습니다.(“읽어주세요! 읽어주세요!”라는 외침)

드 보드리 다송 의원 쿠르베 제독은 그것을 가리켜서, 폴리치넬라[73]의 정책이라고 했습니다.

의장 드 보드리 다송 의원님, 제가 의원님에게 경고를 하지 않을 수 없도록 하지 마십시오.

드 보드리 다송 의원 말을 하는 것은 쿠르베 제독입니다.

의장 지금은 쿠르베 제독에 대해서 언급할 때가 아닙니다.

쥘 페리 의원 여러분, 우리의 식민 정책, 말하자면 우리가 앞으로 토의할 정책은 바로 이것입니다. 다른 정책에 대해서는 토의하지 맙시다! 1884년 3월에 하원에서 제 자신이 그 정책에 대해서 사용한 표현은 다음과 같습니다.

≪물론, 제가 우리의 동료 의원님들 중에서 더없이 열정적인 분들에게, 즉 의원님들이 마다가스카르 문제를 최대한 빨리, 최대한 적극적으로 해결하도록 밀어붙이려는 분들에게 다음과 같은 지적을 하려고 한다면, 누구도 저의 말에 반박을 하지 않을 것입니다. 모든 정책 중에

73 이탈리아 소극(笑劇) 또는 인형극에 등장하는 배불뚝이 꼽추. 못생긴 외모와는 달리 꾀바르고 재기 넘치는 인물.

서 식민 정책은 곰곰이 생각해보고 또 절도를 지켜야 할 필요가 가장 큰 정책이라는 것을 말입니다.

우리는 지구상에 많은 권리가 있습니다. 어느 분이 조금 전에 상기하셨듯이, 프랑스가 공연히 세계의 막강한 해양 강국 중의 하나인 것은 아닙니다.

프랑스는 두 세기 전부터 프랑스 선원들의 활동 덕분에, 프랑스 해운 조직의 역량 덕분에, 그리고 또한 그에 못지않게 프랑스 여행자들과 프랑스 탐험가들의 대담성 덕분에 지구상의 많은 곳을 차지했으며, 식민 정책을 시험 삼아 시행해보기 위한 드넓은 땅도 가지고 있습니다. 여러분, 그렇기 때문에 이곳저곳에서 동시적으로 이 정책을 펼쳐야 할까요? 조율하고, 일정한 시간적 간격을 두고 나누어, 단계적이며 순차적으로 시행해야 하지 않을까요? 참으로 우국충정의 나팔 소리처럼 이 연단에서 울려 퍼진 멋지고 훌륭한 발언에서 존경하는 드 묑[74] 의원님은 영광스럽게도 제가 한 말을 인용하시면서…….(박수갈채)

드 묑 백작 의원님은 제가 다른 토의에서 한 다음과 같은 말, 즉 "식민 정책은 프랑스에게는 과거의 유산 *legs du passé*이자 미래를 위한 준비물 *réserve pour l'avenir*입니다."라는 말을 상기하면서 저의 발언을 인용하셨지만, 지금 할 일과 미래에 할 일을 구별하는 것, 즉 오늘 할 일을 떼어 놓고 내일 할 일을 따로 준비해두는 것, 바로 그렇게 하는 것이 훌륭한 식민 정책의 비결 전부입니다.

지구상의 어느 곳에서는 이미 확보한 입지를 보존하는 것만이 중요하며, 다른 어느 곳에서는 한 걸음 더 전진하는 것이 필요합니다. 그

---

74 알베르 드 묑 *Albert de Mun*(1841~1914년). 정통 왕가를 지지하는 군주주의 계열의 하원의원(1876~1878년, 1881~1914년)을 지냈다. 1897년에 아카데미 프랑세즈 회원으로 입회했다. 7월 30일의 표결에서 예산안에 찬성표를 던졌다.

리고 최종적이며 총체적인 해법이 필요한 곳도 있습니다. 기회가 왔기 때문이며, 그 기회는 지나가기 때문이며, 그 기회는 아마도 다시 오지 않을 것이기 때문입니다.

여러분, 물론, 이런 종류의 이념에 있어서는, 이런 종류의 일에 있어서는 우리가 사건을 이끌어가기보다는 사건이 우리를 훨씬 더 많이 이끌어갑니다…….≫

폴 드 카사냑 의원 그것은 자기가 키우는 개에 끌려다니는 퐁 데 자르 *pont des Arts*의 맹인[75]이 펴는 정책입니다!(우파 의석에서 웃음)

쥘 페리 의원 …… ≪그리고 우리는 사건에 떠밀려서 그렇게 하지 않을 수 없어서 서둘러 해야만 했던, 그러나 만일 우리가 시간을 지배하는 자였다면 아마도 뒤로 미루었을 수많은 결심의 예를, 수많은 증거를 우리의 최근 역사에서 발견할 수 있을지도 모릅니다. 그러나 그것은 이곳 저곳으로 동시에 진출하기 위한, 발맞추어 모든 길로 전진하기 위한 이유가 되지 못합니다.

해야 할 선택이 하나 있습니다. 무엇보다 먼저 한편으로는 새로운 땅을 획득하는 것의 유용성에 대해서 검토해보고, 다른 한편으로는 우리가 보유한 자원의 상태를 검토해보는 것이 좋습니다. 저는 이런 생각을 길잡이 삼아서 여러분에게 해야 할 몇 가지 설명을 하고 있습니다. 이런 생각은 새로운 것은 아니지만, 제가 믿기로는 바른 것입니다. 식민 정책에 분별력 *bon sens*이라는 개념을 적용하는 것이 좋을 것이라는 생각이 바로 그러합니다.≫

이것이 바로 우리가 의원님들 앞에서 책임지려는 식민 정책입니다.

---

75 파리의 센강을 가로지르는 다리 중의 하나인 퐁 데 자르[藝術橋]에서 자기가 키우는 개에게 끌려다니는 맹인.

게다가 이 식민 정책은 의원님들이 마다가스카르 사태의 경우에는 동의하시고, 환호하시고, 특별히 승인하신 것이기도 합니다.

이 발언[76]에서 저는 결심을 서두르도록 우리를 압박했던 사건에 대해서 언급했습니다. 바로 이 마다가스카르를 식민지로 삼는 사업보다 더 좋은 예는 없습니다.

마다가스카르 사태의 큰 불행은, 당시에 우리가 동원할 수 있었던 모든 힘을 투입해야만 하는 보다 큰 사업과 같은 때에 그 사업을 시작해야만 했다는 점이라는 것은 분명합니다. 제가 말씀드리는 이런 일들은 식민 정책에 분별력을 적용해야만 하는 경우에 속합니다. 이런 것을 지적하는 일은 불필요하지만 말입니다. 그리고 이 세상에는 분별력을 바탕으로 삼는 정책 말고 다른 정책은 없습니다.

이것이 바로 우리가 지금 주장하고 있고 또 과거에도 주장했던 정책입니다. 이 정책은 어제 여러 정부 기관이 설명한 정책과 착각할 정도로 흡사하다는 점을 지적해두는 바입니다. 프랑스의 여러 정부가 시행한 정책의 본질에 해당하는 이러한 전통의 연속성에 의거해서, 우리는 현재 국정을 담당하고 있는 사람들과 다행스럽게도 의견이 같습니다. 마찬가지로, 우리 자신은 이전의 여러 행정부의 행위를 통해서 보호를 받고 비호를 받았습니다. 이전의 그 어떤 행정부도 마다가스카르 사태에 대해서와 마찬가지로 통킹 사태에 대해서도 후속 조처를 취함에 있어서 결코 주저하지 않았던 것입니다.

폴 베르[77] 의원 그 사업을 어떻게 시작할 것인지에 대한 논의는 뒤로 미루었

---

76 페리 자신이 1884년 3월 27일에 하원에서 한 발언.

77 폴 베르 *Paul Bert*(1833~1886년). 급진 좌파 계열의 하원의원(1872~1886년), 공교육·종교부 장관(1881년 12월~1882년 1월)을 지냈으며, 쥘 페리가 추진하는 무상, 의무, 탈종교 교육 체제를 확립하는 데에 기여했다. 안남-통킹 통감(1886년 1~11월)으로 일하던 중에 콜레라에 걸

습니다.

라울-뒤발 의원 그것은 사람을 질식시켜 죽이기 위해서 껴안는 행위[78]라고 불리는 것입니다.

클레망소 의원 그것은 국회에서 아직은 결코 본 적이 없는 술책입니다.(극좌파 의석에서 "옳소! 옳소!"라는 외침)

쥘 페리 의원 무슨 술책 말인가요?

클레망소 의원 패배해서 실각한 내각이 현재 집권하고 있는 내각과 연대하려고 애쓰는 것은 처음 보는 일입니다.(극좌파와 우파 의석에서 "옳소! 옳소!"라는 외침)

쥘 페리 의원 위대한 국가의 나랏일을 이끄는 일을 차례로 맡는 내각들 사이의 그러한 연대는 어제 외무부 장관님이 당당하게 요구한 것이라는 사실을 의원님에게 상기시켜 드리고자 합니다.(중도파와 좌파 의석에서 계속되는 박수갈채 — 극좌파 의석에서 발언 방해)

클레망소 의원 지금 우리는 의원님이 저지른 과오를 청산하고 있습니다.

라울-뒤발 의원 게다가 지극정성으로[79] 말입니다.

(우파 의석에서 "바로 그겁니다! 옳소! 옳소!"라는 외침)

쥘 페리 의원 라울-뒤발 의원님, 조금 뒤에 저에게 그 말씀에 대해서 설명해주십시오.

라울-뒤발 의원 물론이지요. 발언권을 요청합니다. 각자는 자신의 생각을 밝혀

려 하노이에서 사망했다. 7월 30일의 표결에서 예산안에 찬성표를 던졌다.

78 17세기 프랑스 고전 비극 작가 장 라신 *Jean Racine*(1639~1699년)의 극작품 『브리타뉘퀴스 *Britannicus*』에 나오는 ≪나는 나의 적수를 질식시켜 죽이기 위해서 그를 껴안습니다.≫에서 빌려온 표현.

79 실각한 내각과 현 집권 내각이 연대하려고 ≪지극정성으로≫ 애쓰고 있다는 것을 지적한 말로 보인다.

야 하므로, 저는 1884년 3월 27일의 발언[80]에 대해서 제가 가진 생각을 밝힐 것입니다.(우파 의석에서 박수갈채)

의장 천만에요! 의원님은 그 발언에 대해서 생각을 밝힐 수 없습니다. 그것은 토의 대상이 아니기 때문입니다.

쥘 페리 의원 라울-뒤발 의원님, 의원님은 무례한 말씀을 하셨습니다.(우파 의석에서 외치는 소리)

그렇습니다. 의원님이 그렇게 하시듯이, 저의 지극정성 운운하는 것은 예의에 어긋나는 짓입니다.

라울-뒤발 의원 자리에 계시지 않은 분들에 대해서는 험담을 하지 않아야 한다는 것은 분명합니다.(우파 의석에서 웃음)

의장 라울-뒤발 의원님, 경고합니다!

라울-뒤발 의원 저에게 이런 일이 생긴 것은 처음입니다.

의장 이번이 마지막이기를 바랍니다.(좌중에 웃음)

라울-뒤발 의원 저는 연단에 서 있었을 때에는 발언 방해에 대해서 절대로 불평하지 않았습니다.

쥘 페리 의원 이것이 바로 우리가 추진하는 식민 정책의 프로그램입니다. 그리고 이렇게 설계된 이 프로그램은 사실상 일관된 정책적 목표로서, 존경하는 펠르탕 의원님이 지난 토요일의 발언에서 말씀하셨듯이, 이 목표는 경제적 원칙 *principes économiques*, 이익 *intérêts*, 더없이 숭고한 인도주의적 견해 *conceptions humanitaires*, 그리고 정치적 고려 *considérations politiques*에 동시에 의거하고 있습니다…….

외젠 들라트르[81] 의원 2만 구의 시신이 생각나는군요!

---

80 쥘 페리가 1884년 3월 27일에 한 발언. 앞에서 페리는 이 발언의 중요 내용을 인용했다.

81 외젠 들라트르 *Eugène Delattre*(1830~1898년). 급진 좌파 계열의 하원의원(1881~1889년)을 지냈다. 7월 30일의 표결에서 예산안에 찬성표를 던졌다.

폴 드 카사냑 의원 1만 가정(家政)이 상(喪)을 당했지요! 의원님은 그것으로 충분치 않다고 생각하시는군요!

쥘 페리 의원 터무니없는 과장입니다!

의장 여러분, 여러분은 발언자가 한 마디 한 마디 말할 때마다 발언을 방해하고 있습니다. 발언자가 발언을 끝낼 때를 기다려서 응수하는 것이 훨씬 더 간단할 것입니다.

폴 드 카사냑 의원 기꺼이 그렇게 하겠습니다!

쥘 들라포스 의원 이 토의는 제한이 없습니다!

의장 발언자는 문제를 벗어나지 않았습니다! 이전에 토의되었던 문제 말입니다.

쥘 페리 의원 물론입니다! 이쪽에 앉아 계시는 저의 두 동료 의원님에게 답변 드리겠습니다. 저는 문제를 벗어나지 않았다고 생각하며, 그럴 의도는 단 한순간도 없습니다. 존경하는 카미유 펠르탕 의원님의 의견을 따르면서, 다음과 같은 말씀을 드립니다. 이 식민 정책은 이렇게 설계되고, 규정되고, 한계가 정해진 일관된 계획이며, 이 일관된 계획은 세 가지 토대, 즉 경제적 토대, 인도주의적 토대, 정치적 토대에 근거하고 있습니다.

경제적 관점에서 왜 식민지가 필요하냐고요?

인구가 과잉된 국가들에게 있어서…….(우파 의석에서 발언 방해)

중도파와 좌파 의석에서 말하십시오! 말하십시오!

쥘 페리 의원 인구가 과잉된 국가들에게 있어서, 혹은 그 국민들이 가난하기 때문에, 혹은 초기 형태의 식민화 사업 *colonisation*이 활발하게 전개되고 있기 때문에…….

우파 의석에서 어느 의원 정말 그렇습니다!(같은 의석에서 다시 발언 방해)

의장 여러분, 이번 발언 방해는 참을 수 없습니다. 발언자는 자신의 논의를 자기 뜻대로 이끌어갈 수 있습니다.

쥘 페리 의원 여러분, 저는 다음과 같이 말했습니다. 초기 형태의 식민화 사업은 가난한 나라의, 또는 인구가 지나치게 많은 나라의 넘쳐나는 국민들에게 안식처와 일자리를 줍니다.

다른 형태의 식민화 사업이 있는데, 그것은 자본이 남아돌거나 또는 상품이 과잉된 나라의 국민들에게 적합한 것입니다.(여러 의석에서 동의한다는 뜻의 외침)

이것은 현대적 형태의, 오늘날 볼 수 있는 형태의, 가장 널리 확산되어 있는 형태의, 그리고 아마도 풍요를 가장 많이 가져다주는 형태의 식민화 사업입니다. 사실, 경제학자들은 사람들이 해외로 이주하는 것이 이득이 되는가라는 의문을 항상 가졌었는데, 그런 의문은 마땅히 가져야 합니다.

그리고 저는 식민지 이주민들 *colons*이 모국을 떠나 해외로 이주할 때 그들 한 사람마다 생기는 손실을 수치로 환산해놓은 것을 여러 학술 서적에서 읽은 적이 있습니다. 물론 이 점에 대해서는 이론(異論)이 있을 수 있습니다.

사실, 자국민들이 해외로 많이 이주하도록 내버려 두는 나라는 좋은 나라, 부유한 나라가 아니라는 것은 분명하지만, 유럽의 모든 나라들 중에서 프랑스가 해외로 이주하는 사람들이 가장 적은 나라라는 사실을 지적하는 것은 프랑스에 가하는 비난도 또 모욕도 되지 않습니다.(중도파와 좌파 의석에서 "옳소! 옳소!"라는 외침) 식민화 사업에 이런 이점만이 있는 것은 아닙니다. 식민지는 부유한 나라들에게는 이윤이 가장 많이 남는 자본 투자입니다. 저명한 스튜어트 밀은 이를 논증하는 데에 자신의 저서 한 장(章)을 할애했습니다. 그리고 그는 자신의 논증을 다음과 같이 요약했습니다. ≪식민화 사업은 오래되고 부유한 나라들에게는 그 나라들이 몰두할 수 있는 최고의 사업들 중 하나이다.≫

브리알루 의원 자본가들에게 그렇지요!

쥘 페리 의원 그렇습니다. 자본가들에게 그렇습니다. 브리알루 의원님, 현명한 투자로 이 나라에 자본 총액이 증가하는 것은 의원님과 무관합니까? 이 나라에 자본이 풍부하면 노동자들에게 이롭지 않습니까?(발언 방해) 의원님은 잘 알고 있습니다. 자본이 넘쳐나는 프랑스는…….(우파 의석에서 "그렇지 않습니다! 그렇지 않습니다!"라는 외침 - 중도파와 좌파 의석에서는 "그렇습니다! 그렇습니다!"라는 외침) 그렇습니다. 프랑스는 40년 전부터 언제나 자본이 넘쳐나고 있습니다.(우파 의석에서 또다시 발언 방해…….)

우파 의석에서 어느 의원 프랑스는 믿을 곳이 못 되기 때문입니다![82]

의장 어찌하여 여러분은 이토록 조용히 이루어지는 논의를 방해하지 않고 들어주실 수 없나요?

쥘 페리 의원 의원님들의 판단에 맡기겠습니다. 그 어떤 것도 제가 지금 하고 있는 논의보다 더 평화롭지는 않지 않습니까? 하지만 저는 이쪽(우파 쪽)으로부터 일관되게 발언을 방해받았습니다.

항상 넘칠 만큼 자본이 많았으며, 그 중에서 엄청난 금액을 외국으로 내보냈으며 — 사실, 이 위대한 나라가 내보낸 자본은 수십억 프랑에 달하는 것으로 추정할 수 있습니다. — 매우 부유한 프랑스는 식민지 문제의 이런 측면을 고려하는 것이 이롭다는 말씀을 드립니다.

그리고 여러분, 이 문제의 보다 중요한 다른 측면, 즉 제가 지금 막 언급한 것보다 훨씬 더 중요한 측면이 있습니다. 식민지 문제는 우리

---

82 우파 의석에서 어느 의원은 프랑스가 믿을 만한 곳이 못 되기 때문에 프랑스인들이 해외에 자본을 투자한다는 것을 말하려고 한 것 같다.

나라 산업처럼 산업의 특성상 수출을 많이 할 수밖에 없는 나라들에게는 판로(販路) 문제 자체입니다.

브리알루 의원 다른 나라들을 위한 것입니다!(중도파 의석에서 항의)

의장 브리알루 의원님, 조용히 해주십시오…….(중도파 의석에서 외치는 소리와 계속되는 시끄러운 소리)

여러분, 지금 누군가가 이 자리에서 불평할 권리가 있다면, 그 사람은 발언자도 하원의원님들도 아니며, 의장입니다. 의장이 갖은 노력을 다하고 있지만, 여러분은 의장이 토의를 이끌어나갈 수 없도록 하고 있습니다.

각자가 자기 의석에 조용히 앉아 있을 때, 의장은 회의의 동요를 제지하기 쉬울 것 같습니다. 저는 이의를 제기하는 의원님들 중에서 한 분이 저 대신에 이 자리에 서 있는 모습을 보고 싶습니다.(좌중에 웃음)

여러 의원들 안 됩니다! 안 됩니다!

드 랑쥐이네 백작 의원 우리는 나중에 의장님의 공정성을 인정하게 될 것입니다.

쥘 페리 의원 거듭 말씀드리지만, 이런 관점에서 보자면, 식민지를 건설하는 것은 판로를 만드는 것입니다.

사실, 우리는 경험을 통해서 알게 되었습니다. 충분하다는 것을……[83](우파 의석에서 발언 방해)

여러분, 유럽의 모든 산업 국가들이 위기를 겪고 있는 상황에서 지금 가장 중요한 관점인 이런 특별한 관점에서 보자면, 식민지를 건설하는 것은 판로를 만드는 것입니다. 사실, 경제적 우위 *prédominance économique*가 말하자면 정치적 우위 *prédominance politique*와 동시에 생

---

83 아래에서 보듯이, 페리는 "경제적 우위가 […] 식민 관계가 있는 것으로 충분하다는 것을"이라고 말하려고 했다.

기거나 그것을 뒤따르기 위해서는 [상품을] 생산하는 모국과 그 모국이 건설한 식민지 사이에 식민 관계 *lien colonial*가 있는 것으로 충분하다는 것을 우리는 지적했습니다. 그리고 이러한 예는 근대 국민들의 경제사에서 많이 볼 수 있습니다.

에두아르 로크르와[84] 의원 그렇지 않습니다.

쥘 페리 의원 의원님은 그렇지 않다고 하시나요? 그것은 사실로 입증된 역사적 진실이라는 것을 의원님에게 곧 보여드리겠습니다. 의원님은 7억 또는 8억 프랑에 이르는 영국산 상품으로 살아가는 인도인들의 현상을 어떻게 설명하실 것입니까? 우리에게 보다 더 가까이 있는 예를 들자면, 이 하원 내의 많은 분들이 알고 있는 다음과 같은 현상을 의원님은 어떻게 설명하실 것입니까? 완전한 자유 — 최근까지만 하더라도, 우리가 본국의 관세 제도를 매우 신중하게 그곳으로 이전할 때까지만 하더라도, 자신들이 필요로 하는 것을 자신들이 원하는 곳에서 구매할 수 있는 완전한 자유가 식민지 이주민들에게 주어졌습니다. —를 누리던 알제리가 1882년에 4억 1100만 프랑에 이르는 총 수입액 중에서 3억 4100만 프랑에 상당하는 상품을 프랑스에서 수입했으며, 고작 7000만 프랑에 상당하는 상품만을 외국에서 수입했다는 것을 말입니다. 이 현상을 저는 다음과 같이 표현하였습니다. ≪정치적 우위가 있는 곳에 상품의 우위, 즉 경제적 우위도 있다.≫

---

84 에두아르 로크르와 *Edouard Lockroy*(1838~1913년). 정계 입문 초기에는 극좌파와 가까웠으나, 이내 급진 사회주의로 전향했다. 하원의원(1871년 2~4월, 1873~1910년)을 지냈으며, 프레시네 내각에서 산업통상부 장관(1886년 1월~1887년 5월)을 지내면서 1889년에 있을 파리 만국 박람회를 준비하고 에펠탑 건설을 지원했다. 공교육·미술부 장관(1888~1889년), 해군부 장관(1895년 11월~1896년 4월, 1898년 6월~1899년 6월)을 지내기도 했다. 7월 30일의 표결에서 예산안에 반대표를 던졌다.

여러분, 여기서 저는 특히 발언 중에 맞닥뜨립니다[85]…….(우파 의석에서 시끄러운 대화)

의장 여러분, 이 시끄러운 소리는 참을 수 없습니다!……

쥘 페리 의원 여러분은 이렇게 저에게 감당할 수 없는 임무[86]를 부과하고 있습니다!

의장 여러분, 여러분이 나누시는 대화보다는 발언 방해가 더 나을 것 같습니다. 제 귀에는 여러분이 하시는 말씀이 들리며, 발언자가 하시는 발언은 여전히 들리지 않습니다. 제발 조용히 해주십시오.

쥘 페리 의원 다음과 같은 두 종류의 흔한 반론이 있습니다. 먼저, 조금 전에 존경하는 브리알루 의원님이 저의 발언을 방해하면서 하신 다음과 같은 반론이 있습니다. ≪당신은 식민지를 건설하며, 그 식민지를 이용하는 것은 다른 국가들입니다.≫

브리알루 의원 그렇습니다!

쥘 페리 의원 그 어떤 것도 이보다 더 사실에 어긋나지 않습니다. 이와 관련하여, 알제리의 예는 중요하며 결정적입니다. 여러분이 허락하신다면, 공식 통계 자료에서 찾아낸, 매우 꼼꼼하게 작성된 문건 하나를 여러분에게 보여드리겠습니다. 그것은 프랑스와 영국이 [자국의] 여러 식민지로 한 수출을 비교한 것입니다.

여러분, 이곳에서 여러분은 "아! 영국이라. 옳거니! 영국의 여러 식민지는 영국산 상품을 구매하지만, 우리나라의 여러 식민지는 프랑스산 상품을 구매하지 않습니다."라는 말을 자주 들으셨습니다.

이런 주장은 수치가 알려주는 다음과 같은 진실에 완전히 어긋납니

---

85 페리의 이어지는 발언으로 미루어 보면, 그가 ≪맞닥뜨리는≫ 것은 그의 발언에 대한 ≪반론≫인 것 같다.

86 방해를 무릅쓰고 발언을 계속해야 할 의무를 가리키는 것으로 보인다.

다. 영국이 자국의 여러 식민지로 수출하는 상품의 액수는 22억 2500만 프랑인데, 이것은 [식민지] 주민 1인당 10.3프랑 어치의 영국산 상품을 소비하는 것에 해당합니다. 프랑스가 알제리와 튀니지를 제외한 자체의 여러 식민지로 수출하는 상품의 액수는 9540만 프랑인데, 이것은 [식민지] 주민 1인당 10.3프랑이 아니라 24.3프랑 어치의 프랑스산 상품을 소비하는 것에 해당합니다. 여기서 우리는 프랑스의 옛 식민지들, 서인도제도, 코친차이나에 대해서만 언급하고 있으며, 알제리와 튀니지는 이 계산에 넣지 않았습니다.

여러분은 이 두 식민지도 계산에 넣기를 바라십니까? 그렇게 하면, 프랑스가 자체의 여러 식민지 전체로 수출하는 상품의 액수는 3억 9100만 프랑이 되는데, 이것은 [식민지] 주민 1인당 44.8프랑에 해당합니다.

흔한 생각 — 이런 생각은 잘못된 많은 생각과 마찬가지로 확산되어 있습니다. —과는 반대로, 이 수치들은 우리나라의 여러 식민지에서 주민 1인당 소비하는 프랑스 상품의 액수는 영국 식민지에서 주민 1인당 소비하는 영국 상품의 액수보다 많다는 것을 보여줍니다.

어느 분은 우리에게 다음과 같이 말하기도 합니다. 여러분은 여러 개의 새로운 식민지를 건설하지만, 여러분의 여러 개의 옛 식민지는 여러분과 거래를 전혀 하지 않고 있으며, 발전이 지체되고 쇠락해가고 있다고 말입니다.

여러분, 이런 주장 역시 정확하지 않습니다. 저는 매우 훌륭한 문건을 하나 보고 있으며, 그 내용을 여러분에게 말씀드리고자 합니다. 이 문건은 스리지에 *Cerisier* 씨라는 매우 권위 있는 분이 파리 통계 학회에서 한 강연 자료인데, 이 자료는 이 학회의 논문집에 실려 있습니다.

스리지에 씨는 우리가 우리의 여러 식민지와 하는 통상의 규모에 주목했습니다. 이분은 다음과 같이 자신의 견해를 밝힙니다.

≪우리는 현재 다음과 같은 식민지를 소유하고 있습니다.

1. 정착 식민지, 즉 다시 말해서 과거의 유산인 이주 식민지 - 마르티니크, 과들루프 등.
2. 점유 식민지 또는 양여 식민지, 다시 말해서 평화적인 점유 또는 계약에서 연유하는 식민지 - 누벨칼레도니, 타히티와 그 부속령 등.
3. 정복 식민지 - 코친차이나, 세네갈, 오-세네갈 *Haut-Sénégal*, 그리고 아마도 통킹과 마다가스카르 등.

프랑스 관세 당국에 따르면, 1881년에 이 모든 식민지는 2억 1741만 7939프랑 어치의 통상 활동을 했는데, 그중에서 프랑스로 수입된 상품 액수는 1억 2652만 3092프랑이었으며, 프랑스가 [이 모든 식민지로] 수출한 상품 액수는 9196만 7373프랑[87]이었습니다.

1881년과 1882년의 전체 통상 규모를 비교해보면, 1882년에 약간 증가했다는 것(107만 2000프랑)을 알 수 있습니다. 1883년에는 증가세가 더 커져서, 1881년에 2억 1741만 7939프랑이었던 것이 1883년에는 2억 3441만 6849프랑이 되었습니다…….≫ 여러분, 이 글에서 흥미로운 내용은 다음과 같습니다. ≪…… 저는 1881년에 비해서 1882년에 통상 규모가 약간 늘어난 것(107만 2000프랑)은 우리의 식민지인 세네갈과 레위니옹 *Réunion*섬에서 시행된 여러 개의 철도 건설 사업 때문이라고 보았습니다. 그리고 철도를 직접 건설하거나 또는 건설 발주를 하는 것은 국가이기 때문에, 이 증가는 민간 주도 사업 때문이라고

---

87 프랑스로 수입된 상품 액수 1억 2652만 3092프랑과 프랑스가 식민지로 수출한 상품 액수 9196만 7373프랑을 더하면, 2억 1849만 465프랑이 된다. 2억 1741만 7939프랑과 차이가 있다. 어느 수치가 오류인지 확인할 수 없다.

할 수 없다는 결론을 저는 내렸습니다. 그러나 1883년의 통상 액수(2억 3441만 6849프랑)를 보면 저의 가정이 무너지며, 게다가 [1881년의 통상 규모와 1883년의 통상 규모 간의] 차이(약 1700만 프랑)가 무엇 때문인지는 다른 곳에서 찾아보아야 할 것 같습니다.

사실, 저는 다음과 같은 사실에 주목합니다. 프랑스와 가진 전체 통상 규모에서 1881년에 비해서 [1883년에] 식민지 마르티니크, 과들루프, 레위니옹섬은 약 800만 프랑이 감소했으며, 반대로 식민지 생-피에르와 미클롱 *Saint-Pierre et Miquelon*, 세네갈, 인도, 코친차이나, 기얀 *Guyane*, 누벨칼레도니는 약 2500만 프랑이 증가했다는 사실 말입니다. 이 때문에 1881년 대비, 1883년에 여러 식민지가 [프랑스와 가진] 전체 통상 규모는 약 +1700만 프랑의 차이가 났던 것입니다.

이로부터 다음과 같은 결론이 도출됩니다. 우리나라의 주요 세 농업 식민지, 즉 우리나라의 옛 식민지들[88]은 정체했으며, 반대로 새로운 식민지들[89]은 모국과의 관계를 긍정적으로 강화해왔다는 결론 말입니다. 이러한 사실은 "큰 가치"가 있습니다.≫

여러분, 사실상 이러한 사실은 우리나라의 여러 식민지의 미래와 관련하여, 그리고 우리나라와 그 여러 식민지의 미래 관계와 관련하여 프랑스 내에서 너무나 자주 들을 수 있는, 절망과 실망을 퍼트리는 주장에 대한 답변이 됩니다. 충분한 답변이 됩니다.

중도파 의석에서 쉬세요! 쉬세요!

의장 페리 의원님, 잠시 쉬시겠습니까?

쥘 페리 의원 의장님, 그렇게 하겠습니다.

---

88 위에서 언급된 마르티니크, 과들루프, 레위니옹섬.

89 위에서 언급된 생-피에르와 미클롱, 세네갈, 인도, 코친차이나, 기얀, 누벨칼레도니.

의장 여러분, 발언자는 조금 지쳤으며, 잠깐의 휴식을 요청합니다.("좋습니다! 좋습니다!"라는 외침)

정회합니다.

(3시 40분에 정회되었다가 4시에 회의가 속개되었다.)

의장 회의를 속개합니다.

쥘 페리 의원님이 계속해서 발언하시겠습니다.

쥘 페리 의원 여러분, 너무나 오랫동안 여러분이 저의 발언에 귀를 기울이도록 해서 송구스럽습니다. 그러나 저는 이 연단에서 쓸데없는 일을 하고 있다고는 생각하지 않습니다. 연단에서 발언하는 것은 여러분에게 그러하듯이 저에게도 고된 일입니다. 그러나 제 생각으로는, 식민지 확장 정책을 정당화해주는 바탕, 동기, 다양한 이익을 논증의 형태로 요약·압축하는 것은 적지 않게 흥미로운 일입니다. 물론, 이 식민지 확장 정책은 현명하고, 온건하며, 이 나라의 으뜸가는 이익인 [유럽] 대륙에서 얻을 수 있는 여러 종류의 큰 이익을 간과하지 않는 것입니다.

저는 이런 주장을 뒷받침하기 위해서 다음과 같이 말했습니다. 즉, 사람들이 흔히 말하듯이, 사실 식민지 확장 정책은 정치적, 경제적 차원의 일관된 계획이라고 했습니다. 그리고 저는 이 일관된 계획을 세 종류의 이념, 즉 경제적 이념 *idées économiques*, 가장 중요한 이념인 문명화의 이념 *idées de civilisation*, 정치적이며 애국적인 부류에 속하는 이념 *idées d'ordre politique et patriotique*과 관련지을 수 있을 것이라고 했습니다.

경제적 측면과 관련하여, 저는 유럽 산업 국가의 국민들, 특히 부유하고 근면한 우리 프랑스 국민들이 점점 더 다급하게 느끼는 필요성, 즉 판로를 확보해야 할 필요성의 관점에서 식민지 확장 정책을 정당화해주는 견해를 여러분 앞에 제시하면서 그것을 몇 가지 수치로 뒷받침하고자 합니다.

식민지 확장 정책은 비현실적인 어떤 것일까요? 미래에 대비하기 위한 것일까요? 오히려 지금 절실히 필요한 것이 아닐까요? 우리의 기업인들이 아우성치며 요구하는 것이라고 할 수 있지 않을까요? 저는 여러분 각자가 프랑스의 여러 분야에서 보실 수 있는 것을 개괄적으로 말할 뿐입니다.

그렇습니다. 1860년의 조약으로 우리의 거대 사업은 수출의 길로 나아가게 되었으며, 이것은 돌이킬 수 없는 추세가 되었습니다. 우리의 이 거대 산업에 부족한 것, 점점 더 부족해지고 있는 것은 판로입니다. 왜 그러냐고요? 우리의 산업 바로 옆에서는 독일이 장벽[90]을 쌓아 스스로를 보호하고 있기 때문이며, 대서양 저편에서는 미국이 보호 무역주의 국가, 극도로 보호 무역주의적인 국가가 되었기 때문이며, 그 거대 시장이 닫히고 있다고 할 수는 없으나 좁아들고 있을 뿐만 아니라 우리의 공산품들이 진출하기가 점점 더 어려워지고 있기 때문이며, 그 큰 나라[91]가 우리의 고유 시장에서 예전에는 보이지 않았던 상품을 그 시장에 쏟아붓기 시작하고 있기 때문입니다. 이것은 농업에만 해당되는 사실이 아닙니다. 농업은 모진 시련을 겪었으며, 농업 부문에서의 경쟁은 유럽의 주요 국가들 — 이 국가들을 대상으로 해서 말하자면 옛 경제 이론이라는 것이 구축되었습니다. —의 권역에만 국한되는 것은 아닙니다. 여러분이 모르시지는 않겠지만, 오늘날 경쟁, 수요 공급 법칙, 교역의 자유, 투기의 영향, 이 모든 것이 그 권역 속으로 퍼져나가고 있으며, 그 권역은 점점 커져서 세계의 끝까지 확대되고 있습

90 관세 장벽.

91 미국.

니다.("옳소! 옳소!"라는 외침)

지금은 경제적으로 대단히 복합적이며 대단히 어려운 상황입니다. 정부가 랑글르와[92] 의원으로부터 수도(首都)의 경제적 상황에 대해서 질의를 받았을 때, 우리는 이 연단에서 이러한 상황에 대해서 여러 번 언급했습니다. 이것은 대단히 심각한 문제입니다.

여러분, 이 문제는 너무나 심각하고 너무나 생생히 살아 있는 것이어서, 아무리 사리를 분별하지 못하는 사람들이라 할지라도 예상하고 예측해야 했으며, 말하자면 아득한 옛날부터 우리의 시장이었던 남미라는 저 거대한 시장이 우리나라 상품과 북미산 상품의 각축장이 되고 아마도 우리가 그 시장을 북미산 상품에 빼앗기게 될 때를 예상하고 대비해야 했던 문제입니다. 이보다 더 중요한 문제는 아무것도 없으며, 이보다 더 심각한 사회 문제는 없습니다. 그런데, 이런 프로그램은 식민 정책과 밀접한 관련이 있습니다.

저는 이런 논증을 더 할 필요가 없습니다. 그렇습니다. 여러분, 저는 이런 내용을 경제학자들에게 말할 것입니다. 그들 중에서 누구도 [개인의] 신념과 [개인이 사회나 국가에 한] 봉사를 저보다 더 존중하지 않습니다. 저는 이러한 내용을 저기 앉아 계시는 존경하는 파시 의원님에게 말씀드리겠습니다. 우리들 중에서 파시 의원님은 옛 경제학파를 대표하는 권위자들 중의 한 분이십니다…….(미소) 저는 이 권위자들이 저에게 어떻게 답하는지, 그리고 이분들의 생각의 근저에 무엇이 있는지 아주 잘 알고 있습니다……. 여러분, 옛 학파, 대단한 학파 말입니다!

---

92 아메데 제롬 랑글르와 *Amédée Jérôme Langlois*(1819~1902년). 노동자 인터내셔널에 참여했으며, 좌파 계열의 하원의원(1871~1885년)을 지냈다. 공상적 사회주의자 피에르-죠제프 프루동과 가까웠으며, 그의 유언을 집행하는 일을 맡았다. 7월 30일의 표결에서 예산안에 찬성표를 던졌다.

파시 의원님, 의원님의 이름이 빛낸 학파, 프랑스에서는 장-바티스트 세이 *Jean-Baptiste Say*가 우두머리이며 영국에서는 아담 스미스가 우두머리인 학파 말입니다. 의원님, 저는 의원님을 비꼬고 싶은 생각은 추호도 없습니다. 믿어주시기 바랍니다.

그 경제학자들이 무엇을 생각하는지 저는 잘 알고 있다는 말씀을 드립니다. 저는 이분들을 교조주의자 *doctrinaire*라고 부를 수 있을 것입니다. 파시 의원님을 언짢게 하지 않으면서 말입니다. 이 경제학자들은 우리에게 다음과 같이 말합니다. "참된 판로는 통상 조약이다. 통상 조약은 참된 판로를 가져다주고, 또 그 판로를 확고히 해준다."라고 말입니다.

여러분, 저는 통상 조약을 가벼이 여기지 않습니다. 만일 우리가 1860년 이후로 이어진 상황으로 되돌아갈 수 있다면, 만일 과학 발달과 빠른 통신 발달의 산물인 그 경제 혁명이 전 세계에 일어나지 않았더라면, 만일 그 거대한 혁명이 일어나지 않았더라면, 저는 1860년 이후로 이어진 상황을 기꺼이 뒤따를 것입니다. 당시에 오데사 *Odéssa*의 밀이 프랑스 농업을 파산에 이르게 할 정도로 경쟁력이 있지 않았으며, 아메리카와 인도의 밀이 아직은 프랑스 농업의 경쟁 상대가 되지 않았다는 것은 틀림없는 사실입니다. 당시에 우리는 영국뿐만 아니라 다른 강국들 및 독일 — 당시에 독일은 아직 산업 강국이 되지 못한 상태였습니다. —과 체결한 통상 조약들이 유효한 시대를 살고 있었습니다. 저는 이 조약들을 가벼이 여기지 않습니다. 저는 1860년에 체결한 조약들보다 중요성이 훨씬 덜한 몇 가지 조약을 체결하기 위한 협상을 진행하는 명예를 누린 적이 있습니다. 여러분, 그러나 협상을 하기 위해서는 양측이 필요합니다. 여러분은 장차 미국과는 협상을 하지 않을 것입니다. 이것은 그쪽으로 몇 가지 공식적이거나 또는 비공식적인 협상을 진행하려고 시도했던 사람들이 품고 있는 신념입니다.

죠르쥬 페랭 의원 10년 뒤에 의원님은 아메리카와 협상을 할 것입니다.

쥘 페리 의원 페랭 의원님, 의원님은 예언을 하시는군요. 그러나 그 10년 동안 프랑스 산업은 큰 타격을 입을 수 있습니다. 아닙니다. 우리는 협상을 하지 않을 것입니다. 솔직히 말하자면, 참으로 그쪽에서는 협상을 하려는 어떤 기미도 보이지 않기 때문입니다.

그러므로 판로를 모색해야 합니다. 그리고 지금 우리가 전념하고 있는 판로 건설을 통해서 우리는 머지않은 미래에 중국과, 4억 명의 주민이 있는 그 시장과 자유 교역 *libre échange*을, 심지어 특권을 누리는 교역을 할 수도 있을 것입니다.

클레망소 의원 아! 이제는 의원님이 예언을 하시는군요!

쥘 페리 의원 이것은 텐진 조약의 본질이자 정수입니다. 이에 대해서 다시 따지지 맙시다. 이런 종류의 이념에 있어서, 우리나라 산업 ― 우리나라 산업은 거대 수출 산업인데, 우리나라 기업이 생산한 상품을 판매할 수 있는 시장은 나날이 좁아지고 있습니다. ―이 봉착하는 난관에 있어서, 이런 상황에 있어서 새로운 판로를 만드는 것은 이 나라의 미래를 위한 준비물 *réserve de l'avenir* ― 이 표현을 사용해도 되겠지요. 저는 이 표현이 알맞다고 생각합니다. ―을 만들기 위해서 수년 전부터 양원으로부터 허락을 얻어 기울여온 노력과 우리가 한 지출에 값하는 일입니다. 그렇습니다. 텐진 조약은 이런 성격을 띠고 있습니다. 심지어 더없이 회의적인 사람들이 보기에도 그렇습니다. 이 조약은 산업에 새로운 전망을 열어줍니다. 누구도 부풀려서 말할 수 없을 전망 말입니다.

여러분, 식민 정책의 경제적 측면은 이런 이유로 정당화된다고 저는 생각합니다. 우리나라에 인접해 있는 한 나라의 예를 덧붙이고자 합니다. 여러분은 불과 수년 전부터, 고작 2년 전부터 독일에서 사람들의 정신을 사로잡고 있는 동향(動向)에 충격을 받지 않으셨습니까? 여러분은 강력한 보호 관세 제도를 도입해서 스스로를 보호하기로 단단히 결심한 독일 제국의 경제 정책으로 말미암은 갑작스럽고, 빠르고, 대단히 확고한 그 변화에 충격을 받지 않으셨습니까? 독일 정부는 지금처럼 세상 돌아가는 형편에 있어서는 판로 문제에 관심을 기울여야 한다는 것을 깨달았습니다. 그리하여 독일 정부는 힘차면서도 과감하게 — 독일 정부는 매사에 이렇게 힘차면서도 과감한 태도를 취할 줄 압니다. — 식민 정책에 뛰어들었습니다. 그렇습니다. 뛰어들었다는 표현을 사용할 수 있습니다.

그라네[93] 의원 원정은 하지 않으면서 그렇게 했습니다!

쥘 페리 의원 의원님은 "원정은 하지 않으면서!"라고 하시는군요. 최소한 한 번의 원정은 있었습니다. 카메룬 원정 말입니다. 이 문제에 대해서는 뒤에서 다시 다루기로 합시다. 저의 발언 끝부분에서 그렇게 할 것이므로 기다려 주십시오.

정치적 측면에 있어서, 우리의 이웃 국가들이 한 행위에는 여러분이 참작하셔야 할 무언가가 있다는 말씀을 드립니다.

라울-뒤발 의원 독일 총리가 [독일] 국회 한복판에서 이러한 프랑스식 정책 — 그는 이러한 정책을 추진하라는 압박을 받았습니다. —에 대해서 이의를 제기한 것은 채 두 달도 되지 않았습니다.

쥘 페리 의원 독일 총리가 자유 무역주의자이며 아담 스미스와 세이 학파의 제

---

93 펠릭스 아르망 에티엔 그라네 *Félix Armand Etienne Granet*(1849~1936년). 극좌파 계열의 하원의원(1881~1893년)을 지냈다. 죠르쥬 클레망소와 가까웠다. 7월 30일의 표결에 참여하지 않았다.

자라는 것을 라울-뒤발 의원님이 제게 입증해주시기를 기다리겠습니다.

라울-뒤발 의원 저는 그렇게 말하지 않았습니다. 저는 독일 총리가 의원님이 추진하시는 정책에 대해서 항의했다고 말했습니다.

쥘 페리 의원 독일에 식민 정책을 추진하려는 큰 움직임이 일고 있다는 것, 그리고 아프리카 연안 지대에서 아직도 가질 수 있는 것은 모두 탈취해서 가지고자 하는 그런 집착이 어떤 것, 즉 어떤 욕구, 어떤 정책, 어떤 필요에 부합한다는 것은 분명합니다.

독일이 추진하는 이러한 식민 정책은 여러분들에게 충격을 줄 것이며, 지금 저에게도 충격을 주고 있습니다. 지금까지 오로지 유럽 대륙에서만 강국이었던 저 독일 정부는 더욱이 15년 전부터 모험을 감행하지 않았던 신중한 정부이기도 하다는 생각을 지금 저는 하고 있는데 말입니다. 그런데 저는 독일이 그렇게 식민 정책을 펴는 길로 돌진하는 것을 보면서, 그 이유가 무엇인지를 찾고 있습니다…….

베른[94] 의원 독일인들은 해외로 이주하지만, 프랑스인들은 그렇지 않습니다!

의장 베른 의원님, 의원님은 [발언자 명부에] 등록이 되어 있습니다. 나중에 응수하시기 바랍니다.

베른 의원 우리는 조금 뒤에 우리의 생각을 밝힐 것입니다.

의장 그러시다면, 끈기 있게 기다리시기 바랍니다.

쥘 페리 의원 생산자들과 상인들로 이루어진 여러 종류의 대규모 협회의 집회에서 관계자들이 이 정책에 대해서 토의한 적이 있습니다. 그 집회는 프랑크푸르트와 아이제나흐에서 열렸습니다. 저는 아이제나흐에서 있었던 집회의 소식을 들어서 알고 있습니다. 이 집회는 지난해 9월

---

94 에밀 에르퀼 베른 *Emile Hercule Vernhes*(1820~1890년). 급진 좌파 계열의 하원의원(1876~1890년)을 지냈다. 7월 30일의 표결에서 예산안에 반대표를 던졌다.

에 열렸으며, 독일에서 큰 반향을 불러일으켰으며, 당연히 우리나라 요원들은 이 집회에서 있었던 일을 예의 주시했습니다. 이 집회에서 최고위 당국자들은 다음과 같이 설명했습니다. 그런 식민지 확장 정책은, 그렇게 아프리카 연안을 장악하는 것은 그곳에 이주 식민지를 건설하는 것을 목표로 하는 것이 아니며, 또한 어느 분이 너무나 가볍게 말했듯이, 미국으로 향하는 독일인들의 거대한 이주 물결의 방향을 다른 곳으로 돌려놓는 것을 목표로 하는 것도 아니라고 말입니다. 그렇습니다. 이와 반대로, 예를 들면 최근에 열린 베를린 회담[95]에 참석한 독일 대표자들 중의 한 사람인 뵈르만[96] 씨는 다음과 같이 말했습니다. 독일이 추진하는 새로운 식민 정책은 산업에 새로운 판로를 열어줌으로써, 그리고 또 그 결과로 노동자들에게 새로운 임금을 얻을 수 있게 해줌으로써, [독일인들이] 해외로 이주하는 것을 멈추게 하는 것을 목표로 한다고 말입니다. 그러므로 이러한 새로운 식민 정책이 지향하는 것은 [자국민들의] 해외 이주를 촉진하는 것이 아니라 저지하는 것입니다.

여러분, 그런데 우리는 독일인들보다 주의를 게을리할 것입니까? 우리는 이런 교훈에 눈을 감고 귀를 닫을 것입니까? 이러한 식민 정책 문제는 선거 논쟁에서 제기되는 문제들과 뒤섞여버렸기 때문에…….

(좌파와 중도파 의석에서 박수갈채 — 극좌파 의석에서 웅성거림)

베른 의원 우리는 [독일인들보다] 더 숭고한 목표를 지향합니다. 우리는 의원님에게 그것을 증명하겠습니다.

의장 베른 의원님, 미리 발언하지 마십시오.(미소)

---

95 비스마르크가 주재한 베를린 회담(1884년 11월 15월~1885년 2월 26일)에서 유럽 열강이 사하라 사막 이남의 아프리카를 나누어 갖기 위한 규칙을 설정하였다.

96 아돌프 뵈르만 *Adolph Woermann*(1847~1911년). 독일 상인이자 정치인. 아프리카 일부를 독일 식민지로 삼는 데에 기여한 인물로 기억된다.

쥘 페리 의원 …… 불가피하게 말입니다. 저는 이것을 누구의 탓으로도 돌리지 않습니다. 반대 세력들은 걸핏하면 공격 태세를 취합니다. 그리고 군대를 동원한 사건들은 애초에 예견할 수 없었던 규모로 커졌기 때문에, 식민 정책 부문이 선거 경쟁의 장이 되었다는 것은 분명합니다.

조르쥬 페랭 의원 우리가 이 정책에 반대하기 시작한 것이 10년이나 되지 않았습니까?

쥘 페리 의원 그렇습니다. 페랭 의원님, 의원님은 모든 것을 예견하셨지요.(좌파 의석에서 발언 방해)

그렇다고 해서 이토록이나 큰 경제적, 사회적 문제를 여러 정당 사이에서, 또는 같은 정당 내의 다른 의견을 가진 사람들 사이에서 벌어지는 보잘것없는 싸움과 같은 규모로 축소시킨다는 것은 당찮다는 말씀을 드립니다.

다음과 같은 사실은 모든 이들이 보기에 명백하다는 말씀을 드립니다. 즉, 지혜롭고 신중하게 시행되기만 한다면, 프랑스의 식민 정책은…….(극좌파 의석에서 "아! 아!"라는 외침)

클레망소 의원 바로 그 점에 대해서 따져보아야 할 것입니다!

우파 의석에서 그렇습니다. 바로 그게 문제입니다!

쥘 페리 의원 그렇지만, 여러분은 식민지 확장을 전혀 원하지 않습니다.

그라네 의원 우리는 절대로 그런 말을 한 적이 없습니다.

쥘 페리 의원 아니, 잠깐만요! 지금 우리는 식민 정책 집행에 대해서 따지는 극좌파, 그것이 잘못 설계되고 잘못 시행되었다고 하는 극좌파와 대면하고 있지 않습니다. 우리는 "이제 식민 정책은 안 된다! 이제 원정은 안 된다!"라고 요란을 떠는 극좌파와 대면하고 있습니다.(중도파 의석에서 박수갈채 — 좌파 의석에서 시끄러운 소리)

그라네 의원과 페이트랄[97] 의원 그렇지 않습니다!

쥘 페리 의원 아마도 페이트랄 의원님과 그라네 의원님은 그렇지 않으시겠지만, 두 의원님이 속한 정당에 소속된 분들 대부분은 그렇습니다.

그라네 의원 우리는 식민 정책에 반대하는 것이 아니라 의원님이 사용하시는 방식에 반대합니다.

쥘 페리 의원 하원 내에는 식민 정책에 반대하는 분들이 대부분이라는 것이 사실인지를 우리는 표결에서 곧 보게 될 것입니다…….(외치는 소리)

그라네 의원 그건 불확실하다는 것을 의원님은 잘 알고 있습니다.

쥘 페리 의원 …… 이러한 정책의 모든 특성에 부합하는 전형적인 식민지 확장 사업이 이 세상에 있다면, 그것은 마다가스카르를 식민지로 삼는 사업이기 때문입니다. 여러분은 그 사업을 생생히 보고 있습니다. 엊그제 카미유 펠르탕 의원님과 페랭 의원님이 말씀하시기를, 이에 대해서 찬성하는 사람들과 반대하는 사람들의 수가 곧 드러나게 될 것이라고 하셨는데, 그건 옳은 말씀입니다.(중도파와 좌파 의석에서 박수갈채 — 극좌파와 우파 의석에서 이의 제기)

졸리브와 의원 의원님은 혼동을 조장하려고 통킹 문제에 대해서 침묵을 지켜왔습니다. 이게 진실입니다!

폴 드 카사냑 의원 의원님은 그 표결로 오명을 씻고 싶은가요? 그렇게는 안 됩니다!

드 보드리 다송 의원 의원님은 마다가스카르 문제를 통해서 통킹 문제에 대한 죄를 용서받고 싶군요!

졸리브와 의원 의원님[98]은 현 내각을 의원님의 포로로 만들고 싶고, 또 현 내각

---

97 폴 루이 페이트랄 *Paul Louis Peytral*(1842~1919년). 급진 공화주의 계열의 하원의원(1881~1894년), 상원의원(1894~1919년)을 지냈다. 7월 30일의 표결에서 예산안에 찬성표를 던졌다.

98 졸리브와 의원, 드 보드리 다송 의원, 폴 드 카사냑 의원이 말하는 '의원님'은 모두 쥘 페리를 가리킨다.

이 오로지 의원님의 명령을 받고 행동한다고 믿도록 하고 싶군요.

의장 졸리브와 의원님, 발언을 방해하지 마시기 바랍니다. 발언을 방해하시면, 경고를 내리지 않을 수 없을 것입니다.

폴 드 카사냑 의원(발언자를 향해서) 의원님은 쥘 마다가스카르 *Jules Madagascar*[99]에게 표를 주라고 하고 싶군요.(우파 의석에서 웃음. — 시끄러운 소리)

쥘 페리 의원 여러분, 이런 종류의 이념에 있어서는 기다릴 줄 알아야 합니다. 조금 전에 존경하는 라울-뒤발 의원님이 연단에서 그렇게 하셨듯이, 예를 들면 튀니지 — 이곳은 우리의 보호령이 된 지 겨우 2년밖에 되지 않았습니다. —가 아직도 프랑스 상품의 거대 시장이 되지 않은 것에 대해서 분개하거나 놀라지 않아야 합니다.

인도 제국이 영국 상품의 거대 소비국이 되는 데에 세월이 얼마나 필요했는지 여러분은 아십니까? 1811년, 인도의 통상 문제를 다룬 글에서 맥 클로흐 *Mac Culloch* 씨는 "영국과 인도 간의 통상 규모는 영국과 맨 *Man*섬 또는 저지 *Jersey*섬 간의 통상 규모보다 크지 않다!"라고 했습니다. 여러분, 오늘날 영국과 인도 간의 통상 규모는 15억 프랑에 달합니다.

라울-뒤발 의원 그 뒤로 드 레셉스 씨가 수에즈 운하를 뚫었지요!

쥘 페리 의원 그리고 제가 조금 전에 인용한 글을 쓴 실리 옥스퍼드 대학교 교수 — 이분은 이 모든 문제에 대해서 명쾌하게 설명했습니다. —는 다음과 같이 말했습니다. ≪오랫동안 영국에서 모든 이들은 인도인들이 영국산 상품을 절대로 소비하지 않을 것이라고 했습니다.≫

여러분, 여러분이 여러분 자신의 역사를 살펴보시고, 또 18년 동안

99 마다가스카르 원정 정책을 옹호하는 쥘 페리를 비꼬기 위한 말장난.

진행된 알제리 정복[100] 이후로 바로 이 하원에서 벌어진 너무나 활발한 토의를 잠시 참조해보신다면, 여러분은 다음과 같은 사실을 아실 것입니다. 즉, 이 자리에서 식민 정책에 대해서 제기된 것과 같은 반론을 당시의 반대 세력에 속하는 더없이 저명한 분들이 하원의 연단에서 매년 쏟아냈다는 사실을 말입니다. 그 논쟁을 두루 살펴보십시오. 그러면 여러분은 더없이 품격 있는 분들이 제시한, 여러분의 주장과 같은 주장을, 그들이 보여준, 여러분 자신의 모습과 거의 같은 모습을 보실 것입니다. 예를 들면, 식민 정책에 개인적으로 반대하시는 죠르쥬 페랭 의원님은…….

죠르쥬 페랭 의원 저는 어떤 종류의 식민 정책에 대해서, 즉 정복 정책에 대해서 반대했습니다!

쥘 페리 의원 마다가스카르와 통킹에서 철수하는 것을 지지하시는 죠르쥬 페랭 의원님은…….

죠르쥬 페랭 의원 그렇습니다!

쥘 페리 의원 …… 의원님에게 다음과 같은 말씀을 드려도 의원님은 언짢아하지 않으시겠지요. 의원님은 대단히 고고하셨던 데죠베르[101]라는 분을 의원님의 지적(知的) 선조들 중의 한 분으로 여기실 수 있다는 것을 말입니다. 그분은 매년 연단에 올라 알제리에서 철수할 것을 요구하셨습니다. 여러분, 그렇습니다. 그분은 18년 동안이나 매년 그런 요구를 했습니다!(좌중에 웃음)

---

100 압-델-카데르가 1847년 12월 21일에 항복하고 이듬해에 알제, 오랑, 콩스탕틴이 각기 도(道)로 승격되어 프랑스에 병합되면서, 1830년에 시작된 알제리 정복 작전(프랑스 측은 이것을 "평정 *pacification*" 작전이라고 불렀다.)은 사실상 종결되었다.

101 아메데 데죠베르 *Amédée Desjobert*(1796~1853년). 하원의원(1833~1853년)을 지냈으며, 알제리와 관련한 여러 권의 책을 썼다. 알제리를 식민지로 삼는 것은 그곳을 돈벌이 수단으로 여기는 자들에게는 좋은 일이겠지만 국민들에게는 손해라고 보았다.

1830년부터 1846년, 1847년까지 항상 같은 반박과 공격, 같은 낙담의 외침, 같은 포기 권고, 같은 싸움이 계속되었습니다. 어떤 분들은 "가능한 한 조금만 점령하시오!"라고 말했습니다. 어느 날, 드 브로이 공작님[102]은 다음과 같이 외쳤습니다. ≪알제[103]를 지키십시오, 그곳은 오페라 극장의 칸막이 좌석[104]입니다. 그러나 그 이상은 하지 마십시오!≫라고 말입니다.

폴 드 카사냑 의원 그렇습니다. 그리고 당신이 아니라 뷔죠[105]가 있었습니다.(우파 의석에서 박수갈채)

쥘 페리 의원 저는 저를 저명하신 뷔죠 원수님에 견주고 싶은 생각이 추호도 없습니다. 그리고 저는 존경하는 드 카사냑 의원님의 발언 방해를 납득하지 못하겠습니다.

폴 드 카사냑 의원 원하신다면, 설명해드리겠습니다.

쥘 페리 의원 분명히 뷔죠가 있었습니다. 뷔죠의 뜻과는 달리, 반대 세력에 속하는 의원님들은 매섭고, 집요하고, 끈질기게 — 이런 태도는 놀라워

---

102 빅트로 드 브로이 *Victor de Broglie*(1785~1870)를 가리키는 것으로 보인다. 이 사람은 각의장 겸 외무부 장관(1835년 3월~1836년 2월), 영국 주재 프랑스 대사(1847~1848년)를 지냈다.

103 알제는 현재 알제리의 수도. 프랑스가 점령하기 시작한 1830년 당시에 알제 일대는 오스만 제국의 섭정령이었으며, 알제리라는 이름은 없었다. 이 이름은 1837년에 장-드-디외 술트 *Jean-de-Dieu Soult* 원수의 제안으로 사용되기 시작했으며, 1839년에 공식 명칭이 되었다.

104 오페라 *Opéra* 극장의 칸막이 좌석은 무대를 가장 잘 볼 수 있는 장소이다. 이 인용문에서는 프랑스에 있어서 알제가 여러 식민지 중에서 가장 귀중한 식민지라는 의미인 듯하다.

105 토마 로베르 뷔죠 *Thomas-Robert Bugeaud*(1784~1849년). 프랑스 군인, 정치인. 압델-카데르가 이끄는 반란자들을 진압하라는 명령을 받고 1836~1837년에 알제리에 파견되어 싸웠으며, 1840~1847년에는 알제리 총독으로서 소위 '알제리 평정 작전'을 이끌었다. 반란자들을 징벌하기 위해서 마을을 불태우고, 양떼를 약탈하고, 농작물을 불태우는 등의 잔학한 작전을 펼쳤다. 반란자들이 도망쳐서 동굴로 피신하면 동굴 입구에 불을 피워서 그 연기로 반란자들을 질식사시킴으로써 악명을 떨쳤다. 알제리인들은 그 이름을 듣는 것만으로도 공포를 느꼈다. 1843년에 레지옹도뇌르 대(大)십자 훈장을 받고 원수에 임명되었다.

보였습니다. 특히 잇달아 일어난 소소한 여러 사건과 그 대사건의 다행스러운 결말[106]이 알려졌던 때에 말입니다. — 요구했습니다. 데죠베르 같은 분들은 [알제리에서] 철수하고 [알제리를] 포기하라고 공공연히 요구했으며, 다른 분들은 그 사업[107]을 대대적으로 축소하라고 요구했던 것입니다. 참으로 희한한 상황이었습니다!

뷔죠가 있었습니다. 클로젤[108] 원수, 콩스탕틴에서의 퇴각,[109] 그리고 전쟁에 준하는 많은 사건이 있었습니다. 그 사건들에 비하면, 한때 여러분을 무척이나 크게 동요시켰던 사건들은 참으로 대수롭지 않은 일에 불과했습니다.(좌파와 중도파 의석에서 박수갈채. — 발언 방해)

폴 베르 의원 가장 먼저 동요한 것은 하원이 아닙니다!

쥘 페리 의원 드 사드,[110] 조베르,[111] 플레트(로제르도(道) 출신)[112] 같은 분들은

---

106 이 표현이 무엇을 가리키는지 분명치 않다. ≪소소한 여러 사건≫은 프랑스 군대가 알제리를 정복하는 과정에서 벌어진 사건들을, ≪대사건의 결말≫은 1848년에 마침내 알제리가 완전히 '평정된' 것을 가리키는 것이 아닌가 짐작된다.

107 알제리를 정복해서 프랑스 식민지로 만드는 사업.

108 베르트랑 클로젤 *Bertrand Clauzel*(1772~1842년). 이탈리아 원정(1796~1797년)과 생-도맹그 원정(1802~1804년)에 참전하고 스페인 원정(1809~1811년)을 이끌었다. 루이 드 부르몽 *Louis de Bourmont* 장군의 뒤를 이어 알제 정복 작전을 지휘했다(1830년 말~1831년 초). 정복 작전 도중에 많은 포로와 민간인을 학살하고 곧 수확할 농작물을 불태우면서 악명을 떨쳤다. 1831년에 원수(元帥)가 되었으며, 1835~1837년에 알제 총독을 지냈다.

109 1836년 11월 23일~12월 1일, 클로젤이 이끄는 프랑스 원정대는 혹한에 콩스탕틴을 공략하던 중에 적의 매복 공격을 받고 많은 병력을 잃으면서 퇴각해야 했다.

110 크자비에르 드 사드 *Xavier de Sade*(1777~1846년). 하원의원(1827~1846년)을 지냈다. 초기에는 자유주의적 성향을 보였으나 1830년부터 루이-필립 체제에 찬성했다. 프랑스 노예 제도 폐지 협회 창립(1834년) 멤버였다.

111 이폴리트 프랑스와 죠베르 *Hippolyte François Jaubert*(1798~1874년). 하원의원(1831~1874년), 공공토목부 장관(1840년 3~10월)을 지냈다.

112 쟝 플레트 *Jean Pelet*(1759~1842년)를 가리키는 것 같다. 남불의 로제르 *Lozère*도(道)를 기반으로 하는 집안 출신으로 국민 공회 의장(1795년 3월 24일~4월 5일), 귀족원 의원 등을 지냈다. ≪알제에 대한 고찰 *Considéraions sur Alger*≫(1839년)이라는 글에서 프랑스가 아프

알제리를 저주받은 땅으로 여겼습니다. 이분들은 우리의 의회 역사에서 이름이 알려지지 않은 분들이 아닙니다. 알제리 땅을 가리켜서, 플레트 의원님(로제르도 출신)은 ≪언젠가 오로지 우리가 한 지출의 수치를 통해서만 우리에게 참모습이 드러날≫ 곳이라고 말했으며, 다른 분은 ≪작은 규모의 실속 있는 판로조차도 우리나라 산업에 결코 가져다주지 않을≫ 곳이라고 했습니다.

그런데, 현재 우리나라와 알제리 간의 통상 규모는 연간 3억 4000만 프랑에 달합니다!

뒤팽[113] 의원님은 의장석에서 내려오셔서,[114] 식민화 사업이란 그 자체로 터무니없는 짓이라는 것을 말로써 위엄 있게 ─ 그분의 말에는 위엄이 따라다녔습니다. ─ 논증하셨습니다. 토의를 길게 늘이지 않기 위해서, 저는 그분이 한 말을 이 자리에서 고스란히 되풀이하지는 않겠습니다.

역시 별 볼 일 없는 사람이 아니었던 뒤베르지에 드 오란[115] 의원님은 1837년에 ≪왕정복고 정부의 그 불길한 유산인 알제리[116]≫라고

리카에서 전쟁을 계속한다면, 유럽 내에서 힘이 약화될 수 있고 군대의 사기(士氣)에 나쁜 결과가 초래될 수 있으므로 알제를 제한적으로 점령할 것을 권고했다.

113 샤를 뒤팽 *Charles Dupin*(1784~1873년). 하원의원(1827~1851년), 귀족원 의원(1837~1848년), 상원의원(1852~1870년) 등을 지냈다. 1834년 4월 29일(당시에 그는 하원의원이자 하원의장이었다.), 하원에서 한 발언에서 "식민화 사업이란 터무니없는 짓입니다. 식민지 개척인들도 없고, 그들에게 양도할 땅도 없고, 특히 그들에게 할 수 있는 보장도 없습니다. (…) 프랑스가 오랫동안 질 수도 없고 또 지고 싶지도 않은 짐에서 프랑스를 해방시킬 때를 앞당겨야 합니다."라고 주장했다.

114 의장석에서 내려왔다는 말은 발언대에 섰다는 의미로 추정된다.

115 프로스페르 뒤베르지에 드 오란 *Prosper Duvergier de Hauranne*(1798~1881년). 입헌 군주주의 계열의 하원의원(1831~1851년)을 지냈으며, 1831년에 아카데미 프랑세즈에 입회했다. 극작가로서 스탕달, 빅토르 위고 등과 교우했다.

116 알제리 정복은 왕정복고가 끝나기(1830년 8월 2일) 직전인 1830년 5월에 시작되었음을 상기하라.

하셨습니다. 그리고 역시 고명한 분이신 파시(이폴리트 파시)[117] 의원님은 [우리가] 정복한 지방들을 간직할 수 없으므로 그곳 대부분을 터키 제국에 되돌려주자고 제안하셨습니다.

이미 제가 이름을 말씀드린 데죠베르 의원님은 그 자신이 ≪유럽인들은 살 수 없는 그 헐벗은 바위≫라고 하신 곳에서 철수할 것을 매년 요구하셨습니다……. 여러분, 그렇습니다. 그렇게들 말씀하셨습니다. "유럽인들은 알제리에서 살 수 없다!"라고 말입니다. 이어서 데죠베르 의원님은 ≪…… 그리고 우리의 재정을 붕괴시키고 유럽 내에서의 우리의 안전을 위태롭게 하는, 그리고 우리가 마치 죄수의 발에 매달린 쇠공처럼 끌고 다니고 또 유럽에서 전쟁이 일어나는 경우에는 우리가 간직할 수 없을지도 모르는 그 식민지에 대한 그 망상을 버리기를≫ 요구하셨습니다.

라울-뒤발 의원 그런 일이 정말로 일어날 뻔했습니다.

쥘 페리 의원 1846년, 역시 고명하신 분이었던 드 트라시[118] 의원님은 ≪해마다 우리의 가장 멋지고 가장 훌륭한 젊은이들과 우리의 가장 소중한 재물을 집어삼키는 근대의 미노타우로스인 알제리≫에 대해서 공개적으로 분노를 드러내며 비난했습니다.(여러 종류의 동요)

라울-뒤발 의원 일리가 있는 말입니다!

가이야르[119] 의원(보클뤼즈도(道) 출신) 알제리가 금전 면에서나 인력 면에서 우리에

---

117 이폴리트 파시 *Hippolyte Passy*(1793~1880년). 하원의원(1830~1851년), 재정부 장관(1834년 11월 10~18일, 1839~1840년, 1848~1849년), 통상·공공토목부 장관(1836년 2~9월), 각의장(1839년 4~12월), 귀족원 의원(1843~1848년)을 지냈다. 프레데릭 파시의 삼촌이다.

118 알렉상드르 세자르 빅토르 샤를 데스튀트 드 트라시 *Alexandre César Victor Charles Destutt de Tracy*(1781~1864년). 좌·우파를 넘나드는 하원의원(1822~1851년), 해군·식민부 장관(1848년 12월~1849년 6월)을 지냈다.

119 쥘 가이야르 *Jules Gaillard*(1847~1933년). 프랑스 남부에 있는 보클뤼즈 *Vaucluse*도(道) 출

게 안겨준 고통에 대해서 말하십시오!

폴 드 카사냑 의원 알제리는 [우리에게] 이익보다는 고통을 더 많이 가져다주었습니다!

쥘 페리 의원 이것은 반대만 하다가는 가짜 예언자가 될 수 있다는 것을 보여줍니다. 그 불길한 예언들 중에서 사실을 통해서 진실이 아니라는 것이 밝혀진 것이 하나가 아니기 때문입니다. 그리고 지금은 누구도 우리가 재난을 당했을 때에 알제리가 바로 화근이었다고 주장하지 않을 것이며, 지금은 누구도 알제리가 프랑스에게 있어서 큰 부의 원천이라는 것에 대해서 이의를 제기하지 않을 것이라고 저는 생각합니다…….

베른 의원 비교는 옳지 않습니다!

쥘 페리 의원 …… 누구도 [알제리가 프랑스산] 상품을 팔 수 있는 큰 시장이자, 우리의 포도주 산업이 입은 몹시 끔찍한 손실에 대한 보상이라는 것에 대해서도 이의를 제기하지 않을 것이라고 저는 생각합니다. 드 마이[120] 의원님이 논증하셨듯이, 식민지가 모국의 안전을 위태롭게 했다고 말하는 것은 역사의 관점에서도 사실이 아니며, 정확하지 않으며, 사실에 어긋나며, 거짓입니다. 그 반대입니다! [우리의] 여러 식민지는 대륙을 중시하는 무질서하고 이따금은 터무니없는 정책의 오류를 종종 보상해주었습니다. 여러 식민지는 식민지 자체의 자주성을 통해서 매우 비싼 대가를 치르면서 그 오류를 보상해주었습니다. 그러나 그 여러 식민지는 모국의 자주성과 안전을 결코 위태롭게 하지 않았습니

신으로, 급진 좌파 계열의 하원의원(1882~1893년)을 지냈다. 7월 30일의 표결에서 예산안에 반대표를 던졌다.

120 프랑스와 세제르 드 마이 *François Césaire de Mahy*(1830~1906년). 레위니옹섬 출신. 공화주의 계열의 하원의원(1870~1906년), 해양·식민부 장관 대행(1883년), 해양·식민부 장관(1887~1888년)을 지냈다. 마다가스카르를 정복해서 식민지로 삼는 방안을 적극 지지했다. 7월 30일의 표결에서 예산안에 찬성표를 던졌다.

다.(중도파와 좌파 의석에서 "옳소! 옳소!"라는 외침과 박수갈채)

드 보드리 다송 의원 당신이 지휘한 원정에서는 예외입니다!

쥘 페리 의원 여러분, 제가 역시 다루어야 할 두 번째 사항, 두 번째 이념이 있습니다. 이 이념은 가능한 한 가장 빨리 다루겠습니다. 믿어주시기 바랍니다. 그것은 그 문제의 인도주의적 측면, 문명화의 *civilisateur* 측면입니다.

이 점에 대해서 존경하는 카미유 펠르탕 의원님은 재치 있게, 그리고 또 날카롭게 많이 비웃고 있습니다. 이 재치와 날카로움은 의원님의 특징입니다. 의원님은 비웃고, 비난하고, 다음과 같이 말씀하십니다. "대포를 쏘아가며 강요하는 이 문명화 *civilisation*라는 것이 무엇입니까? 다른 형태의 야만이 아니라면 무엇입니까? 열등 민족 *race inférieure*[121]에 속하는 그 사람들은 여러분만큼의 권리가 없습니까? 그들은 자기 나라에서 주인이 아닙니까? 그들이 여러분을 부르고 있습니까? 여러분은 그들의 뜻을 어기고 그들의 나라에 진출하고 있으며, 그들을 능욕하고 있습니다. 여러분은 그들을 문명화하고 있지 않습니다."

여러분, 이것이 바로 펠르탕 의원님의 주장입니다. 저는 주저 없이 말씀드립니다. 이 주장은 정치에 속하는 것도 아니고, 역사에 속하는 것도 아니며, 정치적 형이상학에 속하는 것이라고 말입니다…….(극좌파 의석에서 "아! 아!"라는 외침)

좌파 의석에서 들려오는 목소리 물론입니다!

쥘 페리 의원 …… 그리고 존경하는 동료 의원이신 펠르탕 의원님, 의원님에게 다음과 같은 말씀을 드리고자 합니다. 의원님이 하실 수 있다면, 열등 민족들의 평등, 자유, 자주성에 입각한 의원님의 주장을 끝까지 견지해보시라는 말씀을 말입니다. 의원님은 그러한 주장을 끝까지 견지

121 '열등 인종'으로도 번역할 수 있다.

하실 수 없을 것입니다. 의원님의 존경하는 동료 의원이자 동지이신 죠르쥬 페랭 의원님과 마찬가지로, 의원님은 거래와 통상이라는 방법을 통해서 이루어지는 식민지 확장을 지지하시기 때문입니다.

카미유 펠르탕 의원 그렇습니다!

쥘 페리 의원 여러분은 우리에게 언제나 드 브라자 씨[122]의 원정을 여러분이 좋아하고 꿈꾸시는 식민 정책의 예로, 표본으로 드십니다. 여러분, 좋습니다. 저는 드 브라자 씨가 물리력을 사용하지 않으면서 문명화 사업을 지금까지 수행하실 수 있었다는 것을 너무나 잘 알고 있습니다. 그분은 사도(使徒) 같은 분입니다. 그분은 몸소 애쓰시고, 매우 높고 매우 멀리 놓여 있는 목표를 향해서 나아가십니다. 그분은 그 어디에도 비할 데 없는 개인적인 영향력을 적도 아프리카의 그 주민들에게 행사하셨습니다. 그러나 어느 누가 말할 수 있습니까, 어느 날 그분이 구축하시고, 조금 전에 유럽 국가들의 회의에서 공인되고, 이제 프랑스의 영토가 된 거점에서, 어느 누가 말할 수 있습니까, 어느 때에, 우리의 훌륭한 드 브라자 씨보다 덜 양심적이고, 덜 자애롭고, 설득이라는 방법을 덜 좋아하는 다른 모험가들에 의해서, 다른 여행자들에 의해서, 다른 탐험

---

122 피에르 사보르냥 드 브라자 *Pierre Savorgnan de Brazza*(1852~1905년). 이탈리아 태생의 프랑스 탐험가. 프랑스에 귀화한 1874년부터 10여 년 동안 세 차례에 걸쳐서 가봉, 콩고, 카메룬 등지를 탐험했으며, 콩고를 프랑스 보호령으로 만드는 데에 기여했다. 콩고의 수도 브라자빌 *Brazzaville*은 브라자 *Brazza*가 개척한 도시 *ville*를 의미한다. 그는 자신과 경쟁 관계에 있었으며 벨기에 국왕 레오폴드 2세로부터 엄청난 물자를 제공받아 폭력적인 방법으로 탐험을 하는 미국인 스탠리와는 달리, 평화적인 방법으로 탐험을 계속했다. 콩고 총독으로 재임할 때(1886~1898년)에는 학교, 병원, 직업훈련장 등을 운영하기도 했으며, 노예들을 해방하기도 했다. 레오폴드 고 *Léopold Gaud*와 죠르쥬 토케 *Georges Toqué*의 만행(1903년 7월 14일에 브라자빌에서 레오폴드 고와 죠르쥬 토케가 대혁명 기념일을 자축하기 위해서 흑인 청년 한 명을 다이너마이트로 폭파시킨 사건)을 조사하기 위해서 1905년에 현지에 파견되어 업무를 수행하고 귀국하던 중에 다카르에서 사망했다. 그의 미망인이 팡테옹에 유해를 안장하는 것을 거부했으며, 알제에 묻혔다.

가들에 의해서 이따금 오염되고 타락한 검은 주민들이, 어느 누가 말할 수 있습니까, 어느 때에, 그 검은 주민들이 우리의 거점을 공격하지 않을 것이라고 말입니다. 그러면, 여러분은 어쩌실 것입니까? 여러분은 문명인들 *peuples civilisés*이 행하는 것을 하실 것이며, 여러분은 그 때문에 덜 문명화되었다고는 할 수 없을 것입니다. 여러분은 물리력으로 저항하실 것이며, 여러분은 여러분의 안전을 위해서, 반란을 일으킨 그 미개 원주민들에게 여러분의 보호령 제도를 강요해야만 할 것입니다.

여러분, 보다 큰 소리로, 그리고 보다 솔직하게 말해야 합니다! 공개적으로 말해야 합니다. 사실, 우등 민족들 *races supérieures*은 열등 민족들 *races inférieures*[123]에 대해서 권리가 있다고 말입니다…….(극좌파의 여러 의석에서 웅성거림)

쥘 메뉴[124] 의원 오! 의원님은 <인권 선언문>이 공표된 나라에서 감히 그따위 말을 지껄이고 있습니다!

드 기유테[125] 의원 그것은 노예 제도와 흑인 노예 무역을 정당화하는 말입니다!

쥘 페리 의원 존경하는 메뉴 의원님의 말씀이 옳다면, <인권 선언문>이 적도 아프리카의 흑인들을 위해서 작성된 것이라면, 그렇다면 여러분은 어떤 권리로 그들에게 교역과 거래를 강요할 것입니까? 그들이 여러분을 부르고 있지 않는데도 말입니다…….(극좌파와 우파 의석에서 발언 방해 — 좌파의 여러 의석에서 "옳소! 옳소!"라는 외침)

라울-뒤발 의원 우리는 그들에게 그것을 강요하고 싶지 않습니다! 그들에게 그

---

123 각기 '우등 인종들', '열등 인종들'로도 번역할 수 있다.

124 쥘 메뉴 *Jules Maigne*(1816~1893년). 극좌파 계열의 하원의원(1849~1850년, 1876~1885년, 1889~1893년)을 지냈다. 7월 30일의 표결에서 예산안에 찬성표를 던졌다.

125 아데마르 죠제프 루이 드 기유테 *Adhémar Joseph Louis de Guilloutet*(1819~1902년). 보나파르트주의 계열의 하원의원(1863~1870년, 1876~1893년)을 지냈다. 7월 30일의 표결에서 예산안에 반대표를 던졌다.

것을 강요하는 것은 의원님입니다!

질 메뉴 의원 권고하는 것과 강요하는 것은 크게 다릅니다!

죠르쥬 페랭 의원 하지만 의원님은 강제 교역을 할 수 없습니다!

질 페리 의원 거듭 말씀드립니다. 우등 민족들은 권리가 있습니다. 그들에게는 의무가 있기 때문입니다.

우등 민족들은 열등 민족들을 문명화해야 할 의무가 있습니다…….

(좌파의 같은 의석에서 동의한다는 표시 — 극좌파와 우파 의석에서 다시 발언 방해)

조제프 파브르[126] 의원 그건 지나친 말입니다! 그렇게 해서 의원님은 1789년과 1848년의 원리들[127]을 포기하는 데에 이르고 있습니다…….(시끄러운 소리) 정의를 구현하는 법 *loi de justice*을 없애고 그 대신에 특권을 보호하는 법 *loi de grâce*을 공인하는 데에 이르고 있습니다.

베른 의원 그러면, 선교사들도 역시 권리가 있습니다! 그러므로 그들이 그 권리를 사용하는 것을 비난하지 마십시오!(시끄러운 소리)

의장 베른 의원님, 발언을 방해하지 마십시오!

질 페리 의원 말씀드립니다. 우등 민족들은…….

베른 의원 그러면, 선교사들을 보호하십시오!(우파 의석에서 "옳소!"라는 외침)

좌파 의석에서 들려오는 목소리 그러면, 발언을 방해하지 마십시오!

질 페리 의원 저는 우등 민족은 의무가 있다는 말씀을 드립니다…….

베른 의원 그럴 리가 있나요!

의장 베른 의원님, 의원님은 [발언자 명부에] 등록이 되어 있습니다. 나중에 발언하시기 바랍니다.

---

126 아르망 조제프 파브르 *Armand Joseph Fabre*(1842~1916년). 급진 좌파 계열의 계열의 하원의원(1881~1885년), 상원의원(1894~1903년)을 지냈다. 7월 30일의 표결에서 예산안에 찬성표를 던졌다.

127 1789년의 <인권 선언문>과 1848년 헌법 전문(前文) 제4조에 명시된 "자유, 평등, 박애".

베른 의원 마땅히 그렇게 하겠습니다!

쥘 페리 의원 여러분, 그 의무는 이전의 여러 세기의 역사에서 종종 무시되었습니다. 그리고 물론, 스페인 병사들과 탐험가들이 중앙아메리카에 노예제도를 도입했을 때, 그들은 우등 민족에 속하는 사람으로서의 의무를 다하지 않았습니다.("옳소! 옳소!"라는 외침) 그리고 오늘날, 유럽 국민들은 이 숭고한 문명화의 의무를 폭넓게, 훌륭하게, 성실하게 이행하고 있다고 저는 주장합니다.

폴 베르 의원 프랑스는 항상 그렇게 했습니다!

쥘 페리 의원 프랑스가 정복한 이후로 북아프리카에는 보다 많은 정의, 보다 많은 물질적이며 도덕적인 질서, 보다 많은 공정, 보다 많은 사회적 미덕이 있다는 것을 여러분은 부정할 수 있습니까? 그것을 부정할 수 있는 분이 있습니까? 우리가 지중해에서 해적질을 근절하고 통상의 자유를 확보하기 위해서 알제로 진출했을 때, 우리는 강도, 정복자, 약탈자의 짓을 했던가요? 영국이 정복한 이후로 오늘날 인도에는 이전보다 무한히 더 많은 정의, 더 많은 광명, 질서, 공·사적 미덕이 있다는 것을 부정할 수 있습니까? 그 정복의 역사에서 마주치는 고통스러운 사건들에도 불구하고 말입니다.

클레망소 의원 그것은 매우 의심스럽습니다.

죠르쥬 페랭 의원 그러면, 버크[128]가 한 말을 상기해보시기 바랍니다!

쥘 페리 의원 프랑스 국민이나 영국 국민의 보호령이 되는 것이 적도 아프리카의 저 불행한 주민들에게는 행운이라는 것을 부정할 수 있습니까? 우리의 첫 번째 의무, 첫 번째 규범은 노예 무역을, 그 끔찍한 거래를, 노

---

128 에드먼드 버크 *Edmund Burke*(1729~1797년). 영국 보수주의 정치 철학자, 정치인. 그가 한 말에 대해서는 아래 201번 각주를 보라.

예 제도를, 그 비열한 제도를 타파하는 것이 아닙니까?(여러 의석에서 열렬한 동의의 표시) 프랑스가 받아들였으며, 영국이 유럽 국가들의 관습법 속에 침투시켰으며, 베를린 회담에서 실정법과 책무 — 이 책무는 [회담에 참석한] 모든 국가들의 정부가 서명함으로써 비준되었습니다. —로 표현된 규범[129] 말입니다.

외젠 들라트르 의원 바로 그 때문에 의원님은 중국과 통킹에서 포로를 잡지 않았습니다! [130] (좌파와 중도파 의석에서 외치는 소리)

쥘 페리 의원 의원님, 무슨 말씀을 하십니까?

의원님은 프랑스 군대를 모욕하는 말씀을 하셨습니다.

외젠 들라트르 의원 군대는 복종하고, 정부는 명령합니다. 정부만이 책임이 있습니다!(같은 의석에서 다시 이의 제기)

의장 저는 발언을 방해하는 말을 듣고 싶지 않습니다.("옳소! 옳소!"라는 외침)

쥘 페리 의원 저는 이 자리에서 프랑스 군대가 포로를 잡지 않았다는 말이 나오도록 내버려 둘 수 없습니다.(우파 의석에서 발언 방해)

폴 드 카사냑 의원 프랑스 군대에 대해서는 언급하지 마십시오! 의원님은 프랑스 군인들을 많이 죽게 했습니다!

드 보드리 다송 의원 의원님, 의원님은 우리 병사들의 피에 뒤덮여서 질식사할 수도 있습니다!(좌파와 중도파 의석에서 요란스럽게 외치는 소리 — "경고하시오! 경고하시오!"라고 외치는 소리)

의장 드 보드리 다송 의원님…….

쥘 페리 의원 오! 그건 아무래도 좋습니다!

---

129 회담에 참석한 국가들의 대표자들은 조약문 제9조에서 노예 무역과 노예를 공급하는 행위를 금지하며, 노예 무역을 종식하고 그것에 종사하는 자들을 처벌하기 위해서 모든 방안을 사용하기로 약속했다.

130 포로를 잡지 않았다는 것은 포로가 된 적들을 모두 살해했다는 의미이다.

의장 이런 식의 발언 방해는 참을 수 없고 용납할 수 없습니다. 저는 의원님[131]에게 이미 경고한 적이 있습니다. 저는 의원님에게 의사록에 기록을 남기는 경고[132]를 합니다. 만일 의원님이 비슷하거나 같은 발언 방해를 다시 하신다면, 보다 준엄한 징벌을 가하라는 요청을 의원님들에게 드릴 것입니다.("옳소! 옳소!"라는 외침) 페리 의원님, 계속하십시오.

쥘 페리 의원 이것이 바로 존경하는 펠르탕 의원님이 언급하신 두 번째 문제에 대해서 제가 답변해야만 하는 것입니다.

이어서 의원님은 보다 미묘하고, 보다 중대한 세 번째 문제에 대해서 언급하셨는데, 이 문제에 대한 저의 생각을 솔직하게 설명드릴 수 있도록 해주시기를 요청합니다. 정치적 측면이 세 번째 문제입니다.

저명한 작가이신 존경하는 펠르탕 의원님은 언제나 대단히 명확한 표현을 사용하십니다. 저는 언젠가 의원님이 식민 정책의 이러한 측면에 대해서 사용하신 표현을 빌려오고자 합니다. 펠르탕 의원님이 사용하신 표현은 다음과 같습니다.

≪그것은 지금 우리가 유럽 내에서 지켜야만 하는 근신 *réserve*과 침잠 *recueillement*에 대한 보상[133]을 오리엔트에서 찾고자 하는 일관된 계획입니다.≫

이 표현에 대한 저의 생각을 밝히겠습니다. 저는 보상이라는 말을 좋아하지 않습니다. 그리고 사실, 분명히 이곳이 아니라 다른 곳에서였다면, 이 낱말은 종종 나쁘게 사용될 수 있었을 것입니다. 만일 어느 분이 다음과 같은 말을 명시적으로 또는 넌지시 하려고 하신다면, 그

---

131 드 보드리 다송 의원을 가리키는 것으로 보인다.

132 앞의 37번 각주를 보라.

133 식민지를 확보하는 것은 보불 전쟁에서 패배한 이후로 프랑스가 ≪근신≫하고 ≪침잠≫해 온 것에 대한 일종의 보상책에 해당한다는 의미.

분은 정부를 모욕하는 것이며……, 근거도 없이 모욕하는 것입니다. 즉, 이 나라에서 어느 정부 — 어떤 정부이든 간에 — 또는 어느 공화파 내각은 우리를 덮친 재난을 보상해줄 수 있는 것이 세계 어디엔가 있다는 생각을 해볼 수 있었다는 말을 한다면 말입니다.(중도파와 좌파 의석에서 박수갈채) 저는 애국심에서 우러나는 안간힘을 다해서 그런 모욕적인 말을 배격합니다.(같은 의석에서 다시 박수갈채와 브라보)

드 보드리 다송 의원 의원님이 애국심을 운운하시다니! 제 앞에서는 절대로 애국심을 운운하지 마십시오! 저는 의원님이 그렇게 하시는 것을 금지합니다!(좌파와 중도파 의석에서 외치는 소리 — 발언 방해)

좌파와 중도파 의석에서 대응하지 마십시오!

의장 드 보드리 다송 의원님, 발언을 끈질기게 방해하시지 말기 바랍니다. 저는 의원님에게 이미 내려졌던 것보다 더 준엄한 징벌을 가하는 문제에 대해서 의사를 표명해주실 것을 의원님들에게 요청하지 않을 수 없을 것입니다.("옳소! 옳소!"라는 외침)

쥘 페리 의원 저는 드 보드리 다송 의원님이 하신 것과 같은 모욕적인 말을 애국심에서 우러나는 안간힘을 다해서 배격합니다.(좌파와 중도파 의석에서 "옳소! 옳소!"라는 외침)

우리가 겪은 재난에 대한 보상은 없습니다. 그렇습니다. 없습니다.("옳소! 옳소!"라는 외침)

이제 사태의 핵심으로 들어가서 이번 문제를 말끔히 해결하기 위해서 드리는 말씀입니다만, 베를린 회담의 토의 과정과 협상 과정에서 보상이라는 말이 나오기는 했지만, 앞에서 언급된 것과 같은 보상은 결코 없었다는 사실을 여러분은 잘 아셔야 합니다. 그 어떤 명목으로도 주어지지도 않았고, 요청되지도 않았고, 받아들여지지도 않은 보상

말입니다.(좌파 의석에서 "옳소! 옳소!"라는 외침)

예를 들면, 튀니지와 관련하여 무엇이 보상으로 주어졌던가요? 오! 완전히 다른 종류의 보상, 너무나 정당한 종류의 보상이 있었습니다.

여러분, 여러분은 아마도 무슨 일이 있었는지 아실 것입니다.

베를린 회담이 폐막되었지만, 참석자들은 여전히 모여 있었습니다. 의정서에 서명하는 절차가 진행되고 있을 때, 키프로스섬의 통치권과 소유권을 영국에 넘기는 협정이 체결되었다는 소식이 갑자기 터져 나왔습니다.

여러분, 당시에 [그 자리에] 프랑스 외교관 한 분이 계셨는데, 이분은 우리나라의 명예와 이익을 지키기 위해서 잠시도 지체하지 않고 영국 정부 대표자들에게 가서 다음과 같이 말했습니다. "귀국은 조금 전에 귀국이 터키 제국과 체결한 협정으로 키프로스섬을 가지게 되었습니다. 그것은 단 한 가지 조건 하에서만 용인될 수 있습니다. 우리가 필요하다고 판단할 때, 우리 역시 우리의 안전을 위해서 튀니지의 현상을 변경할 것[134]이며, 귀국 정부는 이에 대해서 반대하지 않아야 할 것이라는 조건 말입니다."

여러분, 그리고 이 문제를 해결하기 위해서 여러 건의 전문(電文)이 오갔습니다. [영국과 프랑스] 양측은 그 전문에 담겨 있는 조항들을 성실하게 준수했습니다.("옳소! 옳소!"라는 외침)

다른 보상으로 말하자면, 거듭 드리는 말씀이지만, 그것은 비방하려는 목적으로 꾸며진, 허위의, 가짜 이야기입니다.(좌파와 중도파 의석에서 "옳소! 옳소!"라는 외침과 열렬한 박수갈채)

여러분, 진짜 문제는, 제기해야 할 문제는, 명확한 말로 제기해야 할

---

134 프랑스가 튀니지를 장악해서 통치할 것이라는 의미.

문제는 다음과 같습니다. 큰 불행을 겪은 국민들에게 강요되는 침잠은 포기 *abdication*로 바뀌어야 합니까? 그리고 가증스러운, 망상에 사로잡힌, 맹목적인 정책으로 말미암아 프랑스는 여러분이 지금 알고 있는 상황에 처하게 되었기에 이러한 불행한 상황을 물려받은 정부는 앞으로 어떤 종류의 유럽에 대한 정책도 가질 수 없는가요? 앞으로도 여전히 피가 흐르게 될 그 상처를 들여다보는 데에 골몰하고 있는 정부는 주변의 온갖 일들을 흘러가는 대로 내버려 둘 것인가요? 사태를 방관할 것인가요? 우리나라가 아닌 다른 나라들이 튀니지에 진출하도록 내버려 둘 것인가요? 우리나라가 아닌 다른 나라들이 홍하(紅河) 입구에서 치안을 유지하도록, 그리고 1874년에 체결된 조약[135]의 조항들 — 우리는 유럽 국가들의 이익을 위해서 이 조항들이 준수되도록 해야 할 책임을 졌습니다. —을 이행하도록 내버려 둘 것인가요? 다른 나라들이 적도 아프리카의 여러 지역을 서로 차지하려고 다투도록 내버려 둘 것인가요? 또한 다른 나라들이 이집트 사태를 해결하도록 내버려 둘 것인가요? 여러 면에서 참으로 프랑스와 관련이 있는 이 사태를 말입니다.(좌파와 중도파 의석에서 열렬한 박수갈채 — 발언 방해)

여러분, 그런 주장이 있다는 것을 저는 알고 있습니다. 앞으로 프랑스는 오로지 [유럽] 대륙에 국한된 정책을 가져야 한다고 여기는 진지한 정신의 소유자들이 그런 주장을 내놓았다는 것을 저는 알고 있습니다. 그러므로 저는 그들에게 요구합니다. 자신들의 주장을 고집해보라고, 그리고 또 그들이 프랑스에 제시하려는 그 옹색한 정책, 그 새로운 정책의 필연적 귀결이 내포하고 있는 것을 행동에 옮겨보라고 말입니다. 그러므로 그들은 우리의 국가 재정에 막대한 손해를 끼치는 해

135 제2차 사이공 조약. 앞의 70번 각주를 보라.

군부의 많은 예산을 없애버리기 바랍니다.(극좌파 의석에서 웅성거림과 발언 방해 — 중도파와 좌파 의석에서 박수갈채)

우파 의석에서 의원님, 의원님이 우리의 해군을 망가트렸습니다.

쥘 페리 의원 여러분, 만일 우리가 이제는 [유럽] 대륙의 강국에 불과해야 한다면, 우리의 해군력을 줄입시다. 우리의 해안과 우리의 항구를 어뢰정으로 뒤덮읍시다. 우리는 앞으로 순양함과 장갑함이 필요 없을 것이기 때문에 함대를 해산시킵시다.(극좌파 의석에서 웅성거림과 발언 방해)

아무도 이런 의견을 내놓지 않고, 아무도 제시된 전제의 논리적 결과를 받아들이지 않는다면(극좌파와 우파 의석에서 다시 웅성거림), 그렇다면 식민 정책을 비방하고 헐뜯는 일을 그만두시기 바랍니다. 식민지가 건설된 것은 우리의 해군을 위해서이기도 하기 때문입니다.(극좌파와 우파 의석에서 외치는 소리와 발언 방해)

라울-뒤발 의원과 죠르쥬 페랭 의원, 그리고 그들의 여러 동료 의원들 그럴 리가 있나요!

베른 의원 우리에게는 통킹 이전에도 여러 식민지가 있었습니다.

죠르쥬 로슈[136] 의원 그러면, 의원님이 우리 해군의 기자재를 어떤 상태에 내버려 두셨는지를 해군부 장관에게 물어보십시오.

폴 드 카사냑 의원 그렇습니다. 갈리베르 제독[137]에게 물어보시거나, 아니면 쿠르베 제독의 편지를 읽어주십시오!

쥘 페리 의원 말씀드립니다. 프랑스의 식민 정책은, 식민지 확장 정책은, 제정(帝政) 시대에 우리로 하여금 사이공과 코친차이나로 진출하게 만든

---

136 죠르쥬 로슈 *Georges Roche*(1836~1901년). 보나파르트주의 계열의 하원의원(1882~1889년)을 지냈다. 7월 30일의 표결에 참여하지 않았다.

137 샤를-외젠 갈리베르 *Charles-Eugène Galiber*(1824~1909년). 크림 전쟁(1853~1856년)에 참여해서 공을 세웠으며, 여러 전함을 지휘하면서 인도양과 마다가스카르에서 근무했다. 마다가스카르의 호바족 정부와 평화 협정을 맺기 위한 교섭을 진행했으나 성과를 얻지 못했다. 해군·식민부 장관(1885년 4월~1886년 1월)을 지냈다.

정책은, 우리를 튀니지로 이끈 정책은, 우리를 마다가스카르로 데려간 정책은, 그 식민지 확장 정책은 어떤 진실에 입각해서 수립되었다는 말씀을 드립니다. 하지만 여러분이 이 진실에 잠시 주목해주시기를 촉구해야겠습니다. 우리나라 해군 같은 해군은 해상에서 안전한 피난처, 방어 기지, 보급 센터가 없으면 안 된다는 진실이 그것입니다.(좌파와 중도파 의석에서 "옳소! 옳소!"라는 외침과 많은 박수갈채)

여러분, 여러분은 이 진실을 모르십니까? 세계 지도를 보십시오…….

폴 드 카사냑 의원 쿠르베 제독의 편지를 읽어주십시오.(시끄러운 소리)

의장 여러분이 발언을 방해하시면 의장의 임무를 수행할 수 없습니다. 여러분, 제발 조용히 하십시오.

폴 드 카사냑 의원 우리는 최대한 인내했습니다.

의장 또다시 인내하도록 애써보십시오.(좌중에 웃음)

쥘 페리 의원 세계 지도를 보시고, 저에게 말씀해주십시오. 인도차이나, 마다가스카르, 튀니지의 그 거점들이 우리의 선박들이 안전하게 항해하는 데에 필요한 것인지 아닌지를 말입니다.(좌파와 중도파 의석에서 다시 동의한다는 표시)

여러분, 3월 30일 이전에 있었던 마지막 회의 — 3월 28일인 것 같습니다. —에서 존경하는 페이롱[138] 제독이 여러분 중의 어느 분으로부터 해군의 상황에 대해서 질의를 받았다는 사실을 저는 상기합니다. 어느 분이 제독에게 크게 소리치며 다음과 같이 물었습니다. ≪만일 대규모 해전이 벌어진다면, 우리의 해군은 어떻게 될 것 같습니까?≫ 제독은 연단에 올라서 다음과 같이 답변했습니다. ≪그렇지는 않겠지만, 만일

---

138 알렉상드르 페이롱 *Alexandre Peyron*(1823~1892년). 해군의 여러 요직을 거쳐 해군·식민부 장관(1883~1885년)을 지냈다. 우리가 보고 있는 논쟁을 촉발한 예산안을 제출했다.

이 시간에 대규모 해전이 벌어진다면, 우리의 해군은 행동을 취해야 할 바로 그 해역에 있을 것입니다.≫

우리의 함대들이 지중해에 발이 묶여 있지 않도록 하기 위해서 우리의 해군은 인도양과 중국해에 가 있을 것이라는 말이었습니다.(우파 의석에서 발언 방해)

드 랑쥐이네 백작 의원 그 말씀은 유명한 말, 즉 ≪잘됐군. 그렇게 하면 우리 군대가 둘이 되겠군.≫이라는 말을 상기시켜 줍니다.(우파 의석에서 웃음)

라울-뒤발 의원 그런데, 왜 우리의 해군을 상기합니까?

쥘 페리 의원 페이롱 제독의 그 말씀이 무슨 의미였을까요? 아마도 여러분은 그 말씀에 대해서 곰곰이 생각해볼 겨를이 없었을 것입니다.(우파 의석에서 웅성거림) 여러분이 그 말씀을 듣고는 발언을 방해하시니까요. 페이롱 제독의 말씀은, 그럴 가능성은 없지만 혹시라도 해전이 일어난다면, 해전의 승부가 결정되는 곳은 지중해나 영불 해협이 아닐 것이라는 점을 의미합니다…….

폴 드 카사냑 의원 보쥬 *Vosges*[139]에서이지요!(좌중에 웃음)

쥘 페리 의원 결정적인 전투가 벌어질 곳은 지중해나 영불 해협이 아닙니다. 지중해와 영불 해협 못지않게 인도양과 중국해에서도 마르세유와 툴롱[140]은 효과적으로 방어될 수 있을 것입니다.(극좌파와 우파 의석에서 발언 방해)

죠르쥬 로슈 의원 해전 선전 포고 24시간 뒤에 프랑스 연안은 공격을 당할 것이며, 의원님은 자신을 방어하지 못할 것입니다.

쥘 페리 의원 여러분, 애국자들이 반드시 주목해야 할 사항들이 있습니다. 해전의 조건이 크게 바뀌었습니다.("옳소! 옳소!"라는 외침)

---

139 보쥬는 쥘 페리의 지역구.

140 마르세유와 툴롱은 프랑스 남쪽 지중해변에 있는 항구 도시. 프랑스 해군에게 있어서 이 두 곳은 지중해를 거쳐 아프리카를 비롯한 세계로 진출하는 데에 있어서 매우 중요한 곳이다.

지금, 전함 한 척은 아무리 완벽하게 꾸린다 하더라도 14일분 이상의 석탄을 실을 수 없다는 것을, 그리고 석탄이 없는 전함은 해상을 떠다니는, 그리고 먼저 차지하는 사람이 주인이 되는 표류물에 불과하다는 것을 여러분은 잘 알고 있습니다. 이 때문에 해상에 공급 기지, 피난처, 방어·보급 항구를 가질 필요가 있습니다.(중도파와 좌파 의석에서 박수갈채 — 여러 종류의 발언 방해) 그리고 이 때문에 우리에게는 튀니지가 필요했으며, 이 때문에 우리에게는 사이공과 코친차이나가 필요했으며, 이 때문에 우리에게는 마다가스카르가 필요하며, 이 때문에 우리는 디에고-수아레즈와 보헤마르[141]에 진출해 있으며 우리는 그곳을 절대로 떠나지 않을 것입니다!……(많은 의석에서 박수갈채)

여러분, 이런 상태의 유럽에서, 우리가 우리 주변에서 점점 몸집을 불리는 것 — 어떤 국가들은 군사력이나 해군력을 강화함으로써, 다른 국가들은 끊임없이 늘어나는 인구의 놀라운 신장을 통해서 그렇게 하고 있습니다. —을 보고 있는 많은 경쟁국이 벌이는 이러한 경쟁 속에서, 유럽에서, 아니 오히려 이렇게 만들어진 세계에서, 침잠하거나 포기하는 정책은 쇠퇴로 나아가는 지름길일 뿐입니다!

지금, 그 국가들은 오로지 그 국가들이 펼치는 활동을 통해서만 위대합니다. 현재, ≪각종 제도에 의한 평화적 국위 선양 *rayonnement pacifique des institutions*≫을 통해서…….(극좌파와 우파 의석에서 발언 방해) 그 국가들이 위대한 것은 아닙니다.

폴 드 카사냑 의원 우리는 그 말씀을 기억할 것입니다. 그 말씀은 전쟁을 벌이자는 주장입니다.

---

141 디에고-수아레즈 *Diego-Suarez*는 마다가스카르 북단에 있는 지역. 프랑스는 1885년 12월 17일에 호바족 정부와 체결한 조약으로 이곳에 대한 권리를 확보했다. 보헤마르 *Vohémar*는 디에고 수아레즈에 속한 지역.

드 보드리 다송 의원 옳소! [프랑스] 공화국은 곧 전쟁을 의미하는군요. 우리는 의원님의 발언을 우리의 자부담으로 인쇄해서 우리 지역구의 모든 코뮌에 배포할 것입니다.

쥘 페리 의원 행동하지 않고 세계의 각종 사건에 끼어들지 않으면서 국위를 선양하는 것은 *rayonner*, 유럽의 모든 술책을 멀리하고 아프리카나 오리엔트에로의 모든 확장을 덫과 모험으로 여기면서 그렇게 살아가는 것은 위대한 국가에게는 포기하는 것이며, 그리고 여러분이 생각하실 수 있는 것보다 더 단기간에 1등에서 3등이나 4등으로 추락하는 것입니다. 명심하시기 바랍니다.(같은 의석에서 다시 발언 방해 — 중도파 의석에서 "옳소! 옳소!"라는 외침)

여러분, 저는 우리나라가 그런 운명을 맞게 되리라고 생각할 수 없으며, 제가 짐작하기로는 누구도 그렇게 생각할 수 없습니다.

우리나라는 다른 모든 나라가 하는 모든 것을 할 수 있어야 합니다. 그리고 식민지 확장 정책은 현재 유럽의 모든 강국을 움직이는 일반적인 동력이기 때문에, 우리나라는 그것을 피할 수 없는 것이라고 여기고 받아들여야 합니다. 그렇게 하지 않는다면, 지금으로부터 3세기 전에는 매우 중요한 역할을 맡았던 다른 나라들, 과거에는 얼마간 위대했으며 또 얼마간 힘이 있었지만 지금은 3등이나 4등으로 추락해 있는 다른 나라들에 닥친 일이 닥칠 수 있습니다……. 오! 우리가 아니라 — 우리는 그런 일을 겪지 않을 것입니다. —, 우리의 아들들과 우리의 손자들에게 닥칠 수 있습니다.(발언 방해)

오늘, 문제가 아주 잘 제기되었습니다. 여러분에게 제출된 예산안이 거부된다면, 그것은 포기 정책이 공포되고 결정된다는 의미입니다. ("아니오! 아니오!"라는 외침)

여러분이 그 정책에 찬성표를 던지지 않으리라는 것을 저는 매우 잘 알고 있습니다. 여러분이 그 정책에 찬성표를 던지지 않는 것에 대해서 프랑스 국민들이 여러분에게 박수갈채를 보내리라는 것 역시 저는 매우 잘 알고 있습니다. 여러분이 곧 대면하게 될 유권자들은 포기 정책을 우리 의원들보다 더 많이 지지하지는 않습니다. 유권자들 앞으로 용감하게 나아가서, 여러분이 한 행위를 그들에게 말씀하십시오. 그리고 정상을 참작해달라고 하지 마십시오…….(우파와 극좌파 의석에서 외치는 소리 — 좌파와 중도파 의석에서 박수갈채) …… 여러분이 모든 면에서 위대한 프랑스를 원하셨다고 말하십시오…….

어느 의원 정복으로는 안 됩니다.

쥘 페리 의원 …… 평화를 이룩하는 솜씨로 말미암아, 식민 정책으로 말미암아 위대한 프랑스를 말입니다. 그것을 유권자들에게 솔직하게 말하십시오. 그렇게 하시면, 유권자들은 여러분을 이해할 것입니다.

라울-뒤발 의원 의원님은 국민들을 패배와 파산에 이르게 했습니다.

쥘 페리 의원 저로 말하자면, 프랑스 공화국이 그런 절제와 근신이라는 이상(理想)을, 그리고 이런 표현이 가능할지 모르지만 내치(內治) *pot-au-feu*[142]라는 이상을 고수하지 않는 정책을 추구하는 것을 보고는 군주주의자 집단들이 분개하는 것을(우파 의석에서 발언 방해와 웃음) 저는 너무나 잘 이해합니다……. 이런 이상은 몰락한 군주제 정부의 대표자들이 프랑스인들에게 강요하려는 것입니다.(중도파 의석에서 박수갈채)

뒤푸르 남작 의원 의원님은 여관 급사장의 어투로 말씀하시고 있습니다.

폴 드 카사냑 의원 유권자들은 보불 전쟁이 일어나서 파리가 프로이센군에 포

142 본래 뜻은 "가사(家事), 살림살이"이다. "민생(民生)"이나 "내실(內實)"로 번역할 수도 있다.

위되어 있을 때 의원님이 자신들에게 제공한 빵[143]보다는 내치를 더 좋아합니다. 이 사실을 명심하십시오!

쥘 페리 의원 저는 의원님의 어투를 알고 있으며, 의원님이 발행하시는 신문[144]을 읽어보았습니다……. 오! 마음속에 숨겨두지 말고 우리에게 말하십시오. 우리에게 감추지 마십시오. 몰락한 군주제 정부를 지지하는 사람들은 일관성 있는 위대한 정책은, 거대한 계획과 큰 생각을 담을 수 있는 정책은 군주제 정부의 전유물이며, 반대로 민주제 정부는 모든 것의 품격을 떨어트리는 정부라고 여긴다는 것을 말입니다…….

드 보드리 다송 의원 참으로 그렇습니다!

쥘 페리 의원 그런데, 1879년에 공화주의자들이 나랏일을 맡게 되었을 때,[145] 공화주의자 집단이 자유롭게 내각을 꾸리고 국정을 책임지게 되었을 때, 그들은 그러한 음울한 예언이 옳지 않다는 것을 보여주고자 했으며, 자신들이 벌이는 모든 일에 있어서 다음과 같은 것을 보여주었습니다.

드 생-마르탱[146] 의원 그 결과는 훌륭했습니다!

---

143 쥘 페리가 파리 시장으로 있으면서(1870년 11월~1871년 6월) 보불 전쟁 때에 프로이센군에 포위된 수도(首都)에서 식량 배급 정책을 폄으로써 ≪기아(飢餓)-페리≫라는 별명을 얻은 것을 암시한다.

144 폴 드 카사냑은 아버지가 편집장으로 있던 일간신문 「나라 *Le Pays*」(1849~1914년 발행)에서 1866년부터 일하기 시작했으며, 이듬해에 그 자신이 편집장이 되었다. 이 신문은 처음에는 보수주적이며 공화주의적인 경향을 띠었으나, 제2제정 때부터 보나파르트 체제를 선전하는 비공식 신문 같은 것이 되었다.

145 1876년 2월 20일과 3월 5일의 하원의원 선거에서 공화주의자들이 과반수 의석을 차지한 데 이어서 1879년 1월 5일의 상원의원 선거에서 공화주의자들이 과반수 의석을 얻고 같은 달 30일의 대통령 선거에서 공화주의자 쥘 그레비 *Jules Grévy*가 당선되면서 공화주의자들이 권력을 장악했다.

146 에티엔 마리 에메 베시에르 드 생-마르탱-발로뉴 *Etienne Marie Aimé Vaissière de Saint-Martin-Valogne*(1831~1911년). 보나파르트주의 계열의 하원의원(1876~1906년)을 지냈다. 7월 30일의 표결에서 예산안에 반대표를 던졌다.

칼라[147] 의원 그 결과는 적자와 파산이었습니다!

쥘 페리 의원 …… 식민지 확장 정책에 있어서와 마찬가지로, 학교를 짓는 일에 있어서와 마찬가지로, 공공 토목 사업에서도(중도파와 좌파 의석에서 박수갈채) 자신들은 프랑스의 위대성을 염원한다는 것을 보여주었던 것입니다.(중도파와 좌파 의석에서 다시 박수갈채)

자유로운 벨기에와 공화정 체제의 스위스 같은 나라들의 정치적 이상과 흡사한 어떤 정치적 이상을 프랑스에 제시할 수 없다는 것을, 프랑스에는 다른 것이 필요하다는 것을, 프랑스는 단지 자유로운 나라일 수만은 없으며, 유럽의 운명에 프랑스가 가진 영향력을 발휘함으로써 위대한 나라이기도 해야 하며, 그 영향력을 전 세계로 확산해야 하며, 가져갈 수 있는 곳이라면 모든 곳에 프랑스어, 프랑스의 풍습, 프랑스의 깃발, 프랑스의 군대, 프랑스의 정신을 가져가야 한다는 것을 자신들이 잘 이해하고 있음을 그들은 보여주었습니다.(중도파와 좌파 의석에서 박수갈채)

여러분, 사람들이 공격하는 것은 이런 일 전체이며, 이런 생각의 위대성입니다. 그리고 사람들은 식민 정책과 관련해서와 마찬가지로 학교와 공공 토목 사업과 관련해서도 여러분에게 언제나 똑같은 비난을 합니다. 그렇기 때문에 여러분이 이것을 국민들에게 말하게 될 때, 여러분이 "우리가 하고자 했던 것은 바로 이것입니다."라고 유권자들에게 말하게 될 때, 염려하지 마십시오. 여러분을 지지하는 유권자들은 여러분의 말씀을 들어줄 것이며, 국민들은 여러분과 함께 할 것입니다. 프랑스인들은 프랑스의 물질적, 도덕적, 지적 위대성을 간절히 원

---

147 루이 피에르 프랑스와 칼라 *Louis Pierre François Calla*(1840~1907년). 군주주의 계열의 하원의원(1883~1885년)을 지냈다. 7월 30일의 표결에 참여하지 않았다.

했던 사람들을 결코 쌀쌀맞게 대하지 않았기 때문입니다.(좌파와 중도파 의석에서 "브라보"를 계속 외침 — 박수갈채가 두 차례 쏟아짐 — 발언자는 의석으로 돌아가면서 동료 의원들의 축하를 받음)

폴 드 카사냑 의원 여러분은 전쟁 정책에 박수갈채를 보내고 있습니다.(시끄러운 소리)

의장 베른 의원님이 발언하시겠습니다.

에르네스트 드레올 의원 박수갈채를 보내는 분들은 공범입니다!

베른 의원 여러분, 여러분은 각의장이셨던 높으신 분의 발언을 3시간 동안이나 들으셨습니다…….

폴 드 카사냑 의원 그렇다고 해서 입증되는 것은 아무것도 없습니다.(우파 의석에서 웃음)

베른 의원 여러분은 저처럼 보잘것없는 사람이 이 자리에서 자신의 생각을 여러분에게 간략하게 밝히도록 허락하실 수 있겠지요. 저는 그럴 권리가 있다고 생각합니다!(여러 종류의 동요)

여러분, 조금만 조용히 해주십시오. 시간이 늦었습니다. 저는 길게 발언하지는 않을 것입니다. 제 말을 믿어도 좋습니다. 저는 늘 그러하니까요…….(새로운 발언 방해)

의장 여러분, 발언자가 왜 길게 발언하지 않을 것인지 설명하게 해주십시오.(미소)

베른 의원 자신들의 의견을 여러분에게 습관처럼 말하는 사람들이 거의 항상 이 연단을 차지하는데, 보잘것없는 우리는 왜 발언할 권리가 없는가요? 우리 역시 완수해야 할 의무, 막중한 의무가 있는데 말입니다.("발언하세요! 발언하세요!"라는 외침)

저는 쥘 페리 의원님이 자신의 논의에서 한 것처럼 대대적으로 반박을 하려는 것은 아닙니다. 그분이 우리에게 말한 모든 것에 대해서 말입니다. 저는 3~4년 전부터 우리 사이에 나돌고 있고(좌중에 웃음) 또 우리에게 너무나 익숙한 상투적인 것들에 대해서는 재론하지 않겠습니다.

저는 단지 제가 늘 잃지 않고 있는 양식(良識)에 따라서 여러분에게 말씀드리고자 합니다…….(다시 웃음)

여러분, 저는 여러분이 대의 제도의 씁쓸한 모습을, 대의 제도에 대한 씁쓸한 생각을 프랑스인들에게 보여주고 있다고 단언합니다.(외치는 소리)

의장 의원님 여러분, 조용히 해주시기 바랍니다.

베른 의원 여러분이 저의 말에 귀를 기울이실 때, 그때 저는 발언을 계속하겠습니다.

의장 발언자는 자신의 발언이 경청되어야 할 권리가 있습니다.

베른 의원 저는 그렇게 생각합니다!(좌중에 웃음)

여러분, 저는 세 가지 관점에서 문제를 다루고자 합니다. 저는 길게 발언하지 않을 것입니다. 우리의 정치적 상황의 관점, 경제적 관점, 그리고 감히 말씀드리자면, 역사적 관점이 그러합니다.

여러분은 드 마이 의원님, 드 란느상 의원님, 그리고 우리의 동료 의원들 중에서 다른 여러 의원님이 각자의 방식대로 자신들의 생각을 여러분에게 밝힐 수 있도록 허락하셨습니다. 이번에는 저의 생각을 밝힐 수 있도록 허락해주실 것을 여러분에게 요청합니다. 이 문제에 대한 제 나름의 생각을 말입니다.

그런데 여러분, 저는 다음과 같은 의문을 가져봅니다. 나는 꿈을 꾸고 있는가, 나는 완전히 꿈속에 있는가, 지금은 1870년 이전인가, 아니면 저의 훌륭한 동지인 펠르탕 의원님이나 프레데릭 파시 의원님이 말씀하셨듯이, 우리는 잠자는 숲속의 미녀 같으며 루이 14세 시대부터 잠을 자고 있는가라고[148] 말입니다!

식민지 확장이라는 것을 하고 싶어 하는 사람들이 있다고 합니다. 저는 식민지 확장 지지자가 아닙니다. 저는 다음과 같이 가정해봅니다. 우리는 루이 14세 치세에는 식민지 확장 지지자가 될 수 있었으며, 루이 15세 치세와 그리고 아마도 국민공회 시대에도 식민지 확장 지지자가 될 수 있었다고 말입니다…….(시끄러운 대화)

여러분, 여러분이 시끄러운 대화로 저의 논의를 매 순간 중단시키지 않았다면, 저는 이미 발언을 끝냈을 것입니다.

그렇습니다! 언젠가 어느 분이 말씀하셨듯이, 국민공회 시대에 마다가스카르는 프랑스의 한 도(道)가 되었습니다. 저는 그럴 만했다고 생각합니다. 당시에 우리는 세계 시민이었기 때문입니다.

루이 필립 치세에 우리는 거의 같은 조건에 처해 있었습니다. 저는 제정 시대에 우리가 멕시코, 시리아, 중국으로 진출한 것[149]은 그럴 만했다고 생각합니다. 당시에 프랑스는 유럽에서 우월적 위치에 있었으며, 자신의 뜻대로 행동할 수 있었으며, 전 세계로부터 존중받는 상황에 있었기 때문입니다.

그러나 페리 의원님, 지금 의원님은 당시와 같은 상황에 있다고 여기시나요? 의원님에게 여쭈어봅니다.

이제 경제 문제에 대해서 말씀드리겠습니다.

---

148 1664년과 1670년, 루이 14세의 칙령에 의해서 마다가스카르가 프랑스에 병합되면서(이에 대해서는 앞의 59번 각주를 보라.) 프랑스는 마다가스카르에 대해서 권리를 가지게 되었으나 이후로 그 권리를 행사하지 않았다는 의미.

149 나폴레옹 1세의 시리아 원정(1799년), 나폴레옹 3세의 멕시코 원정(1861~1867년), 그리고 중국 진출(1857년 이후)을 가리킨다.

식민지 확장 정책은 어느 시대에 높이 평가되었을까요? 썩어빠진 시대에 그러했습니다. 예를 들면, 귀족들이 장사를 하는 것을 금지했던 루이 14세였지만 그 귀족들이 베르사유에서 잃어버린 돈을 인도에 진출해서 만회하도록 허용하는 칙령에 주저 없이 서명했습니다. 그런 행위의 결과는 무엇이었습니까? 저 유명한 로우 체제와 캥캉프와로(路)의 파산[150]이었습니다.

그런데, 지금 캥캉프와로(路)는 수없이 많습니다![151] (여러 의석에서 "옳소! 옳소!"라는 외침)

쥘 페리 의원님, 의원님은 새로운 식민지를 정복해야 할 필요성을 내세우고 있는데, 그것은 어딘가를 점령하고 우리의 해군력을 사용하기 위해서입니다. 우리는 통킹을 가지기 이전에 이미 마르티니크, 과들루프, 인도를 가지지 않았습니까? 이런 여건에서 우리의 해군은 충분히 힘을 쓸 수 있지 않았습니까?

의원님은 통킹으로 진출하면서 무엇을 했습니까? 그렇습니다. 저는 감히 의원님에게 말씀드리겠습니다. 그것은 공화주의적 정책의 행위가 아니며, 게다가 지금까지 의원님은 공화주의적 정책을 편 적이 결코 없다고, 단 한순간도 편 적이 없다고 말입니다. 1870년 이후 차례로 집권한 내각들 대부분은 특히 국내에서의 자유에 대한 각종 요구를 두려워하면서, 분출하는 각종 이념을 멕시코에, 그리고 다른 곳으로 원정을 하는 데에 던져 넣은 나폴레옹 3세와 같은 행위를 했습니다.

---

150 루이 필립이 국가 부채를 해결하기 위해서 기용한 스코틀랜드 사람 존 로우 *John Law*가 1716년에 열었던 일반은행 *banque général*이 있던 곳이 캥캉프와로(路)이다. 로우의 실험(지폐 발행과 식민지 회사 투자자 모집)이 실패로 돌아가면서, 많은 사람이 파산했다. 캥캉프와로(路)는 파산의 대명사였다.

151 프랑스가 다시 파산할 가능성이 높다는 의미.

그렇게 해서 그 군주는 전쟁이라는 수단을 통해서 [프랑스인들의] 생각과 정신을 다른 곳으로 돌리려고 했습니다. 그런데, 의원님은 결탁을 하고, 같은 짓을 벌이고 있습니다.

이것은 제가 현 각의장인 브리송[152] 씨에게 말한 것입니다. 각의장님이 펴는 정책은 중국에 있는 것이 아니라 베를린과 런던에 있다고 말입니다. 브리송 각의장님, 사실인가요?(좌중에 웃음)

여러분, 우리가 알자스와 로렌을 잃어버렸는데도 여러분은 웃음이 나옵니까?(그렇지 않다는 표시)

프랑스는 유럽 내에서 우월적 지위를 잃어버렸습니다. 이에 대해서 잘못 생각하지 마십시오. 이것은 사실입니다. 어느 분이 이곳에서 이미 이 사실을 말했으며, 저 자신도 굳게 확신하면서 말씀드립니다. 그렇습니다. 여러분은 독일인들과 뜻이 맞았습니다. 그리고 여러분은 다음과 같이 속으로 중얼거렸습니다. 우리는 장관직을 가지게 되고 즐기게 될 거야…….(좌파와 중도파 의석에서 외치는 소리와 웅성거림)

의장 베른 의원님, 의원님은 제가 의원님을 얼마나 존경하고 또 얼마나 좋아하는지를 아십니다. 하지만 저는 의원님이 그런 말씀을 하시도록 내버려 둘 수 없습니다. 모든 이들이 받아들일 만한 용어로 그 말씀을 설명해주시기 바랍니다.

베른 의원 의장님, 의장님의 충고에 감사드리며, 제 생각을 곧 밝히겠습니다. (여러 종류의 시끄러운 소리).

의장 그런 식으로 말고요!

폴 베르 의원 의원님은 그렇게 말씀하시거나 생각하실 권리가 없습니다!

---

152 앙리 브리송 *Henri Brisson*(1835~1912년). 하원의장(1881~1885년, 1894~1898년, 1906~1912년), 각의장 겸 법무부 장관(1885년 4~12월), 각의장 겸 내무부 장관(1898년 6~10월)을 지냈다.

베른 의원 여러분이 저의 발언을 듣고 싶어 하시지 않으면, 저는 연단에서 내려갈 것입니다.(“발언하세요! 발언하세요!”라는 외침)

저는 연단에 오랫동안 서 있고 싶지는 않습니다. 그러나 제가 보기에 저는 저의 견해를 설명할 권리가 분명히 있는 것 같습니다.

저의 견해는 다음과 같습니다. 저는 잘못 생각할 수도 있습니다만, 다음과 같이 생각합니다. ≪통치하기 위해서는 분열시킨다.≫라는 대명제, 즉 자유만을 요구하려는 것이 아니라 자신들의 심중에 있는 것, 예를 들면 잃어버린 알자스와 로렌[153]을 되찾을 것을 요구하려는 국민들을 서로 떼어놓는 것을 목표로 하는 명제……. (“옳소!” “옳소!”라는 외침), 그 명제가 그 어느 때보다도 프랑스인들을 대상으로 실행되었다고 저는 믿는다는 말씀을 드립니다.

나폴레옹 3세가 애를 썼듯이…….(시끄러운 소리)

여러분, 저는 조용해지기를 기다릴 것입니다. 그리고 저는 기다리는 데에 지치지 않을 것임을 여러분에게 알려드립니다.

나폴레옹 3세가 원정을 감행해서 자유의 이념에 사로잡혀 있는 국민들의 정신을 다른 곳으로 돌리려고 애를 썼듯이, 스스로는 공화주의자라고 믿었지만 우리가 보기에는 공화주의자가 결코 아니었던 우리나라 정객들이 추구하는 정책 역시 프랑스 국민들로 하여금 패배했다는 사실을 잊도록 하기 위해서, 그리고 공격적 자세를 취할 것이 아니라 완전히 사리에 맞고 올바르며 합리적인 방어적 자세를 의연하게 취해야만 한다는 사실을 잊도록 하기 위해서, 식민지 원정을 감행해서 그들의 정신을 다른 곳으로 돌리려고 애를 쓰고 있습니다.(좌파의 여러 의석과 우파 의석에서 “옳소! 옳소!”라는 외침) 여러분은 식민지 확장에 대

---

153 보불 전쟁으로 프로이센에 빼앗긴 알자스와 로렌 일부.

해서 언급하셨습니다…….(시끄러운 소리)

여러분, 제가 보기에는 저에 앞서 이 연단에 섰던 발언자들과 마찬가지로 저는 저의 생각을 말할 권리가 분명히 있는 것 같습니다.("말하세요! 말하세요!"라는 외침)

어느 분이 완전히 혼동한 식민지 확장이라는 것은…….(시끄러운 소리)

의장 여러분, 조용히 해주세요. 발언자는 자신의 생각을 말할 수 없다고 불평하고 있습니다. 발언자의 말씀이 옳습니다.(장내가 다시 조용해진다.)

베른 의원 어느 분이 식민지 확장에 대해서 혼동을 했는데, 그것은 계산된 행위인 것 같습니다. 실제로 지금 여러분은 통킹, 마다가스카르, 안남에 진출하고 있는데, 우리가 장차 어떤 상황에 처하게 될지를 보십시오…….(시끄러운 소리와 발언 방해)

극좌파 의석에서 이제 폐회를 요구하십시오. 의원들은 지쳤으며, 이제 귀를 기울이지 않습니다.

베른 의원 조금 전에 의원님들이 들으셨던 긴 발언 다음으로 저도 [긴] 발언을 하고 싶지는 않습니다.

클로비스 위그[154] 의원 의원님은 연단에서 발언할 자유가 없으니 내려오십시오!

의장 발언자는 곧 발언을 끝낼 것이고 몇 마디 말만 더 하면 될 것이라고 합니다. 여러분, 조용히 해주시기 바랍니다.

베른 의원 쥘 페리 의원님은 얼마 전에 지도를 펴보라고 여러분에게 권고했습니다. 저는 지도를 펴보고 다음과 같은 사실을 봅니다. 프랑스는 지금 공화 체제하에 있기 때문에 군주 체제하의 유럽 내에서 완전히 고립되어 있다는 사실이 그러합니다.

---

154 클로비스 위그 *Clovis Hugues*(1851~1907년). 파리 코뮌을 옹호하는 기사를 써서 투옥된 경력이 있으며, 급진 사회주의 계열의 하원의원(1881~1889년, 1893~1906년)을 지냈다. 시인이자 소설가로도 활동했다. 7월 30일의 표결에 참여하지 않았다.

그렇습니다. 여러분은 지금 수에즈 운하에 대해서 어떤 종류의 행동을 취하고 있습니다. 그러나 내일 영국 — 영국을 너무 믿지 않아야 합니다. —이 유럽의 열강과 동맹을 맺는다는 가정을 해보십시오. 그렇게 되면, 우리는 분명히 수에즈 운하 사용권을 가로채일 것입니다. 그러면 여러분은 어떻게 할 것입니까? 우리가 통킹, 코친차이나, 안남에 보내놓은 병사들은 그곳의 5억~6억 명[155]에 이르는 주민들에게 맞서서 어쩔 것이며, 어떻게 될 것입니까? 그들은 본국으로부터 어떤 종류의 지원도 기대할 수 없을 것이며, 모두 질병과 기아로 목숨을 잃을 것입니다!

존경하는 쥘 페리 의원님은 식민지 확장을 알제리 정복과 비교하시기도 했습니다. 그러나 알제리는 모국에서 36시간이면 가닿을 수 있는 곳에 있으며, 프랑스의 한 도(道)입니다. 우리는 55년 전부터 그곳을 소유하고 있기는 하지만, 지금 그 식민지는 200억 프랑의 비용이 소요되며, 그곳에 살고 있는 프랑스인들은 15만 명에 불과하고 유럽인들[156]은 총 40만 명도 되지 않습니다.

여러분은 알제리에서 바로 이런 결과에 이르렀습니다. 그런데 여러분은 예전에 로마의 풍요로운 곳간이었던 이곳을 위해서 무엇을 하셨나요? 이곳의 농업을 위해서 무엇을 하셨나요? 아무것도, 완전히 아무것도 하지 않았습니다. 그러면서 또다시 안남으로, 코친차이나로 진출하신다고요? 여러분은 상관(商館)을 개설하고 미시시피를 개발했던 그 투기꾼들[157]의 행위를 고스란히 모방하고 있습니다. 여러분,

---

155 통킹, 안남, 코친차이나 주민들의 수와 중국인들의 수를 합한 것으로 보인다.

156 1885년 당시에 알제리에 살고 있던 유럽인들은 외국인 신분이었으며, 1889년의 국적법에 의해 프랑스 국적을 취득할 수 있었다.

157 1684년에 르네-로베르 카블리에르 드 라 살 *René-Robert Cavelier de La Salle*이 미시시피 회사 *Compagnie du Mississipi*를 세우고 미시시피강 입구에 상관(商館)을 개설했으나 기대한 만큼의 성과를 얻지 못했다. 1717년, 존 로우가 이 회사의 이름을 서양 회사 *Compagnie*

여러분이 이런 점에 유념하지 않으신다면, 같은 상황이 벌어질 것입니다.(발언 방해와 시끄러운 소리)

저는 항상 식민지의 관점에서 생각했습니다…….(또다시 발언 방해)

지금부터 한 달 뒤에는 유권자들이 이 회의를 상기하게 될 것이라고 기대하셔야 합니다. 유권자들은 이 연단에 오르는 국민의 대표자들이 한 발언에 의원님들이 어떻게 귀를 기울이셨는지를 상기하게 될 것입니다.(좌파 의석에서 "옳소! 옳소!"라는 외침 — "발언하세요! 발언하세요!"라는 외침)

경제적 관점에서 보자면, 여러분이 원정을 벌여서 얻으시려는 그 새로운 판로에 대해서 말하는 것을 어느 경제학자가 들으면서 연민의 미소를 짓지 않을 수 없습니다.

여러분은 판로라는 것이 무엇인지 아십니까? 어느 나라가 상품을 과잉 생산할 때마다, 그 나라는 전 세계에서 판로를 모색합니다. 여러분은 오로지 프랑스에만 이익을 가져다줄 판로를 얻기 위해서는 통킹, 안남, 코친차이나로 진출하는 것으로 충분하다고 생각하시나요? 그러나 여러분이 유럽산 상품을 수입하도록 개방하려는 그 새로운 시장에서 영국, 미국, 그리고 다른 국가들이 프랑스와 경쟁을 하게 될 것임을 여러분은 매우 잘 알고 있습니다. 여러분은 이 경쟁에서 어떻게 하실 것입니까?

그런데 여러분은 이것을 가리켜서 먼 곳으로 우리의 상품을 수출하는 것이라고 하시는가요? 그러나 여러분은 여러분이 도달하시고자 하

---

*d'Occident*으로 바꾸고 프랑스 정부로부터 25년간 서인도제도 및 북아메리카와 통상할 수 있는 독점권을 얻었다. 1719년, 서양 회사는 동인도 회사 *Compagnie des Indes orientales*, 중국 회사 *Compagnie de Chine* 등과 합병되어 인도 회사 *Compagnie des Indes*가 되었다. 이 회사는 한동안 번창했으나 7년 전쟁(1756~1763년)을 맞아 어려움에 처했으며, 1770년에 문을 닫았다.

는 목표를 놓치고 있습니다. 해야 할 훨씬 더 유익한 일이 하나 있었습니다…….(또다시 시끄러운 소리와 발언 방해)

많은 목소리 내일 합시다! 내일 합시다!

베른 의원 여러분, 저는 연단에서 내려갑니다. 그리고 저는 저의 발언에 귀를 기울이고 싶지 않았던 의원님들의 너그럽지 못한 태도에 대해서 항의한다는 말씀을 드립니다.(시끄러운 소리)

의장 클레망소 의원이 발언하시겠습니다.

많은 목소리 내일 합시다! 내일 합시다!

클레망소 의원 여러분, 저는 아마도 여러분이 아실 것 같은 사유로, 그리고 시간이 많이 늦었기 때문에 토의 속개를 다음 회의로 넘기자고 여러분에게 요청하고자 합니다.

여러 목소리 내일 합시다! ― 목요일에 합시다!

의장 클레망소 의원님이 토의 속개를 차기 회의로 넘기자고 요청하십니다. 차기 회의 일정은 우리가 곧 정할 것입니다.

이 제안을 표결에 부치겠습니다.

(제안은 표결에 부쳐져서 가결되었다.)

의장 예외적으로 내일 수요일에 회의를 열자고 요청하는 말을 저는 들었습니다.("안 됩니다! 안 됩니다!"라는 소리)

여러 목소리 목요일에 합시다! 목요일에 합시다!

의장 의원님들의 의견을 여쭙겠습니다.

(의원들의 의사를 묻는 절차가 진행되었으나, 사무처는 절차에 문제가 있다고 밝혔다. 이어서 의원들은 착석·기립 투표로 내일 수요일에는 회의를 열지 않는다는 결정을 내렸다.)

식민 정책 논쟁

1885년 7월 30일(목요일)

제91차 회의

1885년 7월 30일(목요일)

제91차 회의

≪해군·식민부가 마다가스카르 사건으로 야기된 경비로 집행할 특별 예산 지출과 관련한 법안에 대한 토의 속개≫

의장 의사일정에 따라, 해군·식민부가 마다가스카르 사건으로 야기된 경비로 1885 회계 연도에 집행할 1219만 프랑의 특별 예산 지출과 관련한 법안 토의를 속개합니다.

클레망소 의원님이 발언하시겠습니다.

클레망소 의원 여러분, 튀니스에서, 통킹에서, 안남에서, 콩고에서, 오보크 *Obock*[158]에서, 마다가스카르에서, 이곳저곳에서 ……. 그리고 또 다른 곳에서 우리는 식민지 원정을 벌였으며, 지금도 벌이고 있으며, 앞으로도 벌일 것이며, 우리는 많은 돈을 지출했으며, 앞으로는 더 많이 지출할 것이며, 우리는 많은 프랑스인이 피를 흘리게 했으며, 앞으로도 여전히 흘리게 할 것입니다. 얼마 전에 어느 분[159]이 우리에게 그 이유를 말했습니다! 위험천만한 발언[160]이었습니다!

얼마 전에 그분이 우리에게 그 이유를 말했습니다! 사실, 4년 이상

---

158 현재의 지부티 공화국의 해안 도시. 프랑스가 마다가스카르와 극동으로 진출하는 길목에 있다. 1862년 3월 11일에 프랑스가 매입했으며, 그해 5월 20일에 공식적으로 프랑스의 소유지가 되었다. 프랑스는 1884년부터 이곳에 보급 기지를 건설하기 시작했다. 1977년에 독립했다.

159 쥘 페리를 가리킨다. 클레망소의 계속되는 아래 발언에서 "어느 분", "그분"은 모두 쥘 페리를 가리킨다.

160 쥘 페리가 7월 28일에 한 발언을 가리킨다.

이나 식민 정책이 실험되고 나서 그 정책의 책임자가 연단에 등장해서 그 정책의 윤곽을 개략적으로 그려 보여준 것은 이번이 처음입니다.

그리하여 여러분은 그 정책의 강점과 약점을 따져보고 또 그 정책의 이점과 부정적인 측면을 검토하고 나서, 그 일에 착수하는 것이 적절한지를 알아보기 위해서 그 정책에 대해서 토의를 해달라는 요청을 받기는 ─ 자유로운 국민의 대표자들에게는 마땅히 그런 요청을 해야만 할 것이기 때문입니다. ─커녕 지금 기정사실을 마주하고 있으며, 그분이 요란하게 제시하는 그 유명한 주장, 그분이 너무나 당당하게 제시하는 그 대단한 식민주의 독트린은 기정사실에 끼워 맞추어야만 하는 억지 주장에 불과합니다.

조르쥬 페랭 의원과 라게르[161] 의원 옳소! 옳소!

클레망소 의원 그 독트린은 만들어낸 것이며, 이 연단에서 기정사실에 대한 정당화 *justification des faits accomplis*로 제시되었습니다.(여러 의석에서 "옳소! 옳소!"라는 외침)

사실, 그분은 국민들에게 알리지 않았습니다. 국민들에게 자신의 계획을 알리지 않았던 것입니다. 그분에게는 그럴 만한 많은 이유가 있었습니다. 그런데 지금, 우리는 그분 자신이 그 이유를 알지 못했다는 것을 알고 있습니다…….("그렇소!"라는 외침 ─ 극좌파와 우파 의석에서 "옳소!"라는 외침과 동의한다는 뜻의 웃음소리) 그러므로 그런 설명이 의원님들에게 일단 제시된 이상, 국민들이 그 설명에 동의하고 그 정책을 좋게 여긴다면 다행이겠지만, 국민들이 그 설명에 동의하지 않고 그 정책을 좋지 않게 여긴다면 딱한 일이 될 것이며 국민들은 기정사실을

---

161 조르쥬 라게르 *Georges Laguerre*(1858~1912년). 급진 좌파 계열의 하원의원(1883~1893년, 1910~1912년)을 지냈다. 조르쥬 클레망소의 측근이었다. 7월 30일의 표결에서 예산안에 반대표를 던졌다.

감내해야만 합니다!(좌파 의석에서 "옳소! 옳소!"라는 외침)

우리는 지금 이런 상황에 처해 있습니다. 이번 토의의 서두에서 다음과 같은 사실을 지적하지 않을 수 없습니다. 즉, 지금 우리는 어느 정치 지도자가 이 연단에서 제시한 일관된 계획, 국민들의 대표자들이 기탄없이 평가할 수 있도록 그 대표자들에게 제시된 일관된 계획을 대하고 있는 것이 아니라는 사실 말입니다! 그렇습니다. 물론, 지금 우리가 대하고 있는 것은 그분이 기정사실에 제 마음대로 끼워 맞추는 주장의 사후적(事後的) 정당화 *justification après coup*일 뿐입니다.

국민들의 의견을 물어보지 않았습니다. 그분은 철저하게 국민들에게 진실을 숨겼습니다. 이제 그분은 자신의 입장을 변호하려고 만든 독트린에 사실을 끼워 맞추려 하고 있습니다. 우리는 페리 의원님으로부터 다음과 같은 사실을 공식적으로 듣고 알았습니다. 그런데 이 사실은 우리가 이미 알고 있던 것입니다. 베를린에서 있었던 일[162]입니다. 영국이 키프로스를 차지하게 되었을 — 지금 여러분은 당시의 상황에 대해서 알고 있습니다. — 때, 그분이 우리에게 한 말에 따르면, 웨딩턴 씨[163]가 비컨즈필드 경(卿)[164]과 의견 일치를 보았으며, 또 다른 어느 정치인 — 그분은 이 사람의 이름을 밝히지 않았습니다. —과도 의견 일치를 보았다는 것입니다. 그것은 우리나라가 튀니지에서 자유

---

162 여기에서는 1878년에 열린 베를린 회담에서 있었던 일을 말한다. 이 회담에서 영국은 키프로스를, 프랑스는 튀니지를, 이탈리아는 현재의 리비아를 차지했다.

163 윌리엄 헨리 웨딩턴 *William Henry Waddington*(1826~1894년). 스코틀랜드계 프랑스 정치인. 하원의원(1871~1876년), 상원의원(1876~1894년), 공교육·종교·미술부 장관(1873년 5월 18~25일, 1876년 3월~1877년 5월), 외무부 장관(1877년 12월~1879년 2월), 각의장 겸 외무부 장관(1879년 2~12월), 영국 주재 프랑스 대사(1883~1893년) 등을 지냈다.

164 비컨즈필드 *Beaconsfield* 백작 벤저민 디즈레일리 *Benjamin Disraeli*(1804~1881년). 영국 총리를 두 번 지냈으며(1868년 2~12월, 1874~1880년) 보수당 창당에 크게 기여했다.

롭게 행동해도 괜찮다는 것이었다고 합니다.

그런데 정부는 이토록이나 중대한 결정 ― 저는 이 결정에 대해서 지금으로서는 평가하고 싶지 않습니다. ―을 내릴 때, 하원에 와서 설명을 했습니까? 그리고 튀니지 원정이 시작되었을 때, 우리에게 다음과 같이 말했습니까? ≪비컨즈필드 경은 영국 국민들의 환호를 받으며 영국으로 귀국했으며, 키프로스를 영국령이 되게 했습니다. 우리는 베를린 회담에서 튀니지를 얻었습니다.≫라고 말입니다.

그렇지 않습니다. 단 한마디도 하지 않았습니다! 어느 분은 우리에게 크루미르 *Kroumirs*족에 대해서 말했으며, [튀니지] 국경 부근에 사는 부족들의 침입에 대해서, 약탈에 대해서, 다국적 치안 활동[165]에 대해서 말했습니다. 그분은 [튀니지를] 정복하려는 것은 아니라고 말했지만, 정복을 감행했습니다.(극좌파와 우파 의석에서 "옳소! 옳소!"라는 외침)

이렇게 해서 여러분은 식민 정책을 펴는 데에 있어서 프랑스를 현재의 상태 속으로 단계적으로, 서서히 몰아넣는 정부의 일 처리 방식을 생생하게 알게 되었습니다.

저는 같은 유형에 속하며, 보다 최근에 일어났기 때문에 여러분이 훨씬 더 잘 알고 계시는 일을 지적할 수도 있습니다. 그것은 통킹과 관련한 일입니다. 통킹 사건이 시작되었을 때, 그분은 우리에게 다음과

---

165 1881년 2월 말, 알제리에 사는 울레드 나흐드 *Ouled Nahd*족이 국경을 넘어 튀니지 내의 크루미르 *Kroumirs*족의 천막촌을 공격했다. 3월 30일과 31일, 크루미르족은 국경을 반대로 넘어 보복 공격을 했지만, 프랑스 군대에 패퇴했다. 그해 4월, 쥘 페리 내각은 튀니지-알제리 국경에 질서를 회복한다는 명분으로 원정대를 보내 튀니지를 장악했다. 그해 5월 12일에 바르도 *Bardo* 조약이 체결되어 튀니지는 프랑스의 보호령이 되었다. 클레망소가 언급한 ≪어느 분≫은 쥘 페리를 가리키는 것으로 추정된다. 클레망소는 쥘 페리가 튀니지에 원정대를 보낸 것을 정당화하기 위해서 그것은 크루미르족의 이웃 부족에 대한 약탈 행위를 저지·처벌하고 국경 부근의 치안을 유지하기 위한 행위라고 변명했다는 것을 지적하려고 한 것으로 추정된다.

같이 말했습니다. 그것은 1874년에 체결된 조약이 최대한 준수되도록 하기 위한 것이며, 수로 측량 작업을 하는 것이라고 말입니다. [그런데] 지금, 우리는 통킹의 지배자가 되어 있습니다.

샬르멜-라쿠르[166] 씨는 1883년 3월 13일에 있었던 상원 회의에서 다음과 같이 말씀하셨습니다. ≪통킹을 정복하려고 생각하는 것 역시 당찮습니다. 물론, 크게 어렵지 않게 정복할 수 있겠지만 말입니다…….≫ 그분은 예언가가 아닙니다. 샬르멜-라쿠르 씨 말입니다!(좌중에 웃음) 이어서 샬르멜-라쿠르 씨는 다음과 같이 말씀하셨습니다. ≪…… 그곳을 정복하는 것은 완전히 쓸데없는 짓일 것입니다.≫

그래서 그분은 통킹을 정복하려고 하지 않았으며 — 너무나 쉬운 일이었지만 —, 통킹을 정복하는 것은 완전히 쓸데없는 짓일 것입니다. 그래서 그분은 정한 목표를 교묘하게 감추면서 이렇게 일을 시작하고 있습니다.[167]

여러분이 잘 알고 있는, 그리고 여전히 내각이 한 다음과 같은 말과 모순되는 일련의 사건들이 이어지고 있습니다. "통킹에 중국인들은 없습니다. 우리는 삼각주[168]에 머무르고자 합니다. 하지만 우리는 후에에 진출하고, 후에 조약[169]을 체결했습니다. 그다음으로는 톈진 조약

---

166 폴 샬르멜-라쿠르 *Paul Challemel-Lacour*(1827~1896년). 하원의원(1872~1875년), 상원의원(1876~1896년), 영국 주재 프랑스 대사(1880~1883년), 외무부 장관(1883년 2~11월), 상원의장(1893~1896년) 등을 지냈다.

167 여기서 클레망소는 반어법으로 쥘 페리의 거짓말을 비난하고 있다. 페리는 튀니지를 정복하려는 것은 아니라고 하면서 튀니지를 점령했으며, 통킹을 점령하려는 것은 아니며 그곳을 점령하는 것은 쓸데없는 일이라고 하면서 그곳을 점령하려 하고 있다는 것이다.

168 홍하(紅河) 입구의 통킹 삼각주.

169 1883년 8월 20일, 프랑스의 쿠르베 제독이 이끄는 군대는 안남(安南)의 후에 *Hué* 입구에 있는 항구 투언안에서 벌어진 전투에서 대승했다. 같은 달 25일, 프랑스는 후에 조약을 체결하여 안남과 통킹을 보호령으로 삼았다.

이 체결되었습니다. 이 조약으로 — 서류상으로 — 삼각주뿐만 아니라 통킹 전역이 우리의 것이 되었습니다."

그리하여 박레 사건[170]이 일어났는데, 이 사건에서는 정부가 책임질 몫이 큽니다. 그분이 뭐라고 했든 간에 말입니다. 우리는 포르모사[171]에 진출하고 있습니다. [이 문제와 관련한] 권위자들의 의견을 무시하고 말입니다. 지금 우리는 랑선에서의 실패를 감내하고 있으며, 패배에 대해서 따져보고 있습니다.

그분은 [중국과] 밀고 당기기를 한 다음, 이 연단에서 말하기를 [중국이 우리에게] 손해의 대가를 치르도록 할 것이며 우리는 배상금을 받게 될 것이라고 한 다음, 배상금으로 2억 5000만 프랑을 [중국 측에] 요구한 다음, 배상금을 받지 못한 채로 강화 조약을 받아들일 수밖에 없었습니다.[172](극좌파와 우파 의석에서 "옳소! 옳소!"라는 외침)

이 모든 것들을 검토해보는 것은 매우 흥미로운 일이었을 것 같습니다.

이 자리에 서서 식민지와 관련한 주장에 대해서 이리저리 따져보기란 매우 쉬운 일입니다. 그리고 식민지와 관련한 주장이 사실에 부합하는가를 검증해보는 것, 그리고 또 그저께 그분이 우리에게 제시한 그 주장이 사실과 어떻게 일치하는가를 검토해보는 것은 매우 흥미로운 일이었을 것 같습니다. 그렇게 하는 것이 토의 범위에 포함되었더

170 1884년 6월 말~7월 초, 중국과 통킹의 국경에 인접한 박레 부근에서 알퐁스 뒤젠 *Alphonse Dugenne* 중령이 이끄는 프랑스 병력과 청나라 광서군 간에 전투가 벌어졌으며, 프랑스 군대는 청나라 군대의 매복 공격을 받고 하노이로 퇴각했다.

171 톈진 조약(1884년 6월 9일)을 통해서 청나라는 후에 조약을 인정하고 통킹에서 완전히 철수했다. 그러나 곧 적대 관계가 다시 시작되면서, 그해 8월에 프랑스 해군이 푸저우를 포격하고 포르모사(현재의 타이완)를 봉쇄하기 시작했다.(아래 각주를 참고하라.)

172 1884년 6월 26일, 페리 내각은 중국 측에 손해 배상금으로 2억 5000만 프랑을 요구했으나, 중국 측은 거부했다. 8월 22일로 기한이 정해진 최후 통첩에 중국 측이 응답하지 않자, 24일에 쿠르베 제독은 푸저우를 포격하고 항구를 탈취했다.

라면, 그리고 또 마다가스카르가 아닌 다른 문제가 토의 주제로 선정되었더라면 말입니다.("옳소! 옳소!"라는 외침)

우리는 그렇게 할 수 없었습니다. 그분은 제안된 토론을 받아들이지 않았습니다. 논증이 가능했고, 또 국민의 대표자들 앞에서 자유롭고 당당하게 토론이 이루어질 수도 있었지만 말입니다.

그분은 거부했으며, 토론을 피했습니다.

우리는 지금 이 문제를 깊이 있게 검토하지 않고 있습니다. 토론 기회가 없어졌기 때문입니다. 따라서 우리는 우리에게 제안된 토론을 받아들여서, 쥘 페리 의원과 함께 식민 정책 문제 그 자체를 검토해보려고 합니다. 여러분께서 허락하신다면 말입니다.(동요)

여러분, 조금 전에 저는 정부와 하원 사이에 아무런 설명이 없었다고 말했습니다. 사실, 각료들 사이에도 아무런 설명이 없었던 것 같습니다. 그들은 각자가 머릿속에 가지고 있는 것에 대한 비밀을 서로에게 너무나 잘 지켜서, 그들이 이 연단에 서서 자신들이 하고자 한 일에 대해서 자신들의 생각을 밝힐 때, 우리는 무엇보다 먼저 그들이 하는 말들 사이의 모순에 깜짝 놀라기 때문에 이런 말씀을 드리는 것입니다.

저는 이런 지적을 계속하고 싶지는 않습니다. 그러나 예를 들면, 존경하는 루비에 의원님의 견해와 쥘 페리 의원님의 견해 사이에 존재하는 모순을 지적하지 않을 수는 없습니다. 이 연단에서 우리에게 루비에 의원님은 ≪통킹도, 마다가스카르도 식민 정책의 대상이 아닙니다.≫라고 말씀하셨으며, 쥘 페리 의원님은 ≪마다가스카르는 식민 정책의 전형입니다. 바로 이 마다가스카르와 관련하여 우리는 식민 정책을 지지하는 사람들과 반대하는 사람들의 수를 곧 헤아려볼 것입니다.≫라고 말씀하셨습니다.(극좌파와 우파 의석에서 "옳소! 옳소!"라는 외침)

저는 중언부언하지는 않겠습니다.

쥘 페리 의원님은 되도록이면 자신의 설명과 루비에 의원님의 설명을 일치시키려고 애를 쓰셨습니다. 이 점은 알아야 합니다. 그런데 페리 의원님은 무어라고 설명하셨나요?

페리 의원님은 우리에게 다음과 같이 말씀하셨습니다. "루비에 의원님의 설명에 이어서 언론 여기저기에서 언급된 말, 즉 정부는 우연에 이끌렸다고 한 말을 되풀이하지 마십시오. 그것은 틀린 말입니다. 그것은 루비에 의원님의 생각이 아닙니다. 루비에 의원님은 필요 *nécessité*에 이끌렸다고 말하려고 했습니다."

여러분, 필요라는 것 ― 그분은 이것을 예견하지 못했다고 고백하고 있습니다. ―은 우연 *hasard*과 너무나 흡사합니다.(극좌파와 우파 의석에서 동의한다는 뜻의 웃음)

그런데 저는 이 점에 대해서는 논하고 싶지 않습니다. 저는 루비에 의원님이 하신 말씀에 대해서 페리 의원님이 하신 설명을 받아들이겠습니다. 페리 의원님은 무어라고 설명하셨나요?

페리 의원님은 우리에게 물으십니다. "여러분은 식민지 확장을 지지하십니까?"라고 말입니다. 우리는 "물론"이라고 답합니다. 그런데 식민지 확장의 전형적인 예는 콩고 원정입니다. 우리는 그곳에 거점과 상관(商館)을 가지고 있습니다. 자그마한 나라의 왕 같지도 않은 왕들과 야만 부족장들이 우리의 거점을 약탈하고 우리의 재외 국민들을 살해하고 있습니다. 여러분은 그것에 대해서 복수를 하고 약탈자를 처단하고 싶은가요? 물론 그렇다는 답변과 그렇지 않다는 답변을 동시에 할 수 없습니다. 그런데, 이제 여러분은 통킹 정책, 모험을 동반하는 원정 정책에 관여되어 있습니다. 그리고 우리, 즉 정부는 어떤 필요를 따랐다는 것을 이제 여러분은 시인하지 않을 수 없습니다. 우리는 그 필요에 따라 마침내 통킹을 탈취하기에 이르렀던 것입니다. "그곳에서 얻을 수 있는 것은 아무것도 없기 때문에 우리는 통킹을 원하지 않습니다."라고 해놓고서 말입니다.

국가의 명예 때문에, 그리고 우리나라 국기가 [다른 민족들의 땅에서 그곳에 사는 사람들로부터] 존중받도록 해야 할 필요 때문에 우리가 [다른 민족들의 땅을] 식민지로 삼아야만 하는 경우에, 그리고 또 여러분이 찬양한 그 위대한 정책을 우리의 뜻과는 달리 시행해야만 하는 경우에 놓이게 되었습니다. 그렇습니다. 국가의 명예라는 말이 크게 강조되고 있습니다. 루비에 의원님은 우리에게 다음과 같이 말씀하셨습니다. "여러분이 정부에 몸을 담으셨다면, 여러분은 우리와 다르게 하실 수 없었을 것입니다. 국가의 명예가 그렇게 하라고 요구했기 때문입니다."

그런데 말입니다! 저는 그런 말은 연단에서나 부르짖는 말에 불과할 뿐이라고 주장합니다. 여러분에게 곧 그 증거를 보여드리겠습니다.

식민지 원정을 목표로 삼으면서 국가의 명예가 존중되도록 하려고 애쓰는 경우도 있으며, 국기가 존중되도록 하는 것을 의도적으로 소홀히 하는 경우도 있습니다.

자! 플라테르 탐험대가 살해된 사건[173]을 예로 들어보겠습니다!(우파와 극좌파 의석에서 "옳소! 옳소!"라는 외침)

그 탐험대는 80명으로 구성되어 있었으며, 그들 중에는 30여 명의

---

173 폴 플라테르 *Paul Flatters*(1832~1881년) 육군 대령은, 뒤퐁셸 *Duponchel*이라는 사람이 1879년에 사하라 사막을 가로질러 알제리와 수단을 연결하는 철도를 건설하려는 계획을 추진할 때, 호가르 *Hoggar* 산악 지대를 가로질러 수단으로 향하는 길을 탐사하는 임무를 맡았다. 1881년 2월 16일, 탐사단은 투아레그족 전사들의 매복 공격을 받았다. 플라테르를 비롯한 프랑스 군인들은 모두가 사살되고 원주민 출신 병사들 중에서 일부만 살아남았다.

프랑스인들이 있었습니다. 프랑스군 대령 한 사람, 대위 한 사람, 중위 한 사람, 소위 한 사람이 있었습니다. 그들은 모두 프랑스군 장교들로서, 분명히 국기를 지니고 있었을 것입니다.

죠르쥬 페랭 의원 옳소! 옳소!

클레망소 의원 그들은 사하라 사막을 횡단하는 철도를 건설하기 위해서 그 지방을 정찰할 참이었습니다. 그들은 투아레그족에게 살해되었습니다. 그 사건은 우리의 식민지인 알제리로 통하는 관문에서 일어났습니다. 크루미르족이 튀니지 국경에 침입했을 때에 국가의 명예에 너무나 민감했던 쥘 페리 씨, 그 사건이 일어났을 때에 각의장이었던 쥘 페리 씨는 [그 사건으로 손상을 입은] 국가의 명예에 대해서 분명히 재빨리 복수를 할 참이었으며, 플라테르 대령의 복수를 할 참이었으며, 투아레그족들을 처단하기 위한 원정대를 꾸릴 참이었으며, 우리의 식민지인 알제리의 국경이 존중받도록 할 참이었나요? 그는 단 한순간도 그런 생각을 하지 않았습니다. 내각의 수장이었던 그분은 말입니다!(극좌파와 우파 의석에서 "옳소! 옳소!"라는 외침과 박수갈채)

레이데 의원 해야 할 게 아무것도 없었습니다!

클레망소 의원 친애하는 동료 의원님, 의원님은 해야 할 게 아무것도 없었다고 말씀하셨습니다. 오직 국기에 대해서 복수해야 했는데, 그렇게 하지 않았습니다.(같은 의석에서 다시 박수갈채) 그리고 플라테르 대령이 살해당한 바로 그 시간에 페리 씨는 튀니지를 침공했습니다.

이 예를 통해서 여러분은 국가의 명예가 요구하는 것을 쥘 페리 씨가 어떻게 이해하고 있는지를, 그리고 자신이 추진하는 식민지 원정을 감추기 위해서 쥘 페리 씨가 이 사건을 어떻게 이용하고 있는지를 즉각 알게 됩니다.

조르쥬 페랭 의원 마다가스카르 문제에서 쇼우 사건[174]은요?

클레망소 의원 오! 쇼우 사건은 우리가 식민 정책에서 얻은 무수한 치욕 중의 하나입니다.

우파 의석에서 들려오는 목소리 그건 사실입니다!

쥘 들라포스 의원 그분은 어느 프랑스 제독이 한 말[175]을 부정했습니다.

클레망소 의원 그렇습니다. 그분은 프랑스 제독이 한 말을 부정했으며, 어느 영국 선교사에게 손해 배상금 명목으로 2만 5000프랑을 지불했으며, 치욕의 감정 — 그분은 프랑스 국민들이 이런 감정을 느끼도록 했습니다. —을 너무나 생생하게 느껴서 이 금액을 요청하러 하원에 올 엄두도 내지 못하고 비자금에서 이 금액을 조달했습니다.(극좌파와 우파 의석에서 "옳소! 옳소!"라는 외침과 박수갈채)

우파 의석에서 수치스럽게도 말입니다!

조르쥬 페랭 의원 그리고 쥘 페리 씨는 이 사건에 대해서 언급하는 사람들은 애국심이 부족하다고 했습니다.

에두아르 로크르와 의원 그 사건은 프리차드 *Pritchard* 사건[176]과 짝을 이루는 사

---

174 1882년 7월, 런던 선교회 *London Missionary Society*에 소속된 감리교 목사 죠지 쇼우 *George Shaw*(그는 12년 전부터 마다가스카르에서 선교 활동을 하고 있었다.)가 프랑스 병사들을 독살하려 했다는 잘못된 혐의로 귀스타브 피에르 *Gustave Pierre* 해군 소장의 명령으로 프랑스 해군에 체포되어 억류되었다. 당시에 마다가스카르에서 영국 감리교회는 프랑스 가톨릭 선교회(예수회 소속)와 경쟁 관계에 있었다. 영국의 빅토리아 여왕, 영국 정부, 영국 언론은 이 사건을 영국에 대한 모욕으로 여겼다. 쇼우는 54일 뒤에 석방되어 귀국했으며, 프랑스 정부가 그에게 배상금을 지불하고 영국과 협정을 맺으면서 사건은 종결되었다.

175 들라포스가 언급한 ≪어느 프랑스 제독≫은 귀스타브 피에르 제독을 가리키는 것으로 추정되며, 그가 한 말은, 쇼우가 프랑스 병사들을 독살하려 했다고 한 말을 가리키는 것으로 추정된다.

176 1837년, 런던 선교회에 소속된 감리교 선교사 조지 프리차드 *George Pritchard*(1796~1883년)는 타히티 주재 영국 영사에 임명되어 타히티 여왕 포마레 4세의 자문관으로 일하기 시작했으며, 자신의 영향력을 이용하여 여왕으로 하여금 프랑스 가톨릭 선교사들을 추방하게 했

건입니다.

클레망소 의원 아! 이제 여러분은 쥘 페리 의원님이 이 연단에서 식민지 원정과 관련해서 하신 주장의 실제 의미를 이해하시는군요! 우리는 이곳저곳에 권리가 있으며, 세계의 매우 많은 곳에 권리가 있으며, 그 권리는 잠자고 있으며, 그 권리를 한꺼번에 모두 잠에서 깨울 것이 아니라 차례차례로 깨워야 한다는 것이 그분의 주장입니다. 그분은 통킹에서 그 사업을 끝까지 밀고 나가시고, 마다가스카르에서 그 사업을 이어나가십니다. 통킹이 정복될 때까지, 그리고 마다가스카르를 어렵지 않게 정복할 수 있을 때까지 말입니다. 그리하여 그분에게는 앞으로도 해야 할 새로운 정복이 항상 있게 되는 것입니다.

그러므로 어떤 일이 생기는지 보십시오. 쥘 페리 씨가 등장할 때까지만 하더라도 우리는 국가의 명예 때문에 어떤 원정도 할 필요가 없었습니다. 쥘 페리 씨가 등장하면서 아프리카, 아시아, 그리고 이곳저곳에서 국가의 명예는 손상을 입었습니다. 우리는 쥘 페리 씨가 등장하기 이전에는 어느 곳으로도 원정을 하지 않았습니다. 그가 집권하면서 우리는 여기저기로 원정을 하기 시작했습니다.(같은 의석에서 또다시 박수갈채)

이렇게 첫 번째 설명을 드렸으니, 이어서 그 새로운 주장의 근본 자체를 살펴보아야 합니다. 쥘 페리 의원님은 어느 나라가 식민지를 가져야만 하는가를 검토해보는 문제 — 이 문제는 전적으로 학술적인 성격을 띠고 있습니다. —를 추상적으로 논하셨습니다. 그분은 이 문제를 매우 박식하게 논하셨습니다. 그 자체만으로 따져본 이 문제는 전적으

다. 그러자 프랑스 군대가 타히티를 점령하여 보호령으로 삼고 프리차드를 추방했다. 프랑스 정부가 영국에 사과하고 프리차드가 입은 재산상의 손실에 대해서 보상금을 지불하면서 사건은 종결되었다.

로 학술적인 성격을 띤 문제라는 것을 페리 의원님에게 말씀드리고자 합니다.

저는 어느 나라가 식민지를 가질 수 있으며 또 가져야만 하는가를 검토해볼 필요가 없다고 생각합니다. 그것은 강의를 하는 사람에게는 흥미로울 수 있는 문제이지만, 프랑스의 연단에서 다루어야 할 문제는 전혀 아닙니다.(좌파와 중도파 측의 여러 의석에서 이의 제기)

중도파의 어느 의원 그러면 어느 연단에서 다루어야 할 문제입니까?

클레망소 의원 아마도 의원님은 이해하시지 못한 것 같습니다.

조금 전에 말씀드린 것을 한 마디 한 마디씩 거듭 말씀드리겠습니다.(극좌파와 우파 의석에서 웃음과 박수갈채)

학자라는 호칭은 아직은 모욕이 아니기에…….(미소) 저는 누구도 이 표현에 기분 나빠하시지 않을 것이라고 짐작합니다.

따라서 이의 제기를 야기한 말을 한 마디 한 마디씩 거듭 말씀드리겠습니다.

어느 나라가 식민지를 가질 수 있으며 또 가져야만 하는가를 검토하는 문제, 전적으로 이론적인 차원의 문제 ― 이 문제는 엊그제 쥘 페리 의원님이 이 자리에서 논하신 것입니다. ―는 강의 주제 또는 학술 담론의 주제로는 매우 흥미롭지만, 국회 연단에서 논할 주제는 아니라는 말씀을 드립니다.(극좌파와 우파 의석에서 또다시 동의한다는 표시 ― 좌파와 중도파의 같은 의석에서 또다시 이의 제기)

자! 세 번째로 거듭 말씀드리겠습니다.(극좌파와 우파 의석에서 웃음)

저는 그 누구라도 기분을 상하게 하는 말은 조금도 하지 않습니다. 그것은 매우 멋진 학술 담론의 주제라는 말씀을 드립니다…….

베른 의원 그것은 매우 멋진 강의 주제이며, 그 이상도 그 이하도 아닙니다!

의원님의 말씀이 옳습니다!

클레망소 의원 …… 그것은 국회 연단에서 할 정치적 발언의 주제가 아니라는 것입니다. 입증해드리겠습니다.(좌파와 중도파의 같은 의석에서 외치는 소리)

그러므로 발언을 마저 할 수 있도록 해주십시오! 여러분이 저의 발언을 방해하시지 않았다면, 이미 입증이 끝났을 것입니다.

이론상으로 어느 나라가 식민지를 가질 수 있으며 또 가져야만 하는가를 검토해볼 필요는 없습니다. 프랑스 — 잘 들으시기 바랍니다. 일반적인 의미의 프랑스가 아니라, 1885년 지금의 프랑스 말입니다. — 가 어떤 식민지를 획득할 수 있으며 또 획득해야만 하는가를 검토해볼 필요는 있습니다.(극좌파와 우파 의석에서 박수갈채)

죠르쥬 페랭 의원 옳소! 옳소!

클레망소 의원 이것은 따져보아야 할 문제이며, 우리가 따져보지 않은 문제이기도 합니다.

프랑스는 지리적, 정치적 여건상 식민지를 획득할 수 있으며 또 획득해야 하는가를, 어떤 식민지를 획득할 수 있으며 또 획득해야 하는가를 검토해볼 필요는 있습니다. 그리고 이 식민지를 획득하는 데에 드는 대가는 얼마나 클 것이며, 그 사업의 성격이 무엇이며, 그 사업을 어떻게 수행할 것이며, 그로부터 어떤 결과를 기대할 수 있을 것인지도 검토해보아야 합니다.(극좌파와 우파 의석에서 "옳소! 옳소!"라는 외침)

그리고 또한 이것은 문제의 여러 측면 중의 하나에 불과할 것입니다. 검토해보아야 할 가장 중요한 측면, 즉 지난번 회의에서 다루지 않고 완전히 내버려 두었던 측면이 있을 것입니다. 그것은 식민 체제 *régime colonial* 문제입니다…….(같은 의석에서 또다시 동의한다는 표시) 이 문제는 여러 개의 거대한 식민지를 거느리고 있는 영국과 부스러기 같은 몇 개의 작은 식민지를 거느리고 있는 프랑스가 식민지와 관련하여 거의 같은 규모의 예산을 편성하고 있다는 사실을 생각해볼 때, 그 중요성을 판단할 수 있는 문제, 으뜸으로 중요한 문제입니다.

그러므로 여기에서 우리가 식민 체제에 대해서 언급하고 있는 지금, 이런 사실은 여러분으로 하여금 다음과 같이 느끼도록 해주지 않습니까? 식민지 정복을 지지하는 사람들이 여기로 와서, 자신들이 식민지를 다스리는 데에 사용하려는 방법을 의원님들에게 설명하고 또 그 방법을 의원님들의 결정에 맡기는 것이 중요했을 텐데라고 말입니다.(극좌파와 우파 의석에서 "옳소! 옳소!"라는 외침)

저는 전적으로 추상적인 논거에 대해서는 지적하지 않겠습니다. 오래되고 부유한 나라의 국민들에게서 식민지 건설은 탁월한 자본 투자라고 한 스튜어트 밀의 말을 어느 분이 인용해서 우리에게 말한 적이 있습니다. 투자는 좋을 수도 있고 나쁠 수도 있으며, 스튜어트 밀의 주장은 그분이 그것에 부여하는 만큼의 의미가 있지 않습니다. 그 말은, 제가 "여러분은 부자가 되고 싶습니까? 그러면 장사를 하십시오."라고 한 것과 같습니다.

사실, 장사를 하는 것은 부자가 되는 방법이기도 하고, 파산하는 방법이기도 합니다. 그것은 장사를 하는 방식에 달려 있습니다.(같은 의석에서 "옳소! 옳소!"라는 외침)

한편, 저는 호기심을 가지고, 인용된 구절을 스튜어트 밀의 글 속에서 찾아 읽어보고는, 인용된 그 구절이 현재의 상황에 전혀 맞지 않다는 것을 알게 되었습니다. 이주 식민지의 경우, 이주민들은 이주를 시작할 때부터 토지를 매각해서 비용을 지불해야만 했습니다. 이러한 사실은, 쥘 페리 의원이 하신 것처럼 문제를 전적으로 추상적으로 논하는 것은 적절치 않다는 것을 여러분에게 보여줍니다. 이곳에서 수많은 인용문을 제시하고 스튜어트 밀이 한 말을 내세울 수도 있습니다. 그러나 문제의 본질을 천착해보고, 그 인용문을 본래의 문맥 속에 놓고 살펴보기만 하면, 그러한 논거가 논의의 대상이 되는 상황에 조금도 부합하지 않는다는 것을 우리는 알게 됩니다.(극좌파와 우파 의석에서 "옳소! 옳소!"라는 외침과 웃음)

폴 드 카사냑 의원 [프랑스] 공화국이 다시 시작한 포르-브르통 사건[177]이 그렇습니다!

클레망소 의원 여러분, 저는 앞서 발언하신 쥘 페리 의원님의 논지를 따르고자 했기 때문에, 쥘 페리 의원님이 의원님들에게 부치신 토의 범위를 받아들여서, 그분의 뒤를 이어서 식민지 문제를 그 자체로 검토해보고자 합니다. 저는 여러분의 주의력을 지치게 하지 않기 위해서 이 문제를 매우 간략하게 검토해보려고 애쓰겠습니다. 제가 이렇게 식민지 문제를 그 자체로 검토해보아야 하는 것은, 페리 의원님은 자신이 잘 알고 있는, 자신이 너무나 잘 알고 있는 사실들은 토의에서 배제하려고 애쓰셨기 때문입니다. 페리 의원님이 그렇게 하셨듯이, 저는 세 가지 관점, 즉 경제적 관점, 인도주의적 관점, 정치적 관점에서 이 문제를 검토할 것입니다.

경제적인 관점에서 볼 때, 이 문제는 매우 간단합니다. 페리 의원님

177 1877년, 드 레이 *de Rays* 후작 샤를 드 브레이유 *Charles de Breil*가 뉴기니 동부에 "새로운 프랑스의 자유 식민지"를 건설한다면서 투자자들을 모집하고 이듬해부터 인접한 뉴아일랜드섬에 있는 포르-브르통으로 유럽인들을 이주시키기 시작했다. 이주한 유럽인들 중에서 많은 사람이 거친 자연환경, 질병, 위생 불량, 기아로 사망하면서 후작의 계획은 수포로 돌아갔다. 그곳에 남아 있던 유럽인들은 1882년에 영국에 의해서 오스트레일리아로 이주되었다. 드 레이 후작은 스페인으로 도망쳤다가 체포되어 프랑스로 압송되어 사기 혐의로 감옥형과 벌금형을 선고받았다.

은 스튜어트 밀의 글을 참고하실 필요가 없습니다. 그 표현[178]은 널리 알려져 있습니다. 이런 말이 있습니다. "여러분은 판로를 가지고 싶나요? 그러면 식민지를 만드십시오! 그곳에는 여러분의 시장을 아직 접해보지 않은, 그러나 수요가 있는 새로운 소비자들이 있을 것입니다. 그들이 여러분의 문명을 접하도록 함으로써 그 수요를 늘리고, 그들과 거래 관계를 맺고, 다소간 잘 이행될 조약으로 그들을 묶어두려고 애쓰십시오." 이것이 바로 식민지 판로와 관련한 주장입니다.

저는 쥘 페리 의원님이 이 문제에 대해서 하신 설명을 분명히 따를 수도 있겠지만, 그렇게 하지는 않겠습니다. 그렇게 하는 것은 완전히 쓸데없는 짓일 것입니다. "자, 여기에 식민지가 하나 있습니다. [이 식민지와 식민] 본국과의 수입 거래 규모는 무척 크고, 수출 거래 규모도 무척 큽니다."라고 어느 분이 말할 때, 그분은 전혀 아무것도 말하지 않았으며, 아무것도 모르고 있습니다. 그 액수가 정확할지라도 말입니다. 쥘 페리 의원님의 경우는 정확한 액수를 제시하시지 않습니다. 의원님은 알제리가 프랑스에서 수입한 상품 액수가 3억 4100만 프랑이라고 하시지만, 실제로는 1억 6500만 프랑에 불과합니다. 3억 4100만 프랑이라고 해도 달라지는 것은 없습니다…….

쥘 페리 의원 제 생각으로는 제가 제시한 액수가 정확합니다.

폴 드 카사냑 의원 그건 아무래도 좋습니다!

클레망소 의원 저는 어제 『무역 연보』에서 그 액수를 찾아보았습니다.

펠릭스 포르[179] 의원 쥘 페리 의원님이 제시하신 액수가 거기에 나와 있습니다.

---

178 위에서 인용된, "오래되고 부유한 나라의 국민들에게서 식민지 건설은 탁월한 자본 투자"라는 표현.

179 펠릭스 포르 *Félix Faure*(1841~1899년). ≪편의주의적≫ 공화주의 계열의 하원의원(1881~1895년), 해군부 장관(1894~1895년), 대통령(1895~1899년)을 지냈다. 대통령 궁에서 정

클레망소 의원님, 의원님이 틀렸습니다.

클레망소 의원 제게 그 자료가 있습니다.

펠릭스 포르 의원 의원님이 그 자료를 충분히 읽어보시지 않았기 때문입니다.

알제리와 관련한 정보를 알려면, 알제리 측 자료를 보아야 합니다.

클레망소 의원 페리 의원님이 제시한 액수는 틀렸습니다. 그게 아니라면, 우리 의원들에게 배포한 것과 똑같은 자료를 정부 각료들에게 배포하지 않겠지요. 하기야 이런 일은 우리가 본 많은 것보다 더 이상하지는 않겠지만 말입니다.(극좌파와 우파 의석에서 웃음)

제가 제시하는 액수가 정확합니다. 그게 아니라면, 정부가 우리에게 바른 정보를 제공하지 않겠지요. 제가 확인한 액수는 다음과 같습니다. 알제리가 프랑스에서 수입한 상품 액수는 쥘 페리 의원님이 우리에게 제시하신 3억 4100만 프랑이 아니라 1억 6500만 프랑입니다. 거듭 말씀드리지만, 저는 『1882년도 무역 연보』에서 이 수치를 가져왔습니다.

에티엔[180] 의원 클레망소 의원님, 의원님은 아마도 일시 수입액[181]을 그 수치에 포함시키지 않고 있는 것 같습니다.

펠릭스 포르 의원 여기에 공식 액수가 나와 있습니다. 이것은 알제리 고등 위원회[182]의 통계 자료입니다. 의원님에게 이 자료를 전해드릴 수 있습니다.

극좌파 의석에서 그건 아무래도 좋습니다!

부와 정사 도중에 사망했다. 7월 30일의 표결에서 예산안에 찬성표를 던졌다.

180 외젠 에티엔 *Eugène Etienne*(1844~1921년). ≪편의주의적≫ 공화주의 계열의 하원의원(1881~1919년), 상원의원(1920~1921년)을 지냈다.

181 짧은 기간 내에 재수출한다는 조건으로 하는 수입의 액수.

182 공식 명칭은 알제리 정부 고등 위원회 *Conseil supérieur de gouvernement de l'Algérie*. 1860년 12월 10일의 법령에 따라 설립된 기관으로, 식민지 시대에 알제리 총독부가 편성한 연간 예산, 과세 기준, 세금 배분 등을 검토하는 일을 했다.

우파 의석에서 전달하십시오!

의장 클레망소 의원님이 원하시는 대로 사실을 확인하게 가만두십시오.

클레망소 의원 의원님이 말씀하시는 그 액수는 어느 해의 액수입니까?

펠릭스 포르 의원 1882년과 1883년의 액수입니다.

클레망소 의원 저는 일반 무역과 특수 무역[183]을 구분하고 있습니다. 이 두 무역의 액수 중에서 하나는 분명히 정확하지 않습니다. 제가 제시하는 액수는 각기 다른 두 자료에서 찾아낸 것입니다.

가이야르 의원(보클뤼즈도(道) 출신) 1883년도 무역 현황에는 1억 5400만 프랑으로 나와 있습니다.

외젠 들라트르 의원 클레망소 의원님은 1882년도 액수를 말씀하시며, 가이야르 의원님은 그보다 더 적은 1883년도 액수를 말씀하십니다.

클레망소 의원 분명히 몹시 조잡한 오류가 있습니다. 2억 프랑이나 차이가 나니까요. 저는 여러 해 동안의 일반 무역 통계 자료에서 수치를 가져왔기 때문에, 수백만 프랑밖에 액수 차이가 나지 않는 것을 보았기 때문에, 또한 『무역 연보』 자체를 통해서 일반 무역 통계 자료를 확인해보았기 때문에, 그리고 그 수치들은 일치하기 때문에, 저는 여러분이 가지고 있는 자료 — 우리는 이 자료를 조사해볼 시간이 없습니다. —에는 분명히 인쇄상의 오류 또는 몹시 조잡한 어떤 오류가 있다는 말씀을 여러분에게 드릴 수 있습니다.(중도파와 좌파 의석에서 웅성거림 — 여러 종류의 동요)

에티엔 의원 우리는 그 수치들을 확인해보았습니다.

라울-뒤발 의원 관세 당국이 발표한 프랑스 무역 현황에 따르면 클레망소 의원

---

183 일반 무역은 수출자가 해외의 수입자에게 상품을 수출하는 것. 특수 무역으로는 중계 무역(수입한 상품을 그대로 또는 약간의 가공을 거쳐 재수출하는 것), 연계 무역(동일한 거래 당사자 간의 수출과 수입이 연계되는 거래), 위탁 가공 무역(원자재의 일부 또는 전부를 외국의 임가공업자에게 수출해서 이를 가공한 다음 국내에 재수입하거나 제3국에 수출하는 것)이 있다.

님이 지적하신 수치가 정확합니다.

펠릭스 포르 의원 그것은 뒤발 의원님이 클레망소 의원님보다 더 잘 확인해보시지 않았기 때문입니다.

클레망소 의원 여러분, 여러분은 2억 프랑이나 차이가 날 수 없다는 것을 분명히 인정하실 것입니다.

좌파 의석에서 들려오는 어느 목소리 분명히 오류가 있습니다.

클레망소 의원 친애하는 동료 의원님, 제 쪽의 오류일 수 없다는 말씀을 드립니다. 저는 여러 해 동안의 수치를 가져왔고, 또 그 여러 해 전체에서 700만 프랑 또는 800만 프랑의 차이만 확인했습니다. 그러나 제가 제시한 수치와 쥘 페리 의원님이 제시하신 수치는 2억 프랑이나 차이가 나는데, 이것은 알 수 없는 일입니다.

쥘 페리 의원 알 수 없는 것은 의원님이 범하신 오류입니다.

클레망소 의원 그렇지 않습니다. 제가 제시한 수치는 프랑스 정부의 공식 자료에서 가져온 것이며, 쥘 페리 의원님이 제시하신 수치는 알제리 측 자료에서 가져온 것이기 때문입니다. 어떻게 하더라도, 쥘 페리 의원님이 제시하신 액수는 확실히 틀렸습니다. 아마도 쥘 페리 의원님은 수입액과 수출액을 합산하셨을 것입니다. 각의장님, 그러나 그렇게 하셨더라도 그런 틀린 액수를 얻을 수는 없을 것입니다, 각의장님…….(좌중에 웃음)

우파 의석에서 그분은 이제는 각의장이 아닙니다!

클레망소 의원 죄송합니다! 쥘 페리 의원님이 지난번 회의에서 하신 말씀을 들으면, 그런 착각을 할 수도 있었습니다.

앙리 브리송(각의장) 우리가 한 말을 듣고 착각한 것은 아니시지요!

클레망소 의원 그렇습니다, 각의장님.

폴 드 카사냑 의원 여하튼, 의원님이 범하신 오류는 의도치 않은 것입니다.

클레망소 의원 아무래도 좋은 이 문제에 대해서 너무나 오랫동안 지체한 것은 제 잘못입니다.(중도파와 좌파 의석에서 웅성거림)

이 문제는 제가 주장을 펴는 데에 있어서 아무래도 좋은 것입니다. 여러분이 저의 발언을 가로막았을 때, 저는 바로 이런 말씀을 드리고 있었습니다. 그러나 제가 보기에는 제가 제시한 액수가 맞습니다. 하원에 배포된 여러 자료에서 그 수치를 가져왔기 때문이며, 그 여러 자료를 따로따로 살펴본 것이 아니라 서로 대조하면서 살펴보았기 때문입니다. 무역 통계가 틀렸다는 것은 용납할 수 없는 일이라는 점을 말씀드립니다. 무역 통계 연보에 오류가 있었다는 것은 말이 되지 않습니다. 그러나 다시 한번 더 말씀드리는 바이지만, 그건 아무래도 좋습니다.

저는 다음과 같이 말한 적이 있습니다. 본국이 자체의 여러 식민지 중의 하나와 한 통상 액수를 의원님[184]이 제시하셨을 때, 의원님은 식민지를 확보하는 일 그 자체에 대해서는 어떤 정보도 제시하시지 않았으며, 우리는 아무것도 알지 못한다고 말입니다. 제가 이렇게 말한 것은, 요컨대 식민지 확보 사업을 그 자체로 다루어야 하기 때문이며, 상사(商事)와 마찬가지로 첫 거점을 마련하는 비용, 초기 감가상각비, 유지비, 식민지 개발비, 관리비를 계산에 넣어야 하기 때문입니다.(여러 의석에서 "옳소! 옳소!"라는 외침)

한마디로 말해서, 많은 것을 계산에 넣어야 합니다. 그렇기 때문에 쥘 페리 의원님이 이 연단에서 제시하신 모든 수치 중에서 의미가 있어 보이는 것은 아무것도 없습니다. 저는 굽히지 않고 부정하는 바이지만, 그 수치가 정확하다 하더라도 말입니다. 그것은 따로따로 제시된 수치이기 때문입니다. 그 모든 수치는 완전히 의미가 없습니다. 곧

---

184 쥘 페리를 가리킨다.

그 증거를 쥘 페리 의원님에게 제시하겠습니다.

쥘 페리 의원님은 이 자리에서 공리(公理)를 하나 제시하셨습니다. 의원님은 우리에게 다음과 같이 말씀하셨습니다. ≪경제적 힘이 정치적 힘을 뒤따른다.≫라고 말입니다. 멋진 표현입니다.

이에 더해서 의원님은 알제리를 예로 드셨습니다. 그러나 알제리는 우리의 지척에 있습니다. [알제리의 경우에는] 운송 문제가 프랑스에 유리하게 말끔히 해결됩니다. 프랑스의 다른 식민지를 보자면, 코친차이나를 보자면, [그곳의 경우에는] 경제적 힘이 정치적 힘을 뒤따르는가요? 코친차이나가 프랑스에서 수입하는 상품 액수는 500만 프랑인 반면, 다른 여러 나라에서 수입하는 상품 액수는 약 6600만 프랑입니다. 코친차이나는 프랑스로는 160만 프랑 상당의 상품을 수출하고, 다른 여러 나라로는 7800만 프랑 상당의 상품을 수출합니다.

결과적으로, 코친차이나에서는 경제적 힘이 정치적 힘을 뒤따르지 않습니다.(극좌파 의석에서 동의한다는 표시)

(라울-뒤발 의원이 앞서 자신이 언급한 통계 자료를 클레망소 의원에게 전한다.)

클레망소 의원 사실, 라울-뒤발 의원님이 제게 전해주시는 자료에는 제가 언급한 수치들이 실려 있습니다. 1882년에 1억 6500만 프랑, 1883년에 1억 5400만 프랑이 그러합니다. 논의의 여지가 없습니다. 펠릭스 포르 의원님, 확인해보고 싶으시지요!

펠릭스 포르 의원 클레망소 의원님, 저는 충분히 잘 알고 있어서 그 자료를 살펴볼 필요가 없습니다.

폴 드 카사냑 의원 펠릭스 포르 의원님, 그렇다면 찬데르나고르[185]의 마하라자

---

185 찬데르나고르는 인도 북동부 벵골 지역에 있는 곳으로, 1668년부터 1952년까지 인도 내의 프랑스 거점이었다.

Maharadjah[186]에 대한 정보를 우리에게 주십시오.(우파 의석에서 웃음)

펠릭스 포르 의원 그러고 말고요! 나중에 의원님에게 답변 드리겠습니다.(시끄러운 소리)

클레망소 의원 그런데, 코친차이나에 반대하는[187] 결론은 전혀 내리지 않으면서, 그리고 어떤 식민지에 대해서도 반대하는 결론은 전혀 내리지 않으면서, 코친차이나를 식민지로 삼는 사업의 결과를 머릿속에 그려보려면, 제가 조금 전에 지적한 것에 더해서 다른 정보가 더 필요합니다.

코친차이나에 배정된 예산은 총 323만 5640프랑입니다. 코친차이나에서 국고로 들어오는 돈은 187만 1000프랑입니다. 136만 4640프랑의 차이가 나며, 프랑스에 손해입니다.

우리가 코친차이나를 획득하고 원정 — 우리는 원정을 통해서 코친차이나를 가지게 되었습니다. —을 하는 데에 쓴 비용을 계산해보면 2억 8400만 프랑이 지출되었으며, 이에 따라 [코친차이나에 쓰기 위해서] 우리는 총 1000만 프랑을 상시적으로 예산에 편성해두고 있습니다.

제가 조금 전에 언급한 적자를 덧붙이면, 코친차이나를 획득하는 데에 매년 1100만 프랑이 예산에서 상시적으로 지출되는 것을 저는 알 수 있습니다. 그리고 이 액수를 제가 조금 전에 제시한 수입·수출 액수와 비교해보면 — 수치는 의미하는 바가 있으니까요. —, 이렇게 시행된 식민화 사업의 결과가 어떠한지 알 수 있습니다. 그리고 영국인들과 중국인들이 코친차이나에 진출해서 통상을 할 수 있도록 해주려고 우리가 수억 프랑을 지출했으며 또 매년 1100만 프랑을 지출한다는 것을, 반면에 프랑스인들은 몇 가지 상품 견본을, 그것도 너무나

186 왕(王)을 의미한다.

187 코친차이나를 정복해서 식민지로 삼는 방안에 대해서 반대하는.

미미한 양을 코친차이나에 보내는 것으로 그친다는 것도 알 수 있습니다. 그러므로 코친차이나를 본보기 식민지의 예로 드는 잘못을 저지르지 말아야 합니다!

죠르쥬 페랭 의원 클레망소 의원님, 오류를 바로잡아도 괜찮겠지요! 코친차이나에 배정된 예산은 323만 5000프랑이 아니라 558만 4000프랑입니다. 따라서 200만 프랑의 차이가 나며, 의원님의 주장이 더 힘을 얻습니다.

클레망소 의원 저는 예산에서 수치를 가져왔습니다.(중도파 의석에서 웅성거림)

블랑쉬베[188] 의원 그건 너무 심하군요! 발언권을 요청합니다.

에티엔 의원 의원님보다 제가 먼저 발언권을 요청했습니다.

클레망소 의원 여러분, 저는 코친차이나에[189] 찬성하거나 반대하기 위해서, 그리고 다른 모든 식민지를 획득하는 것에 찬성하거나 반대하기 위해서 이것을 논거로 제시하는 것은 물론 아닙니다. 단지, 쥘 페리 의원님이 이 연단에서 제시하신 수치들을 그 자체로 검토해보면, 그 수치들은 따로따로 제시된 것이기 때문에, 그리고 그 수치들에 어떤 의미를 부여하기 위해서는 식민지 관련 회계 전체를 검토해보아야 하기 때문에, 그 수치들은 아무런 가치가 없다는 것을 증명하기 위해서 이것을 논거로 제시합니다. 그분은 식민지 관련 회계 전체를 검토해보려고 하시지 않았으며, 앞으로도 그렇게 해보시지도 않을 것입니다. 지구상의 어떤 나라의 어떤 식민지도, 심지어 영국에게 있어서 인도조차도 수지

---

188 마리 쥘 블랑쉬베 *Marie Jules Blancsubé*(1834~1888년). 1864년에 코친차이나로 가서 변호사로 일하다가 사이공 시장, 식민지 의회장, 코친차이나 지역구를 대표하는 공화주의 계열의 하원의원(1881~1888년)을 지냈다. 코친차이나에서 총독부가 아편을 제조하고 판매하는 것을 적극적으로 지지했다. 7월 30일의 표결에서 예산안에 찬성표를 던졌다.

189 코친차이나를 식민지로 가지는 것에.

타산이 맞을 수 없을 것이기 때문입니다. 인구 대비로 계산하면, 인도와 영국 간의 통상 규모는 알제리와 프랑스 간의 통상 규모보다 작기 — 쥘 페리 의원님은 자신의 주장을 뒷받침하기 위해서 이 논거를 내세울 수도 있었으나 그렇게 하시지 않았습니다. — 때문에 인도는 수지 타산이 맞을 수 없습니다.

중도파의 어느 의원 그렇다면, 영국은 인도를 포기해야 합니다.

클레망소 의원 그런 말씀은 이전에 매우 진지하게 논의되었고, 지금도 여전히 논의되고 있는 견해입니다. 이렇게 검토해보면, 수지 타산이 맞는 식민지는 없습니다. 그러면, 그 유명한 판로 문제로 돌아가봅시다. 상품 유통을 어떻게 촉진할 수 있을까요? 생산에 힘을 쏟거나 구매자를 확보하는 데에 힘을 쏟아서 판로를 늘리고 확장하려고 애써야 할까요?

아! 병사 네 명과 하사 한 명을 [중국에] 파견해서 중국인 한 명을 찾아서 생-앙트완 구역 *faubourg Saint-Antoine*[190]으로 데리고 와서, 그 중국인이 거울이 달린 옷장을 사도록 만드는 것이 식민 정책이라면……(좌중에서 웃음), 매우 명쾌한 식민지 확보 작업이라고 할 수도 있을 것이며, 이동·파견 경비가 싸게 먹힐 수 있다면, 새로운 판로를 개척하는 멋지고 일관된 계획이라고 할 수도 있겠군요.

그러나 판로는 포격으로 열리지 않습니다…….

라울-뒤발 의원 판로는 포격으로 닫힙니다!

클레망소 의원 구매자에게 강요하지 않아야 하며, 저렴한 생산비와 낮은 운송비로 구매자를 유인하고, 매혹하고, 유혹해야 하기 때문입니다.

아! 여러분이 판로를 원하신다면, 이렇게 생산비를 저렴하게 하고

---

190 현재의 파리 제11구에 있는 구역. 가구 가게들로 유명하다.

운송비를 낮추어서[191] 판로를 모색하십시오. 그런데, 여러분이 전쟁을 동반하는 원정에 1억 프랑가량의 돈을 지출할 때, 여러분은 예산에 부담을 주고, 노동에 압박을 가하고, 임금의 구매력을 낮출 뿐이고, 생산비를 높이게 됩니다. 우리는 국내의 우리 주변에서 무엇을 보고 있습니까? 우리나라 기업인들은 인건비 상승에 대해서 불평을 쏟아내기를 그치지 않으며, 우리나라 노동자들은 "우리의 임금은 벨기에에서보다 훨씬 더 높지만, 우리의 구매력은 더 낮습니다."라고 우리에게 말합니다.

라울-뒤발 그렇고말고요!

베른 의원 그렇기 때문에 [노동자들은 정부가 자신들을] 보호해주기를 요구합니다!

클레망소 의원 …… 더 많은 돈을 지출하면서도 우리는 [벨기에인들보다] 더 많이 사지도 못할 뿐만 아니라, [벨기에인들]만큼 살 수도 없습니다.

왜 그럴까요? 여러분이 부과하는 소비세로 노동이 압박을 받기 때문입니다. 그리고 여러분이 밀에 세금을 부과할 때, 여러분은 노동 비용을 증가시키기 때문에 판로를 닫습니다.("그것은 사실입니다!"라는 외침 — 여러 의석에서 "옳소!"라는 외침) 여러분이 고기에 세금을 부과할 때, 여러분은 노동 비용을 증가시키기 때문에 여러분의 판로를 닫습니다. 여러분이 설탕에 세금을 부과할 때, 여러분은 노동 비용을 증가시키기 때문에 판로를 닫습니다. 여러분이 원가의 곱절에 해당하는 금액이 부과되는 — 원가가 1600만 프랑인 소금에 붙는 세금이 3200만 프랑이기 때문이며, 어느 가구가 3수[192]어치의 소금을 살 때 2수가 국고로 들어가는 꼴이 되기 때문입니다. — 저 부당하고 불공정한 염세(鹽稅)를 존치할 때, 여러분이 이 모든 세금을 존치할 때, 여러분은 국민들의 노

---

191 생산비를 저렴하게 하고 운송비를 낮춤으로써 상품 가격을 싸게 만들어서.

192 수 *sou*는 프랑스에서 1795년까지 사용된 최소 화폐 단위. 이후로도 오랫동안 5상팀(5/100프랑)도 수로 불렸다.

동에 그만큼 속박을 가하고, 여러분은 그만큼 판로를 닫습니다.("옳소! 옳소!"라는 외침)

임금은 겉으로는 오르는 것처럼 보일 수 있으며, 기업인들에게도 착각을 불러일으킬 수 있습니다. 기업인들은 자신들이 고용한 노동자들의 요구 사항에 대해서 불평을 쏟아내며, 노동자들은 모든 소비재, 모든 생필품, 빵, 고기, 소금, 설탕에 부과되는 세금을 내면서 가족을 양육해야만 하는 모진 가난과 싸우기 때문에 자신들의 임금을 인상해달라고 요구하지 않을 수 없습니다.

여러분은 판로 확대를 촉진하고 싶은가요? [그렇게 하려면,] 입시세(入市稅)[193]를 포함해서 상품에 부과되는 소비세의 과중한 부담을 줄여서 생산비를 낮추는 일부터 시작하십시오.

조르쥬 페랭 의원 옳소!

폴 드 카사냐 의원 페리 의원님은 내치 정책에 찬성하지 않는다고 우리에게 말씀하셨습니다.

클레망소 의원 그런데 페리 의원님은 예산의 부담을 끊임없이 증가시키면서도 우리에게 판로를 열어준다고 주장합니다. 그런데 우리나라 곁에는 다른 나라들이 있으며, 그 나라들은 식민지 원정 비용을 지출하지 않았기 때문에…….(극좌파와 우파 의석에서 박수갈채)

라울-뒤발 의원 정부가 저지르는 잘못의 대가는 [노동자들의] 임금에서 지불됩니다.

클레망소 의원 …… 우리가 선택한 바로 그곳에서 우리와 충돌하고 있습니다. 그 여러 나라는 원정 비용 때문에 예산에 압박을 받지 않기에 우리의 무시무시한 경쟁 상대가 되며, 우리 고유의 시장에서까지 우리에게서 통

---

193 프랑스에서 이 세금은 1948년에 공식적으로 폐지되었다.

상을 앗아갑니다. 우리는 그 나라들을 위해서 치안 활동을 하고 있으며, 그 나라들이 안전하게 통상을 하고 또 돈을 벌 수 있도록 우리 자신이 비용을 들여서 경비 활동을 하고 있습니다.(같은 의석에서 다시 박수갈채)

저는 이런 논의를 오랫동안 계속하고 싶지 않습니다. 하지만 판로를 가지고 있지 않은 것처럼 보일 수도 있고 바다와 국경을 접하고 있지도 않은 가련하고 작은 나라인 스위스가 거대한 판로를 가지고 있다는 것을 증명하기란 매우 쉬울 것입니다. 스위스의 수출액은 9억 6000만 프랑이며, 우리나라의 수출액은 35억 프랑에 불과합니다. 따라서 [스위스보다] 인구가 13배나 많은 우리나라는 [스위스보다 고작] 3배 큰 판로를 가지고 있습니다. 스위스와 같은 수준에 이르려면, 우리는 110억 프랑어치의 상품을 수출해야 할 것입니다.

의원님은 우리에게 다음과 같이 말씀하셨습니다. ≪스위스를 본받는 일을 삼가십시오!≫ 그런데, 스위스는 식민지 원정에 엄청난 지출을 하지 않지만, 우리가 가지고 있는 판로보다 더 큰 판로를 가지고 있는 나라입니다. 스위스인은 17프랑을 세금으로 내며, 프랑스인은 98 프랑을 세금으로 내기 때문입니다.

의원님은 제기된 문제가 해결되었다는 것을 즉각 깨달으실 것입니다. 판로를 촉진하기 위해서는 먼저 상품 생산에 붙는 세금을 줄이면서 생산에 힘을 쏟아야 합니다.

따라서 의원님이 판로를 개척하시려고 세계 저 끝으로 싸우러 갈 때, 의원님이 수십억 프랑을 지출할 때, 의원님이 그런 결과를 얻으려고 프랑스 병사 수천 명을 죽게 할 때, 의원님은 의원님의 목표에 반대되는 방향으로 직행합니다. [그렇게 하면,] 수많은 사람이 죽고, 수백만 프랑이 지출되고, 노동에 새로운 부담이 수없이 많이 생기고, 수많은

판로가 닫힙니다.(또다시 박수갈채)

그렇기에 현재까지 우리가 새로 획득한 여러 식민지로 보낸 주된 수출품은 우리가 그곳 때문에 지출한 5억 프랑의 돈입니다. 우리가 얻은 판로가 바로 이것입니다. 우리는 프랑스에서 생산적으로 쓰일 수 있고 또 유익한 일자리를 많이 가져다주게 될 프랑스인들의 돈을, 납세자들의 돈을 걷어서 바다 저 너머로 보냈지만, 그 돈은 되돌아오지 않을 것입니다.(극좌파와 우파 의석에서 "그건 사실이오! 옳소!"라는 외침)

여러분, 제가 이런 관점에 서면서, 여러분과 함께 텐진 조약을 찬양하고 싶지는 않다는 것을 여러분은 아실 것입니다. 저는 이 조약을 검토해보고 싶지 않으며, 그렇게 하지 않으렵니다. 이 조약을 검토하는 것은 [지금 우리가 하고 있는] 토의의 범위에 포함되지 않습니다.

하지만 저는 이 조약에 대해서 한마디 하고자 합니다. 의원님은 다음과 같이 말씀하셨습니다. "이 조약의 이점들을 보십시오. 이 조약으로 우리는 인구가 4억 명에 이르는 나라와 교류하게 되었습니다."라고 말입니다. 사람들은 프랑스 기업이 생산한 상품을 모두 사재기할 태세가 되어 있는 4억 명의 중국인들을 즉각 머릿속에 떠올립니다.

생각을 고쳐야 합니다. 인구가 4억 명에 이르는 나라를 이웃으로 삼는다는 것은 즐거워할 일일까요, 아니면 근심거리일까요? 저는 질문을 하는 것으로 그칩니다. 최근에 일어난 여러 사건은 이 점에 대해서 우리에게 몇 가지 시사하는 바가 있으며, 우리는 그 시사점을 잘 활용할 것입니다.

참으로 우리는 텐진 조약이 체결될 때까지는 다른 여러 나라와 같은 조건으로 중국과 통상을 할 수 없었던 것 같습니다. 우리가 중국과 한 형편없는 거래 수치와 영국이 중국과 한 거래 수치를 비교해보십시오.

어느 분이 우리에게 홍하(洪河)의 멋진 내륙 수로를 찬양하는 말을 한 것을 저는 잘 알고 있습니다. 그러나 홍하는 배가 다닐 수 없는 곳입니다. 철도를 놓아서 대신해야 할 것입니다. 분명히 여러분은 프랑스 산업에 유리한 많은 사항을 톈진 조약에 명문화한 것에 자부심을 가지고 있으며, 우리가 헛되게 싸운 것은 아닙니다. 그렇다면! 곧 철도를 건설할 중국이 프랑스 산업에 도움을 요청할까요……. 다른 나라 산업에 도움을 요청하지 않는다면 말입니다.(극좌파와 우파 의석에서 웃음) 우리는 특권을 가지겠지요……, 공통의 권리라는 특권 말입니다.[194](같은 의석에서 다시 웃음)

이 점과 관련하여 저는 매우 기묘한 경우를 말씀드릴 수 있습니다.

톈진 조약은 이행되기 시작했으며, 중국에 철도가 건설되기 시작했습니다. 단지 프랑스에 도움을 요청하고 있지 않을 뿐이지요. 오! 여러분은 기뻐하실 수 있겠지요! 그 조약을 이행하는 일이 시작되었는데, 중국 정부가 영국 정부를 대상으로 4000만 프랑, 즉 150만 파운드 스털링의 국채를 발행한 것이 그러합니다. 몇몇 석탄광을 개발하는 데에, 그리고 탄전(炭田) 지대들을 오가는 철도를 건설하는 데에 그 자금을 사용하려는 것입니다. 영국 정부에 도움을 요청하기 시작한 것입니다. 저는 영국 신문에 실린, 이 문제와 관련한 매우 이상한 협상 이야기를 읽은 적이 있습니다. 그 협상은 베이징에서 있었던 것 같습니다.

앞서 언급한 소액의 국채에 관한 협상이었습니다. 사실을 말하자면, 그 일은 톈진 조약이 체결되기 이전에 있었다고 해야 할 것입니다.(중도파 의석에서 동요)

194 여기서 클레망소는 톈진 조약으로 프랑스가 중국으로부터 얻는다고 하는 특권이 사실은 프랑스만이 아니라 모든 나라가 누리는 일반적인 권리라고 비웃고 있다.

그렇습니다. 여러분, 매우 간단합니다. 그것은 분명히 전쟁이 가져다준 여러 가지 이득 중의 하나입니다.

중국은 우리에게 맞서는 전쟁을 계속하기 위해서 영국 정부를 대상으로 국채를 발행하는 일부터 시작했으며, 이제는 산업을 발전시키기 위해서 계속 국채를 발행하고 있습니다. 이것은 시작에 불과합니다. 중국은 당연히 이 길로 계속 나아갈 것입니다. 이것이 바로 여러분이 계속한 호전적인 정책의 결과입니다.

그 국채를 발행할 때, 중국, 독일, 영국의 대표자들이 회담을 가졌습니다. 영국 대표자가 다음과 같이 말했습니다. "우리에게 그 국채를 주어야 하며, 우리에게서 자재를 사야 합니다. 귀국이 평화를 누릴 수 있도록 도운 것은 우리입니다."

독일의 대표자가 다음과 같이 말했습니다. "우리에게서도 자재를 사야 합니다. 귀국이 전쟁을 하도록 도운 것은 우리입니다."

그리하여 중국은 이 두 나라의 대표자들을 만족시키기 위해서, 우리의 두 이웃 국가에게 도움을 요청하면서 톈진 조약을 앞당겨 이행하기 시작했습니다. 여러분이 맺은 통상 협정을 자세히 들여다보면 무엇이 남아 있나요? 아무것도 남아 있지 않습니다. 그 협정은 순전한 환상입니다. 자세히 들여다보면 아무것도 없습니다. 요란하기만 할 뿐 아무런 실속이 없습니다.

프레베로[195] 의원 그리고 피도 많이 흘렸습니다!

클레망소 의원 이제 저는 두 번째 관점, 즉 인도주의적 관점에서 여러분의 정복 정책을 비판해보려고 합니다…….

---

195 베르나르 오노레 프레베로 *Bernard Honoré Préveraud*(1823~1920년). 극좌파 계열의 하원 의원(1882~1889년)을 지냈다. 7월 30일의 표결에서 예산안에 반대표를 던졌다.

외젠 들라트르 의원 2만 구의 시신이 생겼습니다!…….

클레망소 의원 "우리에게는 열등 민족들에 대해서 권리가 있습니다."

폴 드 카사냐 의원 그건 노예 상인들의 주장입니다!

클레망소 의원 "우등 민족들은 열등 민족들에 대해서 권리가 있으며, 우등 민족은 그 권리를 행사합니다. 그런데 이 권리는 기이한 변화를 거쳐서 권리인 동시에 문명화의 의무가 되었습니다."

이것은 페리 의원님의 주장을 고스란히 옮겨놓은 것이며, 우리는 프랑스 정부가 열등 민족들에 맞서 싸우러 가면서, 그리고 그 열등 민족들이 문명의 혜택을 누리도록 강제하면서, 프랑스 정부 자체의 권리를 행사하는 것을 보고 있습니다. 우등 민족들! 열등 민족들! 이것은 얼마 전에 내뱉어진 말입니다! 저로서는 프랑스인이 독일인보다 열등한 민족에 속하기 때문에 프랑스가 프랑스-독일 전쟁[196]에서 패배해야만 했다는 것을 독일 학자들이 과학적으로 논증하는 것을 본 이후로 생각을 크게 고칩니다. 고백하거니와 그때부터 저는 어느 사람 또는 어느 문명을 향해 돌아서서 "열등한 사람"이라든가 "열등한 문명"이라고 하기 전에 생각을 거듭하고 거듭합니다. 힌두인들은 열등 민족이라고요! 까마득히 먼 시대에 생겨난 저 세련되고 위대한 문명을, 인도에서 생겨나서 중국으로 전파된 저 위대한 불교를, 지금도 우리가 그 장엄한 유적을 보고 있는 저 예술을 활짝 꽃피운 것이 힌두인들인데도 말입니다! 중국인들은 열등 민족이라고요! 시원(始原)조차 알 수 없으며 가장 먼저 최첨단에 이른 듯이 보이는 저 문명을 꽃피운 것이 그들인데도 말입니다. 공자는 열등하다고요! 다음과 같은 말씀을 드리고자 합니다. 사실, 바로 지금, 중국 외교관들이 유럽 외교관들과 실랑이

196 보불 전쟁(1870~1871년)을 가리킨다.

를 벌일 때……(여러 의석에서 웃음과 박수갈채), 중국 외교관들은 훌륭하게 처신한다는 것을 말입니다. 그리고 몇몇 나라 국민들의 외교 실록을 살펴보면, 황인종은 실무 합의를 잘하며 대단히 섬세한 일을 잘 처리한다는 점에 있어서, 너무나 성급하게 자신들이 우월하다고 주장하는 사람들보다 조금도 열등하지 않다는 것을 확실하게 증명해주는 자료를 그 실록에서 볼 수 있다는 것을 말입니다.

폴 드 카사냑 의원 보쥬 족속 *race vosgienne*[197]보다 열등하지는 않습니다.

클레망소 의원 여기에서 제시되었던 주장, 즉 힘이 권리에 우선한다는 선언과 다름없는 주장을 속속들이 따져보고 싶지는 않습니다. 대혁명 이후의 프랑스 역사는 그러한 부당한 주장에 대한 힘찬 항의입니다.

죠르쥬 페랭 의원 옳소!

클레망소 의원 권리[198] 및 정의와 관련한 주장을 널리 보급한 것은, 그리고 문명화 문제는 같은 사회 속에서 살아가는 사람들 상호 간의 관계에서 폭력을 제거하는 것이며 또한 우리가 알지 못하는 미래를 위해서 여러 국민 간의 관계에서 폭력을 제거하려는 것이라는 점을 깨달은 것은 프랑스 민족의 재능 자체입니다.("옳소! 옳소!"라는 외침)

의원님[199]은 우리에게 다음과 같이 말씀하십니다. 의원님이 야만인이라고 부르는 — 저는 그들이 매우 문명화되었다고 생각합니다. — 사람들과 유럽인들이 접촉하면서 [그들은] 도덕성과 사회적 미덕 면에서 더 큰 발전이 있지 않았느냐고 말입니다.

아마도 의원님은 의원님의 뜻을 너무 경솔하게 드러내는 것 같습니다.

---

197 보쥬 *Vosges* 도(道)의 생-디에 *Saint-Dié* 코뮌 태생인 쥘 페리를 비꼬는 말.

198 '인권'으로 읽어도 무방할 듯하다.

199 쥘 페리를 가리킨다.

의원님은 그렇게 확신하십니까? 유럽의 이런저런 나라에서보다 중국에서는 사회적 미덕이 더 적습니까? 지금 샌드위치 제도에는 쿡 대위[200]가 그곳에 왔을 때보다 도덕성이 더 많습니까? 의원님이 야만인들이라고 부르는 그 사람들에 대한 정복의 역사를 보십시오. 그러면 의원님은 폭력, 마구 자행된 갖가지 범죄, 억압, 철철 흐르는 피, 정복자의 폭정에 시달리고 억압을 받는 약자를 그 역사에서 볼 것입니다. 이것이 바로 우리가 행한 문명화의 역사입니다. 의원님이 원하시는 곳의, 원하시는 때의 그 역사를 살펴보십시오. 코르테스나 피사로가 활약하던 때의 멕시코 역사, 아니면 인도 역사 말입니다…….

죠르쥬 페랭 의원 특히 인도 역사를 말입니다.

클레망소 의원 …… 버크, 셰리던, 폭스가 한 말을 읽어보십시오. 워런 해스팅스를 고발하는 글을, 클라이브[201]를 고발하는 글을 읽어보십시오. 그러면 의원님은 정의와 문명화를 빙자하여 잔혹하고 끔찍한 범죄가 얼마나 많이 자행되었는지를 알게 될 것입니다.

저는 유럽인들이 가져가는 악덕에 대해서는 아무 말도 하지 않겠습

---

200 영국 탐험가 제임스 쿡 *James Cook*(1728~1779년)을 가리킨다. 그는 태평양을 탐험하는 과정에서 유럽인으로는 처음으로 오스트레일리아 동부해안, 누벨칼레도니, 샌드위치 제도 남부, 하와이 등을 탐사했다.

201 워런 해스팅스 *Warren Hastings*(1732~1818년)는 동인도 회사에서 근무했으며, 인도 총독으로 있으면서(1774~1785년) 영국의 인도 지배의 기초를 굳혔으며, 인도를 가혹하게 다스려 영국인들로부터도 큰 비난을 받았다. 1788년과 1789년에 영국 하원에서 한 연설에서 에드먼드 버크는 해스팅스의 식민지 억압 정책을 맹렬히 공격했다. 그에 앞서, 1787년에 영국의 극작가이자 하원의원이었던 리처드 셰리던 *Richard Sheridon*이 해스팅스를 비판하는 연설을 했다. 챨스 제임스 폭스 *Charles James Fox*(1749~1806년)는 인도 회사 *Compagnie des Indes*에 거세게 반대했으며, 1806년에 차관으로 있으면서 영국에서 노예 제도를 폐지하는 운동에 참여했다. 로버트 클라이브 *Robert Clive*(1725~1774년)는 벵골 주재 총독을 지내면서(1765~1767년) 지위를 이용하여 막대한 부를 축적한 인물로, 독직 혐의로 비난을 받고 이듬해에 자살했다.

니다. 유럽인이 도처에 퍼트리고 제멋대로 강요하는 알코올과 아편이라는 악덕 말입니다. 의원님이 프랑스에서, 그리고 쥘 메뉴 의원이 말씀하셨듯이, 인권의 모국에서 정당화하려고 애쓰는 것이 그런 일관된 계획입니까?(좌파 의석에서 열렬한 박수갈채)

저는 우리가 여기에서 일치단결하여 자리를 박차고 일어나서 의원님의 말씀에 격렬하게 항의하지 않은 것을 이해할 수 없습니다. 아닙니다. 열등 민족들 *nations inférieures*에 대한 소위 우등 민족들 *nations supérieures*의 권리는 존재하지 않습니다. 생존을 위한 피치 못할 싸움이 있으며, 우리가 높은 문명 단계로 올라감에 따라 우리는 사법과 법률의 테두리 안에서 그 싸움을 억제해야 합니다. 폭력을 문명화라는 위선적인 이름으로 포장하려고 애쓰지 맙시다. 권리와 의무라는 말은 들먹이지 맙시다.

의원님이 권장하는 정복, 그것은 사람을 자기 소유물로 삼고, 그 사람을 고문하고, 그 사람의 내면에 있는 모든 힘을 뽑아내어 자칭 문명 전파자 *civilisateur*의 이익을 추구하기 위해서, 과학 문명 *civilisation scientifique*이 초보적인 상태에 있는 문명들 *civilisations rudimentaires*[202]에 행사하는 순전한 힘의 오용입니다. 그것은 권리가 아니라 권리의 부정(否定)입니다. 이와 관련하여 문명화 운운한다는 것은 폭력에 위선을 더하는 격입니다.(극좌파 의석에서 "옳소! 옳소!"라는 외침)

이제 정치적 주장에 대해서 말씀드리겠습니다.

마르세유와 툴롱 문제는 다루지 않겠습니다. 이 두 곳은 앞으로는 인도양에서 방어될 것입니다…….(좌파와 우파의 여러 의석에서 웃음) 계

202 여기에서 "과학 문명"은 단수형으로, "초보적인 상태에 있는 문명들"은 복수형으로 되어 있음에 주목하라. 전자는 프랑스 문명(나아가 유럽 문명)을, 후자는 나머지 다른 여러 문명을 가리킨다.

속해서 고압으로[203] 달리는 것으로 가정되기 때문에 매 14일마다 석탄을 필요로 하는 ― 이 때문에 우리가 마이요트 *Mayotte*나 생트-마리 *Sainte-Marie*[204]에 석탄 저장소를 설치하지 못한다면, 마다가스카르를 정복해서 그곳에 석탄 저장소를 마련해야 할 필요가 있습니다. ― 장갑함에 대해서는 다루지 않겠습니다.

해군을 위해서 건설되는 식민지와 관련한 주장에 대해서는 언급하고 싶지 않습니다. 그 주장에 따르면, 통계 자료는 거짓입니다. 통계 자료에는 인구가 200만 명에 불과하여 어떤 종류의 식민지도 없는 국가인 노르웨이의 범선 항해술은 우리의 범선 항해술보다 우수하며, 기선(汽船) 수는 우리의 기선 수보다 단지 3분의 1이 적을 뿐인 것으로 나와 있습니다.

이 모든 것들에 대해서는 언급하지 않겠습니다. 이것들은 진지하게 논의할 만한 가치가 없습니다.(좌파 의석에서 동의의 외침)

제가 검토하고 싶은 것은 정부 측의 주장, 즉 문명화 사명과 관련한 주장과 정치적 주장입니다. 이 주장은 우리가 하고 있는 모든 논의의 바탕에 해당합니다.

어느 분[205]은 우리에게 이렇게 말합니다. "침잠 *recueillement*과 포기 *abstention*는 소멸이자 쇠락이며 파탄입니다. 호전적인 활동이 필요하며, 전 세계로 쏟아져 나가서 [다른 민족들의] 영토를 탈취해야 합니다. 이것이야말로 위대한 국민이 되는 길입니다!"라고 말입니다.

저는 다음과 같은 사실을 확인하는 일부터 시작하겠습니다. 그분이

---

203 당시의 선박은 기선(汽船)임을 상기하라.

204 마다가스카르 북쪽에 있는 마이요트섬은 1841년에 프랑스령이 되었으며 지금까지 프랑스 영토로 남아 있다. 마다가스카르 동쪽에 있는 생트-마리섬은 1750~1960년에 프랑스령이었다.

205 쥘 페리를 가리킨다.

이런 것들을 공개적으로 입에 올린 것은 이번이 처음이라는 사실을 말입니다. 그렇습니다. 그분이 국민들에게 전쟁을 동반하는 연속적인 원정을 일관된 계획으로 권고한 것은 이번이 처음입니다. 그 어떤 정부든 간에 모든 정부는 평화를 권장했습니다. 제정(帝政) 정부조차도 그 표어를 실행에 옮기지는 않았지만, "제정 정부는 평화를 지향한다."라고 했습니다.

유럽에서 전쟁을 통해서 발전하고 건설된 모든 정부를 말해보십시오. 유럽의 모든 정부는 평화를 지향해야 한다는 주장을 드높이 천명했습니다. 유럽의 모든 정부는 "우리는 국민 활동 *activité nationale*의 평화적인 전개 외에는 아무것도 원하지 않으며, 아무것도 꿈꾸지 않는다."라고 합니다.

정부의 수장을 지낸 어느 분이 연단에서 과거를 되돌아보는 형식으로 자신의 정책에 대해서 설명하고, "저의 정책은 평화적으로 국위 선양을 해야 한다는 것이 아니라 전쟁을 통해서 국위 선양을 해야 한다는 것입니다. 저의 정책은 세계 곳곳에서 전쟁을 동반하는 원정을 연속적으로 벌이는 것입니다. 저의 정책은 전쟁을 벌이는 것입니다."라고 하신 것은 이번이 처음입니다! 그 전쟁은 유럽 내에서의 전쟁이 아니며 ― 저는 쥘 페리 의원님의 말씀이 담고 있지 않은 의미와 중요성을 그 말씀에 부여하고 싶지 않습니다. ―, 요컨대 그분이 제시하신 정책은 전쟁을 동반하는 일련의 원정이며, 이 원정의 결과로 우리는 장차 정복 국가에 이익이 되는 통상 활동을 할 수 있게 된다는 것입니다.

이것이 바로 이 연단에서 제시되었던 주장입니다.(중도파 의석에서 이의 제기)

외젠 들라트르 의원 모든 분이 그 주장을 들었습니다.

쥘 페리 의원 클레망소 의원님, 의원님은 저의 주장을 너무나 극단적으로 해석하고 희화화하고 있습니다.(우파 의석에서 시끄러운 소리)

클레망소 의원 쥘 페리 의원님의 말씀 자체를 읽어드리겠습니다.

의원님은 다음과 같이 말씀하셨습니다.

≪지금, 여러 나라는 오로지 그 나라들이 펼치는 활동을 통해서만 위대합니다.≫ ≪각종 제도에 의한 평화적 국위 선양을 통해서…….≫(극좌파와 우파 의석에서 발언 방해) ≪…… 지금, 그 나라들이 위대한 것≫은 아닙니다.

그런데 이 말씀이 어떤 의미가 있다면, 그것은 이 말씀이 다음과 같은 의미를 담고 있다는 것입니다. 여러 나라는 평화적인 국위 선양을 통해서는 위대할 수 없으므로, 오로지 전쟁에 의한 국위 선양을 통해서만 위대할 수 있다고 의원님이 말씀하시고 있다는 의미 말입니다.

쥘 페리 의원 클레망소 의원님, 그다음을 읽어보시지요.

의장 발언을 방해하지 마십시오. 의원님은 나중에 의원님 자신의 입장을 설명하시기 바랍니다.

랑글르와 의원 뭐라고요?

의장 누구도 발언을 방해하지 말아야 합니다.(중도파 의석에서 시끄러운 소리)

의원님은 징벌 권한을 행사하는 저의 방식에 대해서 항의하십니까? 하지만 저는 발언을 방해하는 분들을 조용하게 해야 할 권리와 의무가 있습니다. 각 의원님은 자기 차례가 오면 응수하시기 바랍니다. 모든 분은 연단에 오를 자유가 있을 것입니다.("옳소! 옳소!"라는 외침)

클레망소 의원 의원님의 말씀은 다음과 같이 계속되었습니다. ≪행동하지 않고 세계의 각종 사건에 끼어들지 않으면서 국위를 선양하는 것은, 유럽의 모든 술책을 멀리하고 아프리카나 오리엔트에로의 모든 확장을 덫과 모험으로 여기면서 그렇게 살아가는 것은 위대한 국가에게는 포기하는 것이며, 그리고 여러분이 생각하실 수 있는 것보다 더 단기간에 1등에서 3등이나 4등으로 추락하는 것입니다. 명심하시기 바랍니다.≫(여러 종류의 동요)

좌파 의석에서 바로 그겁니다!(시끄러운 소리)

의장 어떤 사람들은 [발언자의 말을] 추인하기 위해서 발언을 방해하고, 또 어떤 사람들은 [발언자의 말을] 반박하기 위해서 발언을 방해합니다. 발언자만이 발언해야 합니다.("옳소! 옳소!"라는 외침)

클레망소 의원 의원님은 쓸데없는 말을 하셨거나, 그게 아니라면 의원님은 평화적으로 국위 선양을 해야 한다는 주장은 포기를 주장하는 것이라는 의견을 표명하려고 하셨습니다. 그것이 바로 의원님이 말씀하시려고 한 것입니다.

의원님은 다음과 같은 딜레마를 벗어날 수 없습니다. 평화적인 활동에 의한 국위 선양에 동의하시든지 ㅡ 의원님은 이것에 동의하지 않겠다고 하셨습니다. ㅡ, 아니면 의원님이 펼치려는 활동을 전쟁을 벌여서 행하시려는 것이 바로 그 딜레마입니다.

그런데, 이 점에 대해서 어찌 논란이 일어날 수 있겠습니까? 그러면, 의원님은 연단에서 왜 이런 주장을 하셨나요? 의원님이 일으킨 모든 전쟁을 정당화하기 위해서 그렇게 하셨지요.("바로 그겁니다!" ㅡ 극좌파와 우파 의석에서 "옳소! 옳소!"라는 외침)

저는 의원님의 말씀을 들을 필요가 없습니다. 저는 『관보』가 필요하지 않습니다. 저는 여러분의 발언 방해가 필요하지 않습니다. 눈을 뜨고 마다가스카르, 안남, 통킹, 튀니지[206]를 보기만 하면, 의원님이 인간

206 쥘 페리는 1881년 4월에 튀니지에 원정대를 보내 정복 작전을 시작했다. 이어서 1883~1885

활동을 어떻게 이해하시는지, 의원님이 왜 평화적인 국위 선양에 대해서 불평하시는지 저는 알 수 있습니다.(같은 의석에서 "옳소! 옳소!"라는 외침)

그런데, 나라 자체를 위해서 그 정책에 대해서 이리저리 따져보지 않고 그 정책을 현재의 프랑스에 적용할 때, 그 정책은 잘못된 정책이라는 말씀을 드립니다. 그것은 전쟁을 지향해야 한다는 주장이라는 말씀을 드립니다. 저의 의견에 대해서 설명드리겠습니다.

인간 활동 확대와 관련한 주장을 봅시다. 어느 분이 이 연단에서 이런 주장을 하면, 반대하는 사람은 없을 것입니다. 사실, 그 누가 다음과 같이 말하려고 하겠습니까? "그렇습니다. 저는 우리나라가 세계로 뻗어나가기를 바라지 않으며, 또 우리의 예술, 우리의 통상, 우리의 산업을 멀리 가져가기를 바라지 않습니다."라고 말입니다. 일찍이 누가 이런 주장을 했습니까? 아무도 하지 않았습니다.

그러나 우리는 다음과 같이 말할 것입니다. "국민들이 유럽에서 큰 역경, 매우 큰 역경을 겪은 때에는, 그 국경에 상처가 난 때에는,[207] 그 먼 곳을 정복하는 — 그렇게 하는 것이 유익하다 하더라도 말입니다. 그러나 저는 그 반대라는 것을 증명했습니다. — 데에 국민들을 내몰기 전에, 국내의 사정이 평온한지를, 그리고 우리나라를 둘러싼 정세가 불안하지는 않은지를 확인해보는 것이 아마도 좋을 것이라고 말입니다.

이것이 바로 [우리에게] 부과되는 의무입니다. 어느 나라가 이런 상황에 있는 때에 인력과 자금 면에서 자신을 약화하려는 것은, 그리고 세계의 끝으로, 통킹으로, 마다가스카르로 진출해서 본국에 영향을 주기 위한 어떤 힘을 모색하고 어떤 새로운 에너지를 본국에 가져다주려

년에는 안남, 통킹, 콩고, 수단, 마다가스카르에 원정대를 보내기 시작했다.

207 프랑스가 보불 전쟁으로 알자스와 로렌 일부를 독일에 빼앗긴 사실을 가리킨다.

는 것은 터무니없는 정책, 비난받아 마땅한 정책, 미친 정책이라는 말씀을 드립니다.(좌파와 우파 의석에서 브라보와 박수갈채)

폴 베르 의원 발언권을 요청합니다.

클레망소 의원 …… 게다가 그 정책은 사실을 통해서 심판을 받고 단죄를 받았습니다.

저로 말하자면, 어느 유명한 발언자의 말에 따르자면, 저의 애국심은 프랑스 안에 있습니다. 그리하여 저는 식민지 원정에, 군사력을 동원한 원정 ― 쥘 페리 의원님, 이것은 의원님의 정책에서 볼 수 있는 특징입니다. ―에 뛰어들기 전에 제 주변을 둘러볼 필요가 있습니다. 그리하여 저는 프랑스 공화국의 대표자들이 1870년에 처음으로 모였을 때[208] ― 의원님은 당시의 상황이 어떠했는지 알고 있습니다. ―, 그 대표자들에게 부과되었던 정치적 문제에 대해서 생각해봅니다. 그리고 저는 [독일의] 침략으로 황폐해진 나라를 봅니다. 바로 그 세기에 연이어 여러 차례 벌어진 폭력적인 행위, 여러 차례 일어난 혁명, 여러 차례 있었던 외적의 침략으로만 이루어져 있을 뿐인 그 역사를 봅니다. 와해되고 국토의 일부가 잘려나간[209] 채로 우리가 물려받은 나라를 봅니다. 그리고 저는 다음과 같은 의문을 가져봅니다. 나라의 대표자들의, 그리고 그 대표자들이 자신들의 지도자로 삼는 각료들의 으뜸가는 의무가 무엇인가라는 의문 말입니다. 1870년으로부터 15년이 지난 1885년에 우리가 프랑스의 연단에서 이런 일들을 상기하지 않을 수

208 보불 전쟁에서 프랑스 군대가 스당 *Sedan*에서 패배한 지 이틀 뒤인 1870년 9월 4일, 레옹 강베타가 제3공화국 수립을 선포했다. 그날 하원 의사당에서 공화주의자들(쥘 파브르 *Jules Favre*, 쥘 페리, 레옹 강베타, 쥘 시몽 *Jules Simon* 등)은 루이-쥘 트로쉬 *Louis-Jules Trochu* 장군을 우두머리로 하는 국방 정부 *Gouvernement de la Défense nationale*를 구성했다. 제3공화국은 1940년 7월 10일까지 약 70년간 존속했다.

209 앞의 207번 각주를 보라.

없다는 사실을 생각하노라면 슬프지 않은가요?(좌파 의석에서 "옳소! 옳소!"라는 외침)

그런데, 그렇다면 우리가 국내에서 해야 할 일은 무엇이었으며, 우리의 평화적인 국위 선양과 우리의 근면한 활동은 어떤 방향으로 이루어질 수 있었을까요? 우리 국민들의 재능은 어떻게 발휘될 수 있었을까요? 우리는 어느 쪽으로 노력을 기울여야만 했을까요?

먼저 군대를 확실히 손보아야 했습니다. 군대를 개혁해야 했습니다. 그분은 그 일에 애를 썼습니다. 이러한 사실을 저는 잘 알고 있습니다. 이미 있었던 일을 폄하하고 싶지는 않습니다. 그러나 해야 할 일이 아직도 많다는 것을 인정하는 데에 있어서 우리 모두는 의견이 같습니다. 진급 관련 법, 모병 관련 법이 우리에게 없다는 것을 여러분은 잘 알고 있습니다…….(여러 의석에서 이의)

그렇습니다. 우리에게는 모병 관련 법이 없습니다. 우리가 가결한 그 법은 현재 상원에 계류 중이며, 이후로도 오랫동안 우리에게로 되돌아오지 않을 것입니다.[210] 이 점이 저는 몹시 염려스럽습니다.(여러 종류의 동요)

좌파 의석에서 어느 의원 옛날 법이 존속하고 있습니다.

클레망소 의원 분명히 여러분은 그 법이 악법이라는 것을 아셨을 것입니다. 여러분이 그 법을 폐기하셨기에 말입니다!

우리는 할 수 있는 일을 했지만, 해야 할 일이 아직도 많이 남아 있습니다. 우리는 식민지 정복군이 없는데도 많은 식민지 정복 원정을

---

210 1876~1940년에 프랑스 국회는 지금과 마찬가지로 양원제였다. 하원에서 가결된 법안은 상원으로 송부되어 심의되어야 했다. 상원이 수정안을 만드는 경우, 법안은 하원으로 반송되어야 했다. 클레망소는 하원에서 가결된 법안이 상원으로 송부되어 아직 처리되지 않고 있다는 말을 하고 있다.

시작했습니다.

평화 시인 지금, 우리는 통킹에 3만 5000명의 병력을 보내놓고 있습니다. 다음과 같은 사실을 분명히 아시기 바랍니다. 통킹에 3만 5000명의 병력을 보내놓았다는 것은 여러분이 10만 명의 발을 묶어두고 있다는 것을 의미한다는 사실을 말입니다.

육군부 장관님은 분명히 저의 말을 부인하지 못하실 것입니다. 식민지에 한 명의 병력이 파견되어 있다는 것은 세 명의 발이 묶여 있다는 것을 의미합니다. 병력이 [식민지와 본국 사이를] 오가야 하기 때문입니다. 따라서 통킹에 3만 5000명의 병력이 파견되어 있다는 것은 [본국에] 10만 명의 병력이 부족하다는 것을 의미합니다. 지휘관들을 포함해서 말입니다.

그리고 [부족한 병력이] 10만 명에 불과하더라도, 무시할 숫자가 아닐 것입니다. 만일, 프랑스가 하루아침에 10만 명의 병력을 잃는다면, 그것은 분명히 우리에게는 고통스러운 손실, 매우 아픈 손실이 될 것입니다. 요컨대 그것은 어떤 하나의 전체에 뚫린 구멍과 다르지 않을 것입니다. 통킹에 3만 5000명의 병력이 파견되어 있는 상황에서, 그 병력을 지원하기 위해서 얼마나 많은 병력을 그곳에 보내야 할지 그 누가 우리에게 말해줄 수 있을까요?

이에 대해서 우리가 알고 있는 것은 무엇인가요? 우리는 몇백 명의 인력으로 시작했지만, 곧 2만 명을 파견해야 했으며, 지금은 3만 5000명을 보내놓고 있습니다. 1년 뒤에는 몇 명이 필요할까요? 이에 대해서 우리는 아무것도 알지 못하며, 이 사실을 말할 수도 없습니다. 그것은 예측하지 못한 일에 좌우되는 정책 *politique de l'imprévu*입니다. 사건이 우리를 이끌어가고 있기 때문입니다. 통킹에서 우리는 2만 명의 병력으로 전쟁을 했습니다. 평화 시에 말입니다. 우리가 통킹을 확보하고 있는 지금, 그곳에는 3만 5000명이 필요하며, 우리는 탓케 *That Ké*, 타인쿠엔 *Thaïn–Quyen*,[211] 카오방 *Caobang*, 랑선, 라오카이 *Lao–Kai*에 진출하지 못하고 있습니다.

우리는 언제 이 모든 곳을 점령할 것인가요? 이 점령의 결과는 무엇이 될까요? 이에 대해서 우리는 아무것도 알지 못합니다. 우리는 어떤 적을 마주치게 될까요?

안남에는 이미 정부가 존재하지 않습니다. 프랑스 주둔군이 후에 *Hué* 성채를 점령하고 있기 때문입니다. 그 반란[212]은 어떻게 될까요? 어디에서 전투가 벌어지게 될까요? 반란자들은 동요하고 있는 라오스 북부의 주민들로부터 어떤 지원을 받게 될까요? 모를 일입니다. 제가 조금 전에 지적한 상황에서 우리가 프랑스에서 3만 리도 더 되는 곳에 원정대를 보내두고 있는 지금 말입니다.

이런 상황인데도 우리는 주저 없이 마다가스카르에서 또 다른 원정을 벌이고 있으며, 그곳에서 우리의 병사들은 열병(熱病)에 걸려 신음하고 있습니다. 현재, 마다가스카르에는 통킹과 포르모사에서 전쟁을 수행한 적이 있는 병사들이 투입되어 있습니다. 여러분은 그 병사들이 어떤 상태에 처해 있는지 판단해보시기 바랍니다. 될 수 있는 대로 빨리 그들을 다른 병력으로 대체해야 합니다. 그리하여 건강한 병사들이 출발하고 있는데, 그들은 본국에 있는 병사들입니다.

처음에 소규모 단위로 파병할 때, 하원에서 병력 수에 대해서 토의가 있었습니다. 저는 1000명, 2000명이라고 하던 말, 그 정도로는 병력

---

211 뚜옌꽝 *Tuyhen-Quang*의 오식으로 짐작된다.
212 앞의 24번 각주를 보라.

소집에 해가 되지 않는다고 하던 말을 기억합니다. 그렇습니다. 여러분, 그 정도로는 병력 소집에 해가 되지 않는 것으로 확인되었습니다. 튀니지와 관련해서 말씀드리자면, 쥘 페리 씨는 튀니스를 정복하는 데에 성공하고[213] 다음과 같이 말했습니다. 자신은 소집병들 중에서 단 한 명의 병사도 빼내지 않고 프랑스가 식민지를 획득할 수 있게 했다고 말입니다. 제4대대들[214]이 파견되어 그 원정을 수행했습니다.

저는 이에 대해서 할 말이 많고 또 여러분에게 보병 대대 — 이 대대의 예비역들은 남불(南佛) 보병 연대에 배속해야 했습니다. —에 대해서 말씀드릴 수도 있지만, 그렇게 하지는 않겠습니다. 그리고 어떻게 소집병들에 손을 대지 않았는지를 여러분은 보실 수도 있을 것입니다. 그러나 문제는 그것이 아닙니다. 이제 그분은 소집병들에 손을 대지 않았다고 감히 말하지 않습니다. 그분이 지나칠 정도로 크게 소집병들에 손을 대었다는 것은 이론의 여지가 없는 사실입니다.

지금 의원님은 그러한 모험에 뛰어들고 있으며, "오늘은 통킹, 내일은 안남, 모레는 마다가스카르, 그다음은 오보크 — 의사일정에 오보크와 관련한 안건이 하나 들어 있기 때문입니다. —이다."라고 합니다. 그리고 지금 저는 이미 저질러진 옛 광기에 뒤이어 새로운 광기가 등장하는 것을 보고 있습니다. 이러한 때에 참으로 저의 애국심은 국토를 수호하는 것이며, 저의 애국심의 이름으로 의원님의 비난받아 마

---

213 1881년 4월에 튀니지로 파견된 프랑스 병력은 별다른 저항을 받지 않고 3주 뒤에는 튀니스 부근에 도착했다. 그해 5월 12일, 바르도 *Bardo* 조약으로 튀니지는 프랑스의 보호하에 놓이게 되었다. 이어서 1883년 6월 8일에 체결된 마르사 *Marsa* 협약에 따라, 튀니지는 프랑스의 완전한 보호령이 되었다.

214 당시에 프랑스의 각 보병 연대는 4개의 대대(3개의 대대 + 제4대대)로 이루어져 있었다. 제4대대는 예비 대대였다. 제2차 튀니지 원정대 중에서 대부분은 이 제4대대들에 소속된 병력이었다.

땅한 예지력 부족 *imprévoyance*을 규탄한다는 것을 밝혀두는 바입니다.(좌파 의석에서 박수갈채)

브리알루 의원 그게 진짜 애국심입니다.

클레망소 의원 그리고 [프랑스] 공화국의 재정 상태는 어떤가요? 아! 저는 재정 상태를 건전하게 하기 쉽다고 주장하지는 않습니다. 솔직히 말씀드리겠습니다만, 저는 언제나, 심지어 번영의 시기에도 공화국 정부가 직면했던 큰 어려움을 앞에 두고, 그러한 상태를 가혹하게 비판하기에 앞서, 생각을 거듭하고 거듭할 것입니다.

우리는 전 세계에서 빚이 가장 많으며, 그 빚은 군주제 정부가 우리에게 물려준 것입니다. 이것은 이 연단에서 거듭거듭 언급되었지만, 이러한 주장은 아마도 몇몇 사람이 짐작하는 만큼의 효력이 없는 것 같습니다.

우리에게는 육·해 상비군이 있으며, 이 상비군을 유지하는 데에 10억 프랑이 소요됩니다. 군 복무를 하고 있는 사람들이 생산 활동에 참여하지 않아서 생기는 손실은 차치하더라도 말입니다. 이 때문에 우리는 무엇보다도 엄청난 부담을 안고 있으며, 우리의 변변찮은 예산은 이 부담에 짓눌려 있습니다. [예산에서] 빚을 갚는 데에 쓰이는 10억 프랑을 빼고 또 세금 징수 비용으로 쓰이는 3억 5000만 프랑을 빼면, 유용하게 지출할 수 있는 것은 고작 6억 5000만 프랑밖에 남지 않습니다.

따라서 재정 상태가 좋지 않습니다. 특히 지금은 어떤 종류의 당면 사업도 뒤로 미루지 않는 것이 참으로 민주적인 정신이 생생히 살아 있는 공화정 정부의 의무로 여겨지고 있는 때이며, 우리의 산업 설비를 고도화하고, 우리의 도로를 확장하고, 우리의 항구를 정비하고, 우리의 학교와 지방 도로망 건설을 매듭지어야 할 때인데 말입니다.

저는 그분이 이와 관련하여 하신 일이 잘 진행되었는지, 잘 마무리 되었는지에 대해서는 검토해보지 않겠습니다. 이것은 지금 제가 신경 써야 할 문제가 아닙니다. 그런 일들을 계속해야 하며, 다른 일들도 해야 한다는 말씀을 드립니다. 유럽 내에서 이러한 부담을 안은 채로, 우리가 처해 있는 현 상황과 또 우리의 주변 국가들이 처해 있는 현 상황에서, 우리의 예산이 이토록이나 해결하기 어려운 때에, 우리는 기꺼운 마음으로, 하루아침에, 신중하고 안전한 투자 *placement de père de famille*[215]를 하려고 합니다…….(좌파 의석에서 미소) 언제, 어떤 수익을 가져다줄지 모르는 투자를 말입니다! 학교와 공공 토목 공사에 쓸 자원도 부족한 때에 우리는 5억 프랑을 지출하려는 참인 것입니다!

법안 취지 설명자이신 쥘 로슈 의원님이 우파 의원들을 향해 돌아서서 다음과 같이 말씀하셨습니다. ≪우리가 지출한 돈의 대가로 우리는 교환 가치, 즉 학교와 철도를 얻었습니다. 이 학교와 철도는 우리에게 수익을 가져다줄 것이며, 우리의 소득원이 될 것이며, 우리나라에는 경제 활동과 생산을 유발하는 요인이 될 것입니다.≫ 이렇게 말씀하실 때, 로슈 의원님의 말씀은 옳았으며 의원님은 진실을 말씀하셨습니다. 그러나 의원님은 진실을 모두 다 말씀하시지는 않았습니다. 이런 경우에는 진실을 전부 다 말해야 하는데도 말입니다. 파산을 초래하는 원정에서 우리는 돈을 낭비하기도 했다는 것이 진실입니다. 진실은 바로 이것입니다.(좌파와 우파의 여러 의석에서 박수갈채)

여러분이 프랑스 민주주의에 대한 의무 때문에 그런 지출을 해야 하면 할수록, 더욱 더 자제하고 자중해야 하며, 재정 상태를 건전하고

---

215 ≪*placement de père de famille*≫를 직역하면 "가장(家長)의 투자"이다. 이 표현으로 클레망소는 쥘 페리 내각의 후임 내각이 추진하는 마다가스카르 원정 정책이 사실은 신중하지 않고 안전하지도 않다는 것을 비꼬고 있다.

탄탄하게 해야 하며, 아무도 그 끝을 예측할 수 없는 지출을 감행하기 전에 생각을 거듭하고 거듭해야 합니다. 정부는 통킹을 점령하는 데에 얼마를 지출해야 하는지 말할 수 없었으며, 그 이후로도 줄곧 그러했습니다. 얼마를 지출해야 하는지 지금 우리는 알고 있습니까? 얼마 동안이나 통킹과 관련하여 수백만 프랑이 예산에 편성될까요? 장차 마다가스카르 또는 다른 곳과 관련해서도 새로운 자금을 예산에 편성해야 하는 것은 아닌지 우리는 알고 있습니까?

식민지 정복 원정으로 얻을 수 있는 이익에 대해서 쥘 페리 의원님이 제시하신 주장의 타당성이 일찍이 증명되었다고 가정하더라도, 이런 종류의 지출은 사치성 지출일 뿐입니다. 따라서 사치에 빠지기 전에 잠시만이라도 내치 정책을 펴시기 바랍니다. [국민들에게] 양식을 제공하고, 학교를 짓고, 설비를 고도화하는 일을 하십시오.("옳소! 옳소!"라는 외침)

여러분이 식민지에 대한 몽상에 빠져 있는 동안, 프랑스인들의 재능을 개발하는 데에 유용하고 유익하게 쓰이는 지출을 할 것을 요구하는 사람들, 프랑스인들이 여러분 곁에 있습니다. 그들은 상품을 보다 싼 값으로 보다 많이 생산함으로써, 저 유명한 판로를 얻도록 여러분을 도와줄 것입니다. 여러분이 전쟁을 동반하는 원정으로 닫아버리는 판로를 말입니다.(여러 의석에서 박수갈채)

정치적인 문제가 있습니다. 그분은 이 문제에 대해서 아무런 말도 하지 않았으며, 이 문제를 잊어버렸습니다. 이 문제는 쥘 페리 의원님의 관심사에서 사라졌습니다. 그러나 이 문제는 여전히 존재하고 있습니다. 여러분은 국민들에게 있어서 더없이 심각한 문제, 즉 여러분이 자유를 근본으로 하는 반듯한 정부를 어떻게 꾸릴 수 있을 것인가 하는 문제가 대두되고 있는 나라를 대면하고 있습니다. 100년 전부터 우리의 모든 정부는 대혁명을 맞아 좌초하고 말았습니다. 여러분은 모든 이들에게 크게 이로운 평화적인 변화를 준비하고 이룩하는 일을 잘 해낼 수 있나요? 이런 염려는 위대한 국민들과 그들의 대표자들이 마땅히 가져야 하는 것이 아닌가요? 해야 할 개혁은 무엇이며, 우리는 어느 쪽을 바라보아야 하나요? 우리는 국민의 활동을 어느 방향으로 이끌고자 애써야 하나요? 늘 생기기 마련인 사회 문제는 또 어떻게 하나요? 지금 이 문제는 생산 현장에서 분출하고 있으며, 베를린에서 너무나 첨예하게 대두되고 있으며, 영국에서도 정부의 어느 인사가 너무나 잘 제기한 것입니다.

이것이야말로 인간의 야망을 충족시키기에 충분한 영역이라고 여러분은 생각하지 않으시나요? 그리고 우리나라에서 지식과 광명의 총량 *somme de savoir, de lumière*을 늘리고, 복지를 증진하고, 자유와 권리를 신장하고, 무지와 악덕과 빈곤을 타파하는 투쟁을 벌이고, 여러 사회 세력을 보다 적절히 활용하려는 생각, 이 모든 것은 정치인이나 정당의 활동을 충족시킬 수 있다고 여러분은 생각하지 않으시나요? 사실, 저는 여러분의 야심이 대단히 높다는 말씀을 드릴 수 있습니다.

정치 지도자가 이런 일을 직시할 날은 언제일까요? 지금, 그 지도자는 세계 곳곳으로 가서 전쟁을 벌이라는 것 말고는 국민들에게 권고할 것이 아무것도 없는데도 말입니다. 그 지도자가 평화야말로 그 자신이 이바지하려는 발전의 첫 번째 조건이라는 것을 이해하지 못한다면, 그리고 전쟁 노선을 표명한다면, 그 사람은 아마도 속된 의미에서 대단한 사람일 것이며 민주주의자가 아닐 것입니다.

의원님[216]의 말씀을 듣고 있으면, ≪평화는 꿈이긴 하지만, 아름다운 꿈은 아니다.≫라고 한 몰트케[217]의 말을 듣는 듯했습니다. 그런데 평화는 민주주의가 꾸는 꿈 *rêve de la démocratie*입니다.(극좌파 의석에서 박수갈채)

그렇습니다. 그것은 민주주의가 꾸는 꿈입니다. 민주주의는 오직 자유 안에서, 정의 안에서 인간 활동이 전개되는 꿈만을 꿉니다.(같은 의석에서 다시 박수갈채)

여러분은 보시고 있습니까? 이 나라는 몹시 가련합니다. 이 나라는 보통 사람, 양식 있는 사람이 필요했습니다. 그런데 이 나라는 천재를 만났습니다.(여러 종류의 동요와 웃음)

그렇습니다. 우리는 천재를, 보다 정확히 말하자면 땅을 보려 하지 않고 하늘을 쳐다보고 별님에게 속삭이며 걸어가는, 고집 센, 모험 정신의 소유자를 만나는 불행을 맞았습니다. 저런! 쥘 페리 의원님, 의원님은 이제 땅에 쓰러졌습니다.

의원님 주변을 보십시오. 보통 선거를 생각하십시오. 곧 있을 선거를 생각하십시오.(좌파 의석에서 박수갈채)

저는 예언을 하고 싶지는 않습니다. 예언을 하기란 너무나 쉽습니다. 의원님에게 다음과 같은 말씀을 드립니다. 곧 있을 선거를 생각하시고, 의원님이 곧 말을 건네게 될 사람, 즉 노동자, 기업가, 농민, 소부르주아, 상인의 입장에서 잠시라도 생각해보시라고 말입니다.

의원님은 그 사람에게 무슨 말을 하실 것입니까? 그 사람의 늘어난 이자에 대해서 이야기하실 것입니까? [그러면] 그 사람은 경제적 상황

---

216 쥘 페리를 가리킨다.

217 프로이센·독일의 군인 헬무트 카를 베른하르트 폰 몰트케 *Helmuth Karl Bernhard von Moltke*(1800~1891년)를 가리킨다.

과 가계(家計) 상태에 대해서 언급하면서 의원님에게 대꾸할 것입니다. 의원님은 프랑스가 유럽에서 처한 상황에 대해서 이야기하실 것입니까? [그러면] 그 사람은 제가 얼마 전에 이 연단에서 의원님에게 읽어드린, 독일 신문에 난 기사에 대해서 언급하면서 의원님에게 대꾸할 것입니다. 그 기사에는 다음과 같은 글이 실려 있습니다. ≪식민 정책 때문에 프랑스는 독일의 은혜를 입었다.≫(중도파 의석에서 웅성거림)

외젠 들라트르 의원 여러분, 할 수 있다면 토론을 하십시오. 중얼거리지 마시고!

클레망소 의원 그 사람은 의원님의 정복 정책 때문에 우리가 당한 수모를 지적하면서 의원님에게 대꾸할 것입니다. 그 사람은 비스마르크가 한 다음과 같은 말을 되풀이할 것입니다. ≪우리는 식민지가 필요 없습니다. 우리나라 국민들은 이곳저곳으로 진출해서 통상할 수 있습니다. 만일 그들 중에서 누군가가 어느 식민지에서 폭행을 당한다면, 메스 *Metz*에서 멀지 않은 곳에서 문제가 해결될 수 있을 것[218]입니다.≫(동요)

쥘 페리 의원님, 그 사람에게 의원님이 먼 곳에서 벌이는 모험에 대해서, 의원님이 얻은 영광에 대해서, 의원님이 바라는 결과에 대해서 이야기하시면, 그 사람은 유럽 이곳저곳에서 나도는 말을 의원님에게 상기시켜주면서, 그리고 의원님이 어느 날 언급하셨지만 분명히 의원님이 전체를 다 읽으신 것은 아닌 책에서 제가 찾아낸 내용을 상기시켜주면서 의원님에게 대꾸할 것입니다. 제가 가리키는 것은 실리 씨의 저서입니다. 의원님은 실리 씨가 식민지 문제와 관련하여 반박할 수 없는 결정적인 말을 했다고 주장했습니다.

---

218 메스는 프랑스 북동부에 위치한, 독일과의 접경 지대에 있는 도시. 보불 전쟁으로 프로이센 영토에 병합되었으며, 제1차 세계대전이 끝나면서 프랑스가 되찾았다. 비스마르크가 이 말을 한 때는 독일 영토였다. "메스를 앞에 두고 문제가 해결될 수 있다."라는 말은 독일 내에서 문제가 해결될 수 있다는 것을 의미한다.

쥘 페리 의원 저는 그렇게 말한 적이 없습니다.

조르쥬 페랭 의원 의원님은 [실리 씨가 식민지 문제에 대해서] ≪명쾌하게 설명했다.≫라고 하셨습니다.

클레망소 의원 의원님이 하신 말씀은 『관보』에 실려 있습니다. 의원님은 ≪그분은 이 모든 문제들에 대해서 명쾌하게 설명했다.≫라고 하셨습니다.

그런데, 실리 씨가 의원님의 정책에 대해서 어떻게 명쾌하게 설명했는지를 의원님은 곧 보시게 될 것입니다. 실리 씨는 의원님의 정책에 대해서 유달리 명쾌하게 설명했기 때문입니다. 그의 저서에는 의원님이 읽으실 수도 있었을 구절이 하나 있습니다. 의원님이 인용하신 구절보다 몇 줄 아래에 그 구절이 있습니다.

실리 씨는 인도를 포기해야 하는가를 검토하는 문제에 대해서 논했는데, 그것은 인도가 유럽의 관점에서 볼 때는 영국에 매우 큰 장애가 된다는 사실을 실리 씨 자신이 알고 있었기 때문입니다.(중도파 의석에서 웃음)

웃으시는 분들은 이 문제를 이루고 있는 첫 번째 요소들을 자신들이 알지 못한다는 것을 보여줄 뿐입니다. 이들이 터뜨리는 웃음은 자신들이 무지하다는 것을 증명할 뿐입니다!

카미유 펠르탕 의원 이들은 인도를 통킹으로 착각하고 있습니다!(좌중에 웃음)

클레망소 의원 (실리 씨의 글을 [프랑스어로] 번역하면서) ≪세계의 현 상태에서≫ — 저는 지금 한 마디 한 마디씩 번역하고 있습니다. — 군사력을 동원하여 유지하는 ≪속국(屬國)≫은 한 나라의 목에 붙들어 맨 맷돌에 쉽게 비교될 수 있습니다. 그 속국은 군대의 발을 묶어두기 때문입니다. 그런데 군대는 한 나라가 자체 방어를 하는 데에 있어서나 다른 계획을 추진하는 데에 있어서 가장 긴급하게 필요로 할 수 있는 것입니다.

지금 프랑스가 아프리카와 아시아를 정복하려는 계획을 추진하는 것을 비스마르크가 얼마나 만족스럽게 바라보고 있는지 우리 모두는 알고 있습니다.

의원님이 추진하시는 식민지 확보 정책은 의원님이 이 문제의 최고 권위자라고 한 바로 그분으로부터 이런 평가를 받았습니다. 그분은 식민지 확장 지지자이지만, 의원님이 추진하시는 전쟁을 동반하는 원정을 비난하고 있습니다. 왜냐하면 그런 원정은 식민지 확보 사업이 아니기 때문입니다.(좌파의 여러 의석에서 "옳소! 옳소!"라는 외침)

의원님이 유권자들을 다시 대면하게 될 때, 그 유권자들에게 대외 정책에 대해서는 이야기하지 마십시오. 그들에게 의원님이 하시고자 했던 대대적인 개혁에 대해서 이야기하지 마십시오. 페리 의원님이 그저께 하신 발언을 누군가가 공약으로 제시하더라도 말입니다. 그리고 그럴 리는 없지만, 만일에라도 의원님 자신이 연단에서 제시한 그 독트린으로 의원님이 공화주의자 집단 전체를 연대시키는 데에 성공하셨더라면, 의원님은 공화국 전체에 치명타를 가할 수 있었을 것입니다.(좌파 의석에서 박수갈채)

그렇습니다. 유권자들에게 이야기해야 할 것은 전쟁이 아닙니다. 그들에게는 인간 노동의 으뜸가는 조건인 평화에 대해서 이야기해야 합니다. 공적 생활을 시작하는 이 새로운 사회 계층들, 그들에게 영향을 미치기 위해서는, 그들에게 정치·경제 교육을 하기 위해서는, 우리가 그들을 인도하고자 하는 평화적 발전의 길로 그들을 이끌어가기 위해서는, 그들이 알아듣는 말로 그들에게 이야기해야 합니다. 먼저, 그들의 정당한 이익에 관련되는 말, 그리고 경제적이며 사회적인 측면에서의 보다 고른 정의 실현에 관련되는 말로 그들에게 이야기해야 합니다. 사회 활동과 그 결과물의 보다 고른 배분에 대해서 그들에게 이야기해야 합니다.

이렇게 하는 동시에 그들이 어떤 이상을 바라볼 수 있도록 해야 합니다. 아! 의원님이 지향하시는 피로 물든 이상, 의원님이 그저께 말씀하신 그 이상, 세계가 벌이는 끊임없는 투쟁과 전쟁이라는 이상을 바라보게 하면 안 됩니다. 그렇습니다. 그들에게 보다 자유로운 인간 활동에 대해서, 신장된 인권에 대해서 이야기해야 합니다. 지금 전 세계에서 거대한 공화주의적 평화 *paix républicaine*가 실현되고 있다는 것을 그들에게 보여주어야 합니다.(같은 의석에서 다시 박수갈채)

의원님은 공화주의자 집단 전체를 그렇게 이끌어 가시기 바랍니다. 그러나 군주주의적 정책[219]을 정당화하기 위해서 사후(事後)에 만든 의원님 자신의 주장을 내세울 때에는 주의하시기 바랍니다! 이 문제에 있어서는 의원님보다는 군주주의자들이 옳을 것입니다. 군주주의적 정책을 펴기 위해서라면 — 만일 그런 정책만이 가능하다는 것이 사실이라면 —, 군주주의자들을 택하는 것이 더 나을 것이라고 사람들은 자연스럽게 생각하게 될 것이기 때문입니다. 반면, 공화국을 꾸려나가는 일에 있어서는 공화주의자들이 필요합니다. 공화주의자들만이 필요합니다.(극좌파 의석에서 "옳소! 옳소!"라는 외침 — 중도파 의석에서는 발언 방해)

의원님, 뭐라고 하시는지요?

의장 클레망소 의원님, 발언 방해를 유도하지 마십시오.

클레망소 의원 저는 발언 방해를 유도하지 않습니다. 어느 의원님이 저의 발언을 무례하게 방해하고 있습니다.

---

219 이 표현으로 클레망소는 쥘 페리가 추진하는 식민 정책은 본질적으로 군주제 정부가 추진한 식민 정책과 동일하다는 점을 지적하고 있다.

의장 클레망소 의원님은 그 의원님의 말을 듣지 못했습니다. 당사자에게 다시 발언을 방해해 달라고 요구하면 안 됩니다. 그분은 단념했습니다.(좌중에 웃음)

클레망소 의원 여러분, 여기서 저는 저의 권리를 행사하고 있습니다. 저는 그 권리를 적절히 행사하고 있다고 생각합니다.(여러 의석에서 "옳소! 옳소!"라는 외침) 지금, 저는 이 나라에서 4년 동안이나 계속되어온 해로운 정책이 공화주의자 집단에, 공화국에, 프랑스에 불러올지도 모르는 위험만을 염려할 따름입니다. 지난번 회의에서 쥘 페리 의원님은 그 해로운 정책과 관련한 주장을 이 연단에서 대담하게 제시하신 적이 있습니다.(박수갈채)

여러분, 저는 너무 오랫동안 발언했습니다. 저의 발언은 끝났습니다.("[계속해서] 말하세요! 말하세요!"라는 외침)

마지막으로 한 말씀 드립니다.

제시된 설명[220]에서 여러분이 들으신 말 속에는 단순한 정치적 주장이 아닌 다른 것이 있었으며, 그것은 명확하게 드러났습니다. 그것은 국회에 대한 공작 — 저는 누구에게도 상처를 주고 싶지 않지만, 이런 말을 사용하지 않을 수 없습니다. —이었습니다…….(극좌파와 우파 의석에서 "그건 사실이오! 옳소!"라는 외침) 그것은 전(前) 각의장이 식민 정책 문제에 직면하여 꾸민 것입니다…….

폴 드 카사냑 의원 "쫓겨난" 각의장이라고 하십시오.

클레망소 의원 …… 뒤이어 들어선 새 내각과 연대하려고 애쓰면서, 새 내각 뒤로 숨으려고 애쓰면서, 또 새 내각을 국민들의 원망을 막아내는 방패로 삼으려고 애쓰면서……(극좌파와 우파 의석에서 박수갈채 — 좌파와 중

---

220 7월 28일에 쥘 페리가 한 설명.

도파 의석에서 웅성거림), 군사력을 동원하는 원정 정책과 군사력을 동원해서 그 원정을 뒷마무리하는 정책을 연계시키려고 애쓰면서 말입니다.

원정 뒷마무리 정책에 대해서는 평가하지 않겠습니다. 그런 종류의 일을 뒷마무리하는 것은 항상 뜻대로 되지는 않습니다. 뜻대로 될 수도 있고, 그렇지 않을 수도 있습니다. 지금으로서는 이와 관련한 세부 사항들을 검토해보고 싶지 않습니다.

그러나 이 연단에서 있었던 말 때문에 저는 몇 가지 기억을 되살리지 않을 수 없습니다. 지난 3월 30일에 전(前) 내각이 붕괴한 것은 우연의 결과가 아니라, 얼빠진 짓의 결과입니다. 이 사실을 거듭 말해야 합니다. 국민들에게 반대로 말하면서 돌아다니는 사람들이 있기 때문입니다.(극좌파와 우파 의석에서 박수갈채 — 여러 종류의 발언 방해)

여러분, 통킹 원정과 관련한 일련의 안건에 대한 찬성이 얼마나 줄고 있는지 보십시오. 3월 28일에 있었던 회의와 그 결말에 대해서 살펴보십시오. 군대를 격려하는 조처를 가결해줄 것을 우리 의원들에게 요청하는 내용을 담은, 리보 *Ribot*[221] 의원이 제출한 안건[222]을 보십시오. 그리고 정부와는 관계가 없는 이 안건을 정부가 제출하는 안건인 체하고, 또 말하자면 군대 뒤로 숨으려고 애쓰는 정부를 기억하십시오.(극좌파와 우파 의석에서 "네! 네! 옳소! 옳소!"라는 외침) 저는 오직 그 안

---

221 알렉상드르 펠릭스 죠제프 리보 *Alexandre Félix Joseph Ribot*(1842~1923년). 중도 좌파 계열의 하원의원(1878~1909년), 상원의원(1909~1923년), 재정부 장관(1914~1917년), 외무부 장관(1917년 3~10월), 각의장(1892~1893년, 1895년 1~10월, 1914년 6월 9~12일, 1917년 3~9월)을 지냈다. 쥘 페리의 식민 정책에 맹렬히 반대했으며, 클레망소를 도와 쥘 페리 내각을 붕괴시켰다. 7월 30일의 표결에서 예산안에 찬성표를 던졌다.

222 1885년 3월 28일에 죠제프 리보 의원과 프랑시스 샤름 *Francis Charmes* 의원이 공동 발의한 것으로, ≪군대와 군 지휘관들의 힘찬 행동을 신뢰하는≫ 하원의 뜻을 표명한다는 내용을 담고 있다. 이것은 군 지휘관들과 병사들의 용맹을 격려하는 상징적인 행위였다.

건만으로 그친다는 약속을 정부로부터 얻어내기 위해서 연단에 올라야 했습니다.(극좌파와 우파 의석에서 박수갈채)

30일이었습니다![223] 30일, 정부 측은 다음과 같이 말했습니다. ≪여러분, 우리는 여러분에게 [정부에 대한] 신임을 요청하지 않습니다.≫ 그렇습니다. 이것은 바로 의원님이 하신 말씀입니다. 그날, 의원님은 실각하셨습니다.

죠르쥬 페랭 옳소!

클레망소 의원 정부 측이 ≪우리는 여러분에게 [정부를] 신임해주실 것을 요청하지 않습니다.≫라고 했을 때, 하원이 정부를 쓰러트린 것이 아니라 정부 스스로가 책임의 무게에 짓눌려 무너졌던 것입니다.(극좌파와 우파 의석에서 박수갈채)

하원 밖에서 있었던 모임을 여러분에게 상기시켜드려야만 할까요? 그 모임에서는 친정부 인사들 — 저는 이들의 이름을 밝힐 수도 있지만, 그렇게 하지는 않겠습니다. —, 친정부 고위 인사들, 가장 굳건하게 정부를 지지하는 인사들, 여당 지도자들이 그분[224]에게 가서 사임을 요구했습니다.(극좌파와 우파 의석에서 "옳소!"라는 외침)

쥘 페리 의원 그게 바로 얼빠진 짓입니다.(극좌파와 우파 의석에서 외치는 소리와 페리의 말을 비꼬는 듯한 박수갈채)

죠르쥬 페랭 의원 의원님은 얼빠진 자들을 진정시키려고 애써야 하셨지만, 그렇게 하시지 않았습니다.

의장 지금 발언을 방해하고 있는 분은 자신을 대상으로 한 그 행위에, 자신이 조금 전에 사용한 그 표현을 적용하려 했다[225]고 저는 생각합니다.

---

223 1885년 3월 30일.

224 쥘 페리를 가리킨다.

225 쥘 페리는 클레망소의 발언을 방해하면서, 그 자신이 조금 전에 사용한 '얼빠진 짓

제가 이렇게 생각하는 것은, 저는 지금 발언을 방해하고 있는 분이 하원의 표결에 그 표현을 적용하도록 허용할 수 없을 것이기 때문입니다.(극좌파와 우파 의석에서 열렬한 박수갈채)

클레망소 의원 여러분, 제가 보기에는 일체의 토론을 하기도 전에 하원에 출석해서 ≪우리는 여러분에게 [정부를] 신임해주실 것을 요청하지 않습니다.≫라고 한 정부 측도 마찬가지로 자신들이 친정부 인사들에게 비난하는 그 얼빠진 짓을 한 것입니다.("옳소! 옳소!"라는 외침)

(쥘 페리 의원이 의석에서 일어선다.)

여러 의석에서 그만 됐습니다! 그만 됐습니다!

폴 드 카사냑 의원 그건 후안무치에서 생기는 얼빠진 짓입니다!

중도파 의석에서 경고하십시오! 경고하십시오!

의장 여러분, 조용히 해주십시오.

엠마뉘엘 아렌[226] 의원 저는 어느 분이 쥘 페리 의원을 모욕하는 것을 보았습니다. 그러나 발언 방해자[227]는 경고를 받지 않았습니다.

의장 폴 드 카사냑 의원님…….(시끄러운 소리)

에르네스트 드레올 의원 우리 모두에게 경고하십시오.

의장 여러분, 제가 직무를 다하도록 해주시겠습니까?

폴 드 카사냑 의원님은 자신이 한 말에 대해서 곧 설명하실 것이라고 저는 생각합니다. 그 말이 동료 의원들 중의 한 사람에게 한 것이라면, 그 말은 하원 규칙의 한 조항에 저촉될 것이며, 그 말을 한 장본인

---

affolement'이라는 표현을, 친정부 인사들이 쥘 페리 각의장 자신에게 사임을 요구한 행위를 가리키는 데에 사용하려고 했다는 뜻.

226 엠마뉘엘 아렌 *Emmanuel Arène*(1856~1908년). 공화파 계열의 하원의원(1881~1904년), 상원의원(1904~1908년)을 지냈다. 레옹 강베타 내각, 쥘 페리 내각, 앙리 브리송 내각을 지지했다. 7월 30일의 표결에서 예산안에 찬성표를 던졌다.

227 ≪그건 후안무치에서 생기는 얼빠진 짓입니다!≫라고 한 폴 드 카사냑 의원을 가리킨다.

은 견책 처분을 받을 것이기 때문입니다. 저는 그 장본인에게 그런 처분을 내리지 않을 수 없을 것입니다.

폴 드 카사냑 의원 다음과 같은 말씀을 드립니다. 어느 장관, 어느 각의장[228]이 얼마 전에 그런 태도 — 그분은 의원님들 전체 앞에서 그런 태도[229]를 취했으며, 그런 태도를 취하지 않을 수 없었습니다. —로 하원에서 나갈 때…….

엠마뉘엘 아렌 의원 의원들 전체 앞에서 그렇게 한 것은 아닙니다! 149명[230]은요?

폴 드 카사냑 의원 …… 의원님들 전체 앞에서 그렇게 했습니다. 그날은 그분의 동지들조차도 감히 그를 옹호하지 못했기 때문입니다. 다음과 같은 말씀을 드립니다. 그분이 지금 여기서 취하고 있는 그런 어투를 취할 때, 그분이 지금 여기서 국민들 앞에서 감히 취하는 그런 태도를 취할 때…….(좌파와 중도파 의석에서 외치는 소리 — 우파와 극좌파 의석에서 "옳소! 옳소!"라는 외침)

엠마뉘엘 아렌 의원 극좌파 의석에서 박수갈채를 보내고 있습니다!

폴 드 카사냑 의원 …… 그분이 의원님들의 얼빠진 짓 운운할 때, 저는 다음과 같이 말할 권리가 있습니다. 지금 여기에 얼빠진 짓이 있다면, 그건 바로 그분의 얼빠진 짓이며, 그 얼빠진 짓은 후안무치에서 생기는 얼빠진 짓이라고 말입니다.(우파 의석에서 "옳소! 옳소!"라는 외침과 박수갈채 — 중도파 의석에서 외치는 소리)

의장 드 카사냑 의원님, 의원님이 그렇게 설명하심으로써 의원님이 동료 의

---

228 ≪어느 장관≫과 ≪어느 각의장≫은 쥘 페리를 가리킨다.

229 1885년 3월 30일, 요청한 예산안이 부결되자, 쥘 페리는 대통령에게 사임서를 제출하겠다고 하면서 각료들 및 차관들과 함께 하원을 떠났다.

230 1885년 3월 30일, 통킹에 사용할 특별 예산 2억 프랑에 대한 심의를 우선적으로 해달라는 쥘 페리의 요청에 대한 표결에 찬성한 의원들. 그리고 이어지는 클레망소의 발언에 등장하는 같은 수의 의원들.

원들 중의 한 사람에게 가한 모욕은 더욱 심해졌을 뿐입니다…….

드 보드리 다송 의원 국민들의 감정이 그렇습니다!

의장 따라서, 저는 의원님의 말씀이 하원 규칙 제123조 제4항에 저촉된다는 사실을 의원님에게 말씀드리지 않을 수 없습니다. 이 조항의 내용은 다음과 같습니다. ≪동료 의원들 중의 한 명 또는 여러 명에게 모욕, 도발 또는 위협을 가하는 모든 의원에게는 견책 처분이 내려진다…….≫

우파 의석에서 모욕도, 위협도 없었습니다!

의장 지금 저는 있었던 말[231]을 상기시켜드릴 필요조차 없습니다. 의원님들은 그 말이 모욕이라는 것을 너무나 잘 아셨기 때문입니다.

저는 드 카사냑 의원님에게 견책 처분을 내려야 하는지에 대해서 의원님들의 의견을 물어보지 않을 수 없습니다.(중도파 의석에서 "옳소! 옳소!"라는 외침)

(견책 건이 투표에 부쳐져서 가결되었다.)

드 보드리 다송 의원 드 카사냑 의원님은 그 이상의 처분을 받아야 합니다!

폴 드 카사냑 의원 페리 의원이 그 이상의 처분을 받아야 합니다.(시끄러운 소리)

클레망소 의원 여러분, 그날 정부 측은 [정부를] 신임해줄 것을 하원에 감히 요청하지 않는다는 말을 하러 오면서 자포자기했다는 말씀을 드립니다. 정부 측은 친정부 인사들 모두로부터 버림을 받았다는 말씀을 드립니다…….(여러 의석에서 항의) 149명 의원을 대표한 사람들, 즉 하원에서 어떤 절차를 밟을 것인지 검토하는 문제를 사무처 회의에서 우리와 논의하기 위해서 온 의원님들이 바로 그들이었기 때문입니다…….

---

231 폴 드 카사냑 의원이 한 말.

드마르세[232] 남작 의원 149명의 의원들에게는 대표자들이 없었습니다!

랑글르와 의원 물론입니다! 저는 아무도 대표하지 않았습니다!(계속되는 동요)

(클로비스 위그 의원이 무슨 말을 하지만, 그 말은 시끄러운 소리에 묻힌다.)

(랑글르와 의원이 자리를 떠나, 격하게 몸짓을 하며 클로비스 위그 의원 쪽으로 향한다. 동료 의원 여러 명이 그가 지나가지 못하도록 통로를 막는다.(계속되는 소란))

우파 의석에서 들려오는 목소리 의장님, 제123조라고 하셨나요? 이번에는 도발이 있습니다!

데 로투르 남작[233] 의원과 우파 측 다른 의원들 우리는 이런 폭력 행위에 대해서 견책 처분을 내릴 것을 요청합니다.(술렁임)

의장 여러분은 의장이 이런 소란에 어떻게 개입할 수 있기를 바라시나요?(계속되는 시끄러운 소리)

의원님들이 조용히 하시지 않는다면, 저는 회의를 중단시키지 않을 수 없을 것입니다…….("안 됩니다! 안 됩니다!"라는 외침)

드 보드리 다송 의원 의장님, 아무도 회의 중단을 요구하지 않습니다!

의장 여러분, 이런 소란이 일어나는 것은 있을 수 없는 일입니다…….

중도파 의석에서 어느 의원 소란을 제지하십시오!

의장 제게 ≪소란을 제지하십시오!≫라고 하시는 의원님, 저는 제가 수행하고 있는 직무를 더없이 즐거운 마음으로 의원님에게 넘길 만반의 준비가 되어 있습니다…….(좌중에 웃음) 그리고 의원님에게 여쭈어봅니다! 하원에서 일어나는 물리적 소란을 한 사람이 어떤 방식으로 제지할

---

232 모리스 마르크 오귀스트 드마르세 *Maurice Marc Auguste Demarçay*(1835~1907년). 공화주의 계열의 하원의원(1881~1885년, 1889~1900년), 상원의원(1900~1907년)을 지냈다. 쥘 페리를 비롯한 ≪편의주의자들≫의 내각을 꾸준히 지지했다. 7월 30일의 표결에서 예산안에 찬성표를 던졌다.

233 외젠 로베르 데 로투르 *Eugène Robert des Rotours*(1833~1895년). 우파 계열의 하원의원(1868~1895년)을 지냈다. 7월 30일의 표결에서 예산안에 반대표를 던졌다.

수 있는지를 말입니다.

제가 발언 방해를 파악할 수 있었을 때마다, 또는 하원의 규율에 어긋나는 행위를 알아차릴 수 있었을 때마다, 그런 행위들이 어느 쪽에서 일어나든 간에, 제가 그런 행위들을 엄격하게 진정시키는 것을 의원님은 보셨습니다. 저로서는 그렇게 엄격하게 대응하기가 쉽지 않았다는 것을 믿어주시기 바랍니다. 그러나 사방에서 소란이 이는 와중에 하원의 질서 유지 권한을 행사한다는 것은 불가능한 일이며, 조금 전에 있었던 말은 속기사들도 사무처 직원들도 듣지 못했습니다.(중도파의 여러 의석에서 외치는 소리)

클로비스 위그 의원 신상 문제로 발언권을 요청합니다.(시끄러운 소리)

폴 드 카사냐 의원 하원의 규칙 위반에 대한 처분과 관련하여 발언권을 요청합니다.

의장 우선, 발언자에게 발언을 마칠 시간을 주십시오.

여러분, 제가 만일 모욕적인 말을 들었다면, 저는 그 말을 진정시켰을 것이지만, 저는 그런 말이 있었는지조차 알지 못한다는 것을 믿어주시기 바랍니다…….

폴 드 카사냐 의원 그러면 행동은요? 의장님은 그 행동을 보셨습니다!

클로비스 위그 의원 제가 한 말을 의장님에게 곧 말씀드리겠습니다. 원하신다면 말입니다!

의장 아닙니다. 그러지 마시기 바랍니다. 그렇게 하시면, 유감스러운 사태가 벌어질 수도 있습니다. 그런 일은 이미 너무나 오랫동안 계속되었습니다.(시끄러운 소리)

폴 드 카사냐 의원 의장님, 저는 하원의 규칙 위반에 대한 처분과 관련하여 발언권을 요청했습니다.

의장 좋습니다. 그러나 규칙 제91조를 읽어드리는 것으로 답변을 갈음하겠습니다…….(시끄러운 소리)

우파 의석에서 들려오는 목소리 제123조! 의장님, 제123조를 읽으십시오! ― 견책 관련 조항 말입니다!

폴 드 카사냑 의원 의장님, 하원의 규칙 위반에 대한 처분과 관련하여 저에게 발언권을 주십시오!

의장 여러분, 우리는 며칠 뒤에 우리를 심판하게 될[234] 국민들 앞에서 토의를 하고 있다는 사실을 지금 여러분은 잊고 있으며, 또한 모든 분이 잊고 있습니다. 모두 조용히 해주시기 바랍니다. 발언자는, 거듭 말씀드리지만, 제가 듣지 못했으며, 제 생각으로는 잊어버리는 편이 더 좋을 것 같은 말에 대해서는 언급을 계속하지 마시고…….(좌파 의석에서 "옳소! 옳소!"라는 외침) 발언을 계속해주시기 바랍니다.

폴 드 카사냑 의원 좋습니다. 하지만 의장님이 하원의 규칙 위반에 대한 처분과 관련해서 저에게 발언권을 주시기 전에는 안 됩니다!(시끄러운 소리)

의장 클레망소 의원님이 발언을 끝낸 다음, 의원님이 발언권을 가질 것입니다.

우파 의석에서 들려오는 목소리 안 돼요! 안 돼요! 즉시 주십시오!

의장 어느 분은 하원의 규칙 위반에 대한 처분과 관련해서 드 카사냑 의원님에게 발언권을 주라고 제게 명령하시는군요!

제91조를 읽는 것으로 답변을 갈음하겠습니다.

≪의사일정과 관련한 요청, 우선순위와 관련한 요청, 그리고 하원의 규칙 위반에 대한 처분과 관련한 요청은 언제나 주요 문제보다 우선적으로 처리된다. 이런 요청이 있으면, 토의는 중단된다…….≫

폴 드 카사냑 의원 그래서요?……

---

234 1885년 10월 4일(1차 투표)과 18일(결선 투표)에 있을 선거를 통해서 하원의원들을 심판하게 될.

의장 ≪…… 하지만 발언자가 발언을 마치지 않은 한에는 그런 요청을 할 수 없다.≫

드 카사냑 의원님, 규칙이 이렇습니다! 클레망소 의원님, 계속하시지요!(좌파 의석에서 "옳소! 옳소!"라는 외침)

드 랑쥐이네 백작 의원 그러면 제123조를 읽으십시오! 의장님은 이 조항을 잊고 있습니다.

의장 저는 하원 규칙 제91조로 답변을 갈음했습니다. 이 제91조의 마지막 항은 다음과 같습니다.

≪하지만 발언자가 발언을 마치지 않은 한에는……≫ ≪그런 요청≫ — 하원의 규칙 위반에 대한 처분과 관련한 요청 —을 ≪…… 할 수 없다.≫

드 카사냑 의원님은 클레망소 의원님이 발언을 마치고 나서, 그리고 본회의가 끝나기 전에, 규칙에 따라 발언권을 가질 것입니다.(좌파 의석에서는 "옳소! 옳소!"라는 외침 — 우파 의석에서는 시끄러운 소리)

클레망소 의원 여러분, 제가 발언을 마칠 수 있게 해주십시오. 2분밖에 걸리지 않습니다!

폴 드 카사냑 의원 규칙이 적용되지 않았습니다!

에르네스트 드레올 의원 조금 전에 도발이 있었습니다!

좌파 의석에서 들려오는 목소리 그만하십시오! 그만하십시오! — 클레망소 의원님, 말씀하십시오!

클레망소 의원 여러분, 여러분은 제가 이 소란을 일으키기 위해서 아무것도 하지 않았다는 사실에 대한 증인입니다.("그렇습니다! 그렇습니다! 사실이 그렇습니다!")

저는 어떤 정치적 의도 — 그 의도는 여러분이 곧 아시게 될 것입니다. —에서 고의적으로 그 사실들에 대해서 언급했습니다. 그렇기 때문에 제가 발언을 계속할 수 있도록 해주실 것을 여러분에게 요청합니다.

그분은 내각이 붕괴한 것에 대해서 거짓 이야기를 만들려고 애를 썼습니다. 그저께의 발언[235]이 있은 뒤로, 저는 그 거짓 이야기를 완전히 부술 필요가 있다고 믿고 있습니다. 저는 연단에서 내려가기 전에 그렇게 하려고 합니다.(극좌파와 우파 의석에서 "옳소! 옳소!"라는 외침)

그 무리의 주요 지도자들 사이에 논의가 있었다는 사실을 말씀드리고 또 거듭 말씀드립니다. 공화 연합[236]의 주요 구성원들 — 저는 어느 분의 이름도 밝히지 않겠습니다. 하지만 그분들의 이름을 밝힐 수도 있습니다. —이 우리에게 와서, 쥘 페리 의원님에게 반대표를 던질 필요가 있지만 그렇게 하기 전에 먼저 5000만 프랑[237]에 대해서 표결해야 한다고 했다는 말씀을 드립니다.

어느 때에 쥘 페리 씨를 쓰러트려야 하는가를 검토하는 문제에 대해서 논의가 있었으며, 우리 모두는 쥘 페리 씨를 쓰러트리는 데에는 의견이 일치했습니다. 이것이 진실입니다.(극좌파와 우파 의석에서 박수갈채 — 중도파 의석에서 웅성거림)

여러분이 강요하시면, 저는 그분들의 이름을 알려드릴 것입니다. 그렇게 되면, 제가 말하는 것을 저 자신이 입증할 수 있다는 것을 모든 분이 알게 될 것입니다.

라게르 의원 누구도 의원님이 말씀하시는 것을 부인할 수 없습니다.

클레망소 의원 의원님[238]은 논의도 없이 이 하원 의사당을 떠나셨으며, 의원님

---

235 7월 28일에 쥘 페리가 한 발언.

236 공화 연합 *Union républicaine*은 1871~1914년에 하원 내에, 1876~1940년에 상원 내에 단속적으로 있었던 극좌파와 급진 좌파 계열의 원내 단체.

237 통킹 원정을 위한 예산으로, 3월 31일의 표결에서 투표자 493명 전원이 찬성하여 가결되었다.

238 쥘 페리를 가리킨다.

은 이곳을 나가자마자 제가 조금 전에 언급한 사건들에 대해서 특별한 홍보를 하기 시작하셨다는 말씀을 드립니다.

의원님은 의원님 자신이 쓴 편지들을 각종 신문에 가득히 실으셨으며, 그중의 한 편지에서 정부 수반이신 의원님, 전임 각의장이자 전임 외무부 장관이신 의원님은 대담하게도 이 나라가 유럽의 웃음거리라고 쓰셨던 것입니다. 의원님은 그렇게 쓰셨습니다!(극좌파와 우파 의석에서 요란스럽게 외치는 소리)

쥘 페리 의원 그렇지 않습니다!

조르쥬 페랭 의원 의원님, 신문에 실린 그대입니다! 의원님은 신문에 실린 그대로 쓰셨습니다!

쥘 페리 의원 저는 그렇게 쓴 적이 없습니다!

조르쥬 페랭 의원 의원님, 그렇게 쓰셨습니다! 의원님의 기억력이 그토록 좋지 않다니, 애석하군요.

극좌파 의석에서 들려오는 목소리 그 편지를 읽으십시오! 클레망소 의원님, 읽으십시오!

클레망소 의원 소렌토 *Sorrente*에서 1885년 5월 28일에 쓴 것으로 리모쥬 *Limoges*에 있는 「작은 센터 *Le Petit Centre*」[239]의 편집장 앙리 라베르튀종 *Henri Lavertujon* 씨에게 보내신 편지입니다.

그 편지에서 의원님은 다음과 같이 쓰셨습니다. ≪귀하, 귀하는 다음과 같은 사실을 아시나요? 그 이상한 절차……≫ ― 여기서 의원님은 [의원님에 대한] 불신임[240]에 대해서 언급하고 있습니다. ― 때문에

239 당시에 프랑스 중부에 있는 도시 리모쥬에서 발행되던 공화주의적인 성향을 띤 신문. 정식 명칭은 「작은 일요 센터 *Le Petit Centre du dimanche*」이다.

240 1885년 3월 30일, 각의장 쥘 페리가 사임을 예고하면서 하원 의사당을 떠난 직후, 쥘 들라포스 의원은 쥘 페리가 통킹 원정에서 범한 ≪공익에 대한 명백한 반역죄, 군대 및 국민들에 대

≪…… 우리는 유럽의 웃음거리가 된다는 것을 말입니다.≫(극좌파와 우파 의석에서 다시 외치는 소리 — 좌파와 중도파의 여러 의석에서 박수갈채)

드 보드리 다송 의원 박수갈채를 보내는 분들은 공범입니다!

라울-뒤발 의원 그런 규정은 아직 생기지 않았습니다!

클레망소 의원 제가 이 편지를 읽은 것에 대해서 여러분이 보내신 박수갈채가 『관보』에서 언급되기 바랍니다…….

중도파 의석에서 목소리 우리는 무척 기대합니다!

클레망소 의원 …… 쥘 페리 씨에 대한 불신임을 요청한 것은 극좌파뿐만이 아니라는 것을 의원님은 잊고 있기 때문입니다.

중도파 의석에서 들려오는 목소리 우파도 요구했습니다.

드 보드리 다송 의원 그렇습니다. 우리도 요구했습니다. 우리는 그렇게 한 것을 자랑으로 여깁니다!

클레망소 의원 쥘 페리 의원님, 성급하게 우쭐대지 마십시오!

지금은 고인이 된 한 사람[241]이 있습니다. 그분은 의원님이 포르모사로 보냈으며, 그곳에서 사망했습니다. 그분은 의원님에게 반대할 자격이 있습니다.(우파와 극좌파 의석에서 박수갈채 — 좌파와 중도파의 여러 의석에서 웅성거림)

의원님은 그분의 장례를 국장으로 치르기로 결정했습니다.(극좌파와 우파 의석에서 다시 박수갈채 — 좌파와 중도파 의석에서 다시 웅성거림) 그렇습니다. 저는 기다리고 있습니다. 국장을 말입니다. 우리는 의원님이

한 반역죄≫의 책임을 묻기 위해서 불신임안을 발의했다. 이어서 샤를 앙쥬 레장 *Charles Ange Laisant* 의원은 각료들을 불신임할 것을 하원에 촉구하고, 각료들을 교체하는 준비를 할 것을 대통령에게 촉구하는 내용의 결의안을 제출했다. 두 안건은 하나의 안건으로 합쳐져서 투표에 부쳐졌으며 찬성 152표, 반대 287표로 부결되었다.

241 쿠르베 제독을 가리키는 것으로 보인다.

운구 행렬에 참여할 것인지 볼 것입니다!(같은 의석에서 같은 동요)

그런데 여러분, 그날 쿠르베 제독이 하신 다음과 같은 말씀을 상기해보십시오! ≪프랑스가 겪은 불행과 치욕에 대해서 책임이 있는 위험인물을 불신임하기 위해서 과반수 반란자들이 양원[242]에서 들고일어나는 일은 절대로 없을 것입니다!≫(우파와 극좌파 의석에서 열렬한 박수갈채 — 좌파와 중도파의 여러 의석에서는 요란한 발언 방해)

이것은 의원님을 규탄하는 말입니다!

폴 드 카사냑 의원 그러므로 그 고인에게 견책 처분을 내리십시오!

클레망소 의원 의원님은 귀하를 쓰러트린 하원에 대해서 그런 도발적인 태도를 취한 다음, 통킹 사건에 대해서 토의를 해보자는 제안을 받았으나 피하셨습니다. 의원님은 말해야 할 때에는 침묵을 지키시더니, 의원님 자신의 행위에 대해서 따지는 것이 불가능해졌을 때에 이 연단에 다시 오르셨습니다. 그렇게 해서 의원님은 의원님을 탓할 수 없는 상황을 이용해서, 3월 30일에 단죄를 받은 정책을 현 내각의 정책과 연계시키려고 애쓰셨습니다.

이것이 바로 술책입니다. 저는 이 술책을 규탄합니다!(극좌파와 우파 의석에서 "옳소! 옳소!"라는 외침)

그런데, 만일 3월 30일의 표결이 없었고, 그날 의원님이 실각하시지 않았더라면, 오늘 우리가 그렇게 말해야 하며, 의원님이 속한 여당이 또 그렇게 말해야 합니다! 우리로서는 정부를 신뢰합니다. 정부는 정당 재편에 거는 우리의 희망입니다.(좌파와 중도파 의석에서 외치는 소리) 추락한 의원님, 권좌에서 굴러떨어진 의원님, 당신이 아직도 정부를 장악하고 있다고 자처하는지를 국민 모두가 알아야 합니다. 우리

---

242 상원과 하원.

는 누가 각의장인지, 브리송 씨인지 아니면 페리 씨인지 알고 싶습니다.(좌파와 중도파 의석에서 다시 외치는 소리) 우리는 어디에 내각이 있는지, 어디에 정책이 있는지 물어봅니다.(극좌파와 우파 의석에서 연속해서 두 번 박수갈채 — 발언자는 의석으로 돌아가면서 동지들로부터 축하를 받는다.)

의장 폴 드 카사냑 의원이 하원의 규칙 위반에 대한 처분과 관련하여 발언하시겠습니다.

폴 드 카사냑 의원 여러분, 여러분은 저를 잘 알고 계시기에 우선 다음과 같이 생각하십니다. 저에게 내려진, 바로 저에게 내려진 그 징계 조처에 대해서 제가 그 어떤 방식으로든지 항의하려고 이 연단에 선 것은 아니라고 말입니다. 이 사실을 큰 소리로 말씀드립니다.(동요)

여러분에게는 규칙이 있으며, 그 규칙은 단호합니다. 그 규칙은 동료 의원들 중의 한 사람에게 도발, 모욕, 위협을 가하는 모든 의원은 견책 처분을 받아야 한다는 내용을 담고 있습니다.

사실, 저는 그것[243]이 도발인지 따져보고 또 물어볼 수도 있었지만, 그렇게 하지 않았습니다. 그랬더라면, 여러분은 "도발이 아닙니다!"라고 답하셨을 것입니다. 저는 그것이 위협인지 물어볼 수도 있었지만, 그렇게 하지 않았습니다. 그랬더라면, 여러분은 또다시 "위협이 아닙니다!"라고 답하셨을 것입니다. 저는 그것이 모욕인지 물어볼 수도 있었지만, 그렇게 하지 않았습니다……. 그랬더라면, 여러분은 그게 모욕일 수 있는가라고 의문을 가지셨을 수도 있습니다!…….(우파 의석에서 동의한다는 뜻의 웃음소리. 중도파 의석에서 이의 제기, 그리고 "경고하십시오!"라는 외침)

의장 드 카사냑 의원님, 의원님에게는 하원의 규칙 위반에 대한 처분과 관련

243 폴 드 카사냑 자신이 한 행위를 가리킨다.

하여 발언권이 있지, 의원님이 이미 하신 말씀, 그리고 의원님에게 내려진 처분을 초래한 말씀보다 더 나쁜 말씀을 하시기 위해서 발언권이 있는 것은 아닙니다.(“옳소! 옳소!”라는 외침)

폴 드 카사냑 의원 여러분, 제 말이 끝나기도 전에 어느 분이 반대 의사를 표시함으로써 저의 말을 중간에서 끊지 — 적어도 이전의 여당 측에서 — 않았더라면, 저는 다음과 같은 말을 덧붙일 수 있었을 것입니다. 의원님들은 그게 모욕일 수 있는가라고 의문을 가지시기를 분명히 주저하셨을 것이라고…….

의장 안 됩니다! 안 됩니다! 드 카사냑 의원님, 저는 의원님이 발언을 계속하도록 내버려 둘 수 없습니다.

폴 드 카사냑 의원 그런데, 이런 종류의 사안은 접어두겠습니다. 저의 주장을 방어하면서 말을 조심하려고 무척이나 애를 쓸지언정, 저로서는 이런 종류의 사안에 대해서 논할 수 없습니다. 그리고 저는 다음과 같은 말씀을 덧붙입니다. 저에게 상당히 엄격하게 적용된 그 규칙 — 제가 익숙해질 수 있기 때문에 별로 가혹하게 느껴지지는 않습니다. — 은……(우파 의석에서 미소) 아마도 같은 조건에서 같은 정도로 저의 동료 의원들에게 적용된 적이 없을 것이라는 말씀을 말입니다.(우파 의석에서 “사실입니다!”라는 외침)

저는 다음과 같은 말을 하고 싶어서, 또는 그렇게 말하려는 의도로 이 자리에 선 것은 아닙니다. 만일 의원님들이 규칙을 보다 공정하게 적용하는 문제를 혹시라도 받아들이신다면, 여러분은 여당 쪽에서, 즉 발언권을 제한하는 데에 찬성하고 또 의원의 자긍심을 떨어뜨리는 징벌을 동료 의원에게 내리는 데에 찬성하는 의원들에게서 자주 볼 수 있었던 광경을 야당 쪽에서, 즉 우파 쪽에서 볼 수 있을 것이라고 말입니다. 정말이지 이 무슨 징벌인가요? 이 징벌은 규칙이 집행되는 방식에 있어서 유감스럽게도 사람의 품격과 관련한 더없이 보잘것없는 문제들 중의 하나를 금전적인 면으로 처리하는 징벌[244]입니다.(우파와 극좌파 의석에서 "옳소! 옳소!"라는 외침) 그렇습니다. 우파에 속하는 우리들 중에서 어느 누구도 어떤 종류의 징벌도 결코 의결하지 않았으며, 앞으로도 결코 의결하지 않을 것입니다. 그렇게 해서 자유[245]의 모범을 여러분에게 보여드리면서 말입니다.

극좌파 의석에서 우리도 마찬가지입니다!

폴 드 카사냑 의원 그러나 저는 단순히 원칙의 관점과 만인 평등의 관점에서 의원님들에게 기탄없이 지적하는 바입니다. 규칙이 적용되지 않았다는 사실을 말입니다. 그리고 거듭 말씀드리지만, 제가 여기서 따지는 것은 원칙의 문제와 사실의 문제입니다.

의원님들은 조금 전에 우리가 빠져 있던 정신 상태 — 매우 다행스럽게도 우리는 차례차례 그런 정신 상태를 벗어났습니다. —에서 두 명의 의원이 자리에서 일어나서, 조금도 평화적으로 보일 수 없는 의도를 가진 채로, 극좌파에 속하는 동료 의원 한 분[246]에게 돌진하는 것을 보았습니다. 그 두 의원은 공화주의자 집단에 속하는 사람들로서, 그중에서 한 분[247]은 프랑스에서 공화국 체제를 수립하기 위해서 싸운 노장들 중의 한 분인 동시에 이전의 집권 여당을 변함없이 지지해 온 사람들 중의 한 분입니다. 양쪽에서 여러 의원님이 적대자가 된 그

244 경고나 견책 처분을 받은 의원에게서 일정 기간 동안 보수의 일부를 박탈하는 것(이에 대해서는 앞의 37번 각주를 보라.)을 가리킨다.

245 발언의 자유, 또는 그 자유를 보장하는 행위를 가리키는 것으로 보인다.

246 클로비스 위그 의원을 가리킨다.

247 아메데-제롬 랑글르와 의원을 가리킨다.

두 동료 의원님에게 달려들어, 그 두 의원님이 합세해서 여러분의 정부 당국자가 좋아하고 또 많이 권하는 그런 책동, 즉 공화주의 세력들을 결집시키는 책동을 벌이지 못하도록 하려고 안간힘을 썼습니다. 다행스럽게도 여러 의원님은 저지하는 데에 성공했으며, 그것은 하원의 자랑거리입니다.(우파 의석에서 웃음과 박수갈채)

공화주의 세력들이 그렇게 결집하는 것은 오로지 난투극의 시작일 뿐이었습니다. 의원님들 모두가 그 난투극을 목격하셨습니다. 다음과 같은 사실을 아시는 것이 좋습니다. 그 도발은 [하원의] 규칙에 표현되어 있는 대로 완전한 도발에 해당했지만, 징벌을 내리는 문제로 의원님들에게 회부된 것은 아니라는 사실을 말입니다.(우파 의석에서 동의한다는 표시)

드 보드리 다송 의원 그건 사실입니다!

폴 드 카사냑 의원 이것이 바로 제가 꼭 밝혀두고자 했던 것입니다. 여러분, 저는 발언을 마쳤습니다. 제가 이 마지막 사건 — 이 사건에 대해서 [의장님은] 의원님들의 의견을 묻지 않았으며, 이 사건은 잘 무마되었습니다. —을 상기시켜드리는 것은 [이 사건에 대해서] 징계 처분을 요구하기 위해서가 아닙니다. [의장님이 의원님들의 의견을 물어보았더라면,] 우파에 속하는 우리 모두는 징계 처분에 반대하는 표를 던졌을 것입니다. 어떤 종류의 징계 처분이라 하더라도 말입니다. 제가 이 사건을 상기시켜드리는 것은 정상 참작을 대신하여, 여러분을 위해서나 저를 위해서 다음과 같은 사항을 밝혀두기 위해서입니다. 어떤 회의에서는 우리 각자가 여러분 앞에서, 그리고 또 국민들 앞에서 인내하고 절제하는 모습을 보여주어야 한다는 것을 아마도 망각하게 만드는 어떤 사건이 생길 수 있다는 사실 말입니다.

저는 이 말로 족합니다. 저의 결론은 매우 간단합니다. 오늘 제가 엄격한 규칙의 적용 대상이 되는 위험을 무릅쓰지 않을 수 없었던 것에 대해서, 그리고 충돌 — 여러분은 충돌을 보실 뻔했습니다. —을 야기한 말을 내뱉지 않을 수 없었던 것에 대해서 용서를 구합니다. 제가 관계된 사건 때에 의원님들의 의견을 물어본 것과 마찬가지로, 이 충돌에 대해서도 [의장님은] 의원님들의 의견을 물어보아야 합니다.

저는 저의 동지들의 이름과 저 자신의 이름으로, 토론에서의 공정성의 이름으로, 좌파 의원들이 범한 그 마지막 규칙 위반 행위, 아직도 처벌을 받지 않은 그 행위에 대해서 의원님들이 의사를 표명해주시기를 분명하게 요구합니다. 그 행위는 요컨대 이번 회의에서 있었던 모든 격한 행위들과 마찬가지로 단 하나의 것 때문에 빚어진 것입니다. 그 단 하나의 것은 저와 관계가 있는 것도 아니고, 여러분과 관계가 있는 것도 아닙니다. 그것은 아마도 하원 내에 쓸데없는 사람[248]이 한 명 있을 것이기 때문에 생길 따름입니다.(우파 의석에서 박수갈채 — 중도파 의석에서 외치는 소리)

의장 여러분, 드 카사냑 의원은 [마지막 사건에 대해서] 징벌 조처를 내릴 것을 요구하지 않으셨습니다. 의원님 자신이 그렇게 말씀하셨습니다. 이어서 의원님은 다음과 같이 말씀하셨습니다. 그 사건이 일어나고 나서 — 이 사건 때에는 하원의 엄밀한 규율을 유지하는 것이 불가능했습니다. — 다행스럽게도 회의 분위기가 매우 차분해졌다고 말입니다. 여러분, 지나간 사건들을 다시 들먹여서 이 차분한 분위기를 깨트리는 것은 쓸데없는 짓이라고 저는 생각합니다.("옳소! 옳소!"라는 외침) 그러므로 저는 블랑쉬베 의원님에게 발언권을 드립니다.

248 쥘 페리를 가리키는 것으로 보인다.

우파 의석에서 그러면 [드 카사냑 의원에게 내린] 견책 처분을 철회하십시오!

드 랑쥐이네 백작 의원 이 사건이 주는 교훈은 모든 이들이 이 규칙의 적용 대상이 되는 것은 아니라는 것입니다!

의장 뭐라고요! [의원님들의] 의견이 일치되어야 할 것입니다. 의장 아닌 누구도 견책 처분을 발의할 권한이 없습니다. 의원님은 의장이 견책 처분을 제안하기를 요구하시나요, 요구하지 않으시나요?

에르네스트 드레올 의원 우리는 드 카사냑 의원에게 내려진 견책 처분을 철회할 것을 요구합니다.

드 랑쥐이네 백작 의원 의장님은 어떤 의원들에게는 견책 처분을 내리고, 어떤 의원들에게는 내리지 않습니다.

의장 거듭 말씀드리지만, 견책을 발의하는 권한이 있는 사람은 의장뿐입니다. 누구도 제게 발의하라고 요구하지 않았습니다. 드 카사냑 의원님은 [그 사건에 대해서] 견책 처분을 요구하지 않는다고 하셨습니다…….

폴 드 카사냑 의원 저는 의원님들의 의견을 물어볼 것을 요구합니다.

의장 거참. 제가 책임을 지고, 의원님들의 의견을 물어보지 않겠습니다.(좌파와 중도파 의석에서는 "옳소! 옳소!"라는 외침 ― 우파 의석에서는 외치는 소리)

드 랑쥐이네 백작 의원 의장님은 모든 이들에게 규칙을 적용하지는 않습니다. 우리는 그것을 보고 있습니다.

의장 거참. 친애하는 동료 의원님, 의원님은 제가 공정하지 않다는 것을 확인하실 것이며, 몇몇 의원님은 제가 의원님에게 여러 번 호의를 베풀고 있다는 말을 보탤 것입니다.(우파 의석에서 시끄러운 소리)

각의장님이 발언하시겠습니다.

앙리 브리송(각의장 겸 국새상서 겸 법무장관) 여러분, 본질적으로, 그리고 심지어 방식

자체에 있어서 과거를 되돌아보는 형식을 띨 수밖에 없는 이 토의가 몇 주 전에 시작되었을 때, 저는 이런 종류의 토의는 하지 말자고 의원님들에게 간청했으며, 이렇게 과거를 되돌아보는 것은 하원에도, 공화국의 여론에도 득이 될 수 없다는 생각을 의원님들 앞에서 피력했습니다. 저는 지금도 여전히 같은 생각을 고수하고 있습니다.(좌파 의석에서 "옳소! 옳소!"라는 외침과 박수갈채)

저는 지금도 여전히 같은 생각을 고수하고 있다는 말씀을 드립니다. 그리하여 저는 과거를 되돌아보는 형식을 띤 이런 종류의 토의 ― 이런 종류의 토의는 우리가 대립하고 있는 모습만을 보여줄 수 있을 뿐입니다. ―를 피하고자 하는 이유를 밝혔습니다. 우리가 집권한 바로 그날, 저는 그 이유를 밝혔습니다. 그렇습니다. 3월 30일 사건이 있고 나서, 제가 보기에는 공화국의 새로운 내각을 구성해야 할 필연적인 이유로 여겨지는 것에 대해서 어떤 분들은 비웃었을 것입니다. 우리가 지금 보고 있는 광경은 아마도 그 점에 대해서 비웃을 수 있는 얼마간의 소재가 되었으리라는 것을 저는 인정합니다. 어떤 분들은 당시에 제가 여러 공화주의 세력의 단결을 촉구하는 호소를 한 것에 대해서 비웃었을 것입니다. 하지만 저는 그것이 단지 고상한 환상에 불과한 것은 아니며, 추구하기에 유익한 목표라고 주장하는 바입니다. 여러분이 허락하신다면, 저는 이 목표를 끝까지 추구할 것입니다.(중도파와 좌파 의석에서 열렬한 박수갈채)

스필레르 의원 각의장님은 정치인으로서 상황을 판단하셨으며, 특히 의무감이 강한 사람으로서 행동하셨습니다.

각의장 따라서 과거를 되돌아보는 형식을 띤 이 토의가 있게 된 것은 저 자리에 앉아 있는 각료들의 잘못도 아니고 또 각료들이 한 일도 아닙니다. 그리고 조금 전에 어느 분이 실각한 정부와 새 정부를 구분하라고 여러분에게 요구했기 때문에, 이 논쟁에서 공화주의자 집단을 떼어놓으려는 우리의 의도를 여전히 드러낸 것은 아마도 각료들의 잘못일 것입니다.

그런데 여러분, 우리는 첫날에 어떤 모습을 보였습니까?[249] 그리고 오늘 우리가 마다가스카르에 사용할 예산안 요청을 지지하는 것을 그 누가 어찌 비난할 수 있겠습니까?

우파 의석에서 어느 의원 그게 문제입니다.

각의장 그렇습니다. 그게 문제입니다. 이 문제에 대해서는 뒤에서 다시 언급하겠습니다. 저는 이 문제를 매듭지을 때가 되었다고 생각합니다. 가능한 한 빨리 말입니다…….(좌파와 중도파 의석에서 "옳소! 옳소!"라는 외침) 그런데 우리가 집권한 바로 그날, 우리는 무슨 말을 했습니까? 오늘, 우리는 마다가스카르에서 쓸 1200만 프랑의 예산을 요청하고 있습니다. 이와 마찬가지로 우리는 통킹에서 쓸 2억 프랑의 예산 요청에 지지를 보낸 적이 있습니다. 그리고 우리는 이 토의에서 다소간 야심적인 독트린은 배제하면서, 탄탄한 사실의 바탕 위에 서 있습니다. 식민 정책을 펴는 데에 있어서 주변 상황을 검토해볼 필요가 있습니까? 프랑스의 명예는 어디에 있으며, 프랑스의 권리와 이익은 어디에 있는가라고 의문을 가지는 것으로 충분하지 않습니까?(좌파와 중도파 의석에서 거듭되는 "브라보"와 박수갈채)

---

249 1885년 3월 30일, 쥘 페리는 통킹 원정에 사용할 특별 예산으로 2억 프랑을 요청했으나 하원은 거부했다(찬성 149표, 반대 306표). 이 중에서 5000만 프랑은 이튿날(31일) 만장일치(493표)로 가결되었으며, 나머지 1억 5000만 프랑은 앙리 브리송이 집권을 시작한 첫날(4월 7일) 가결되었다(찬성 368표, 반대 89표). 여기에서 브리송은 4월 7일의 표결에 대해서 말하고 있는 것 같다.

여러분, 프랑스는 여러 개의 식민 거점을 가지고 있습니다. 어떤 것은 오래된 것이고, 어떤 것은 최근에 확보한 것입니다. 최근에 확보한 거점은 프랑스가 비싼, 매우 비싼 대가를 치르고 얻은 것입니다. 그것이 너무나 비싼 대가인지는 미래에 판명될 것입니다.(여러 종류의 동요)

요 며칠 동안 여러 발언자 — 어떤 발언자는 수치를 부풀려 제시하고, 다른 발언자는 수치를 크게 줄여 제시하면서 그렇게 한 것 같습니다. — 가 프랑스와 알제리 간의 통상 규모가 얼마나 되며, 또 알제리가 프랑스 상품을 수입하는 규모가 얼마나 되는지를 서로에게 물어보는 말을 듣고서, 저는 의원님들 모두에게, 즉 우리가 요구하는 예산을 지지하시는 의원님들과 반대하시는 의원님들 모두에게 다음과 같이 여쭈어보고자 합니다. 그것이 진짜 문제인가라고, 그리고 지금 프랑스가 아닌 다른 강국이 툴롱 앞에, 마르세유 앞에 진출해 있는 것을 보고 싶은 분이 있는가라고 말입니다.("옳소! 옳소!"라는 외침 — 계속되는 박수갈채)

라로슈-쥬베르[250] 의원 이곳에 있는 어느 누구도 알제리에서 철수하라고 요구하지 않았습니다!

칼라 의원 알제리를 정복한 것은 공화국 정부가 아닙니다.

각의장 여러분, 따라서 이런 문제들의 바탕에는 이익 문제가 아닌 다른 어떤 것, 사람들이 선뜻 머릿속에 떠올리는 그런 통계 수치가 아닌 다른 어떤 것이 있습니다.

아! 여러분이 원하신다면 말씀드리겠습니다. 제가 국회의원이 된 이후로 15년 동안 제가 잃어버린 환상들 중의 하나는 통계 수치에 대한 환상이라는 것을 말입니다…….(동의한다는 뜻의 웃음소리) 왜냐하면 저

---

250 에드가 라로슈-쥬베르 *Edgard Laroche-Joubert*(1843~1913년). 보나파르트주의 계열의 하원의원(1884~1906년)을 지냈다. 7월 30일의 표결에서 예산안에 반대표를 던졌다.

는 모든 특별한 문제들에 있어서 전문가들 — 가장 탁월한 전문가들이라고 할 수도 있을 것입니다. —이 의견 일치를 보지 못한 채로 자기가 제시하는 수치가 옳다고 서로 우기는 것을 보았기 때문에, 그리고 또 모든 의원님이 덧셈, 뺄셈, 곱셈을 해서 얻은 판단으로 문제를 해결하기보다는 어처구니없는 이유로 문제를 해결해야만 하는 경우를 보았기 때문에 이런 말씀을 드리는 것입니다.("옳소! 옳소!"라는 외침)

따라서 수치 문제, 통상 문제, 통계 문제 — 저는 이 문제들을 무시하지는 않지만, 이 문제들은 일찌감치 예측하고 평가하기 몹시 어려운 것입니다. —를 넘어서, 한 나라 국민들에게는 힘과 명예의 문제가 있습니다.(거듭되는 박수갈채)

현 내각의 집권 초부터 우리의 입장은 바로 이러했습니다. 그리고 사실, 만일 우리가 다른 일을 하려고 했다면, 이 하원에서 포기 정책을 지지하는 의원님을 우리는 볼 수 있었을까요?("아닙니다! 아닙니다!" 하는 외침 — "옳소! 옳소!"라는 외침)

그런데, 우리는 포기 정책도, 모험 정책도, 정복 정책도 지향하지 않습니다…….("옳소! 옳소!"라는 외침) 우리는 국가 유산 보존 정책을 지향합니다…….(또다시 동의한다는 열렬한 표시)

우리는 역사의 일정 시점, 최근 시점, 즉 정부가 애국적 의무를 이해하는 방식에 있어서 선택의 여지가 없는 시점에 와 있습니다. 여러분, 적어도 우리가 보기에는 선택의 여지가 없는 시점입니다. [집권] 첫날, 우리는 여러분에게 말씀드렸습니다. 우리가 그 의무를 어떻게 이해하고 있는지를 말입니다. 오늘, 그 말씀을 거듭 드립니다. 바로 이런 생각으로 우리는 마다가스카르에서 사용할 예산을 가결해주실 것을 의원님들에게 요청합니다.

우리는 식민 정책을 선거 강령으로 삼지 않습니다. 그 정책에 찬성하든, 반대하든 말입니다. 우리에게 있어서 그것은 주된 문제, 가장 중요한 문제가 아닙니다. 그것은 우리가 검토해보아야 할 여러 문제 중의 하나입니다.

지금, 문제는 우리가 세계로 뻗어 나가서 또다시 식민지를 확보하는 것이 아니라, 우리의 새로운 소유지들을 정비하고자 애쓰는 것이며, 그 새로운 소유지들이 가능한 한 나라에 부담이 적게 되도록 하는 것이며, 그리고 그 새로운 소유지들이 우리나라 상인들과 기업가들 — 여러분은 이들의 진취적 기상을 고취하고 있습니다. —에게 최대한 이익이 되도록 하는 것입니다.("옳소! 옳소!"라는 외침)

이번 휴가 기간에 우리는 이런 방향으로 일을 추진할 것입니다. 우리는 우리가 검토한 것의 결과를 여러분의 뒤를 잇게 될 의원들[251]에게 제출할 것입니다. 게다가 식민 정책은 새 의원들이 마주하게 될 유일한 문제가 아닙니다. 새 의원들은 다른 문제들, 즉 개혁과 관련한 문제들, 노동과 공교육과 노동 인구와 관련한 문제들을 심의하게 될 것입니다.("옳소! 옳소!"라는 외침) 새 의원들은 이런 문제들을 다루게 될 것입니다.

현재의 토의 주제로 되돌아가서, 우리[252]는 우리의 새로운 소유지를 정비하는 최선의 방안을 마련하는 데에 전념하고 있다는 말씀을 거듭 드립니다. 우리는 바로 이러한 마음으로 마다가스카르 관련 예산을 가결해주실 것을 의원님들에게 요청합니다. 그리고 우리는 또한 화해를 염원하는 마음으로, 즉 공화주의자들 서로 간에 아직도 가능

---

251 1885년 10월 4일의 1차 투표와 18일의 결선 투표에서 새롭게 선출될 하원의원들.
252 내각.

한 화해를 염원하는 마음으로, 토의 — 이 토의는 우리가 싸우고 있는 모습을 보여주고 있을 뿐만 아니라, 새로운 싸움의 불씨가 되고 있습니다. —를 단축시켜 주실 것을 의원님들에게 간청합니다.(열렬한 박수 갈채)

중도파 의석에서 폐회합시다! 폐회합시다!

폴 베르 의원 발언권을 요청합니다.

의장 여러 의원이 발언자로 등록되어 있습니다. 에티엔 의원님, 블랑쉬베 의원님, 폴 베르 의원님이 그렇습니다. 에티엔 의원님과 블랑쉬베 의원님이 발언 차례를 양보해주셔서 폴 베르 의원님이 발언하시겠습니다.

라울-뒤발 의원 저도 발언권을 요청했습니다!

폴 베르 의원 여러분, 저는 의원님들의 뜻에 따라야 한다고 생각합니다…….

우파 의석에서 폴 베르 의원님에 앞서 라울-뒤발 의원님이 발언해야 합니다.

의장 폴 베르 의원님은 등록되어 있지만, 라울-뒤발 의원님은 바로 지금 발언권을 요청했습니다.

라울-뒤발 의원 저는 지난번 회의에서 쥘 페리 의원님이 발언하는 도중에 발언권을 요청했습니다.

의장 라울-뒤발 의원님, 그 경우에 의원님은 등록하려고 수고할 필요가 없었다는 것이 참 안타깝습니다.

우파 의석에서 『관보』에 [라울-뒤발 의원님의 발언권] 요청이 나와 있습니다.

폴 베르 의원 라울-뒤발 의원님, 저는 연단을 차지하려고 의원님과 다투고 싶지 않습니다. 저는 조금 전에 각의장님이 표명하신 고결한 뜻에 경의를 표하기 위해서 발언권을 포기합니다.

의장 그러면, 라울-뒤발 의원님이 발언하시겠습니다.

라울-뒤발 의원 여러분, 저는 할 말이 많지는 않습니다. 요청된 예산에 찬성표를 던지지 않겠다고 마음먹은 의원님들이 각의장님의 말씀에 대해서 아무런 반응도 하지 않는다는 것은 있을 수 없는 일이라는 것을 의원님들은 알고 있습니다.

지금, 우리 앞에는 내각이 있습니다. 제가 보기에는, 지금 누구도 내각을 궁지에 몰아넣으려는 생각을 하지 않습니다. 조금도 하지 않습니다. 따라서 [내각에 대한] 신임 문제는 제기될 수 없습니다.

그런데 우리는 식민지 확보의 관점에서, 특히 마다가스카르와 관련하여 프랑스에 주어진 상황을 너무나 쉽게 알 수 있습니다. 조금 전에 각의장님은 다음과 같이 물으셨습니다. 마르세유와 툴롱 앞에 프랑스 땅이 아닌 다른 나라 땅이 있기를 원한다는 생각을 할 수 있는 분이 여기에 있느냐고 말입니다. 그런 말씀을 하시는 각의장님에게 대부분의 의원님들은 박수갈채를 보내셨는데, 그건 당연한 일이었습니다. 하지만 저는 각의장님이 완전히 논점을 벗어나셨다는 말씀을 드리지 않을 수 없습니다.

오늘 해야 할 것은 우리가 장차 프랑스의 유산을 보존하게 될 것인지를 검토하는 것이 아닙니다. 그리고 우리의 동료 의원들 누구의 머릿속에도 그 유산 중의 어느 한 부분을 포기하려는 생각은 들지 않을 것입니다. 입증해야만 했던 것은, 프랑스의 이익을 위해서라면 온갖 위험 — 조금 전에 클레망소 의원님이 이 위험을 너무나 정확하게 지적하셨습니다. —을 무릅쓰고 이 유산에서 식민지가 차지하는 부분을 더 늘려야만 한다는 것, 그리고 통킹 다음으로 마다가스카르를, 그리고 마다가스카르 다음으로는 오보크 땅과 동아프리카의 적지 않게 큰 부분을 그 유산에 더해야 한다는 것이었습니다.

이것이 진짜 문제인데, 각의장님은 이 문제에 대해서는 언급조차 하지 않으셨습니다.

게다가 4개월 전부터 집권하고 있는 정부는 주어진 기회를 이용해서, 우리에게 말해줄 수 있을 것이라고 저는 생각했습니다. 통킹과 안남에서 어느 정도로 우리의 힘을 군사·외교적으로 사용할 수 있는 상황인지를 말입니다. 정부는 이에 대해서 알아볼 겨를이 있었습니다. 그리고 우리가 마다가스카르에서 군사 행동을 하기에 적절한 때를 택한 것인지를 정부에 물어보는 것은 의원들에게 주어진 준엄한 의무입니다.

여러분, 덧붙여 말씀드리겠습니다…….(시끄러운 대화)

의장 라울-뒤발 의원님, 조용해지기를 기다리십시오.

라울-뒤발 의원 여러분, 덧붙여 말씀드리겠습니다. 만일 우리가 외무부 장관님이 이전 회의에서 하신 말씀에 대해서 표결해달라는 요청을 받았더라면, 저는 이런 질문을 하지 않을 것이라고 말입니다. 외무부 장관님이 말씀하신 뒤로 중대한 일이 벌어졌습니다. 위원회의 법안 취지 설명자가 장차 마다가스카르섬 전체를 정복할 수 있을 것이라고 전망했으며, 의원님들 대부분이 그 말에 환호했던 것입니다.

드 란느상 의원(법안 취지 설명자) 이의를 제기합니다!

라울-뒤발 의원 …… 그다음으로, 원정의 규모를 줄이자는 말은 단 한마디도 없었습니다.

몇 달 전, 저는 이 연단에서 엄청난 문건을 하나 제시했습니다. 그러나 의원님들은 관심이 없었습니다. 당시에 의원님들은 식민지 확장에 열광하고 있었습니다. 저는 식민부의 고위 공무원인 레위니옹섬 총독의 포고문에 대해서 말씀드리고자 합니다. 이 포고문은 지원병들을 모집하기 위한 것으로서, 다음과 같은 내용을 담고 있습니다. 프랑스는 머지않아 마다가스카르섬 전체를 정복할 것이며, [원하는] 사람은 지금

편성 중인 부대에 입대할 수 있으며, 입대하게 될 사람들은 토지와 마다가스카르의 행정직 자리를 어렵지 않게 얻을 수 있을 것이기 때문에 입대한 것을 후회하지 않게 될 것이라는 등의 내용이 그러합니다.

어느 의원의 목소리 언제 공포된 포고문입니까?

라울-뒤발 의원 1885년 5월 25일 자 포고문입니다. 의원님들이 허락하신다면, 상당히 긴 이 문건의 중요 구절을 읽어드리겠습니다.

저는 의원님들에게 다음과 같은 사실을 먼저 말씀드려야겠습니다. 이 포고문의 효력은 지금도 여전히 유효하며, 이전 내각도 현 내각도 이 포고문이 정부의 승인을 받았다는 것을 부정하지 않았습니다.

중요 구절은 다음과 같습니다.

≪여러분은 이 기회를 이용하여, 여러분 나라 사람들이 지녀온 애국심과 용맹이라는 옛 명성을 한층 드높이시기 바랍니다. 단 한 가지 때문에 여러분은 주저할 수도 있을 것입니다. 그것은 여러분이 마다가스카르에서 싸우지 못할 수도 있다는 염려일 것입니다. 안심하십시오. 우리는 [그곳 사람들과] 교섭을 하기 위해서가 아니라 [그곳에] 터전을 마련하고 살아가기 위해서 그곳에 진출합니다. 그리고 우리가 [그 섬의] 거의 모든 곳에 터전을 마련하고 살아가게 될 것이기 때문에, 거의 모든 곳에서 호바족을 상대로 하는 전투가 벌어질 것입니다…….≫

드 마이 의원 그것은 레위니옹섬 총독이 공포하기 이전에 미요 *Miot*[253] 제독이 공포한 것입니다.

라울-뒤발 의원 …… ≪지난해의 원정과 지금 시작되고 있는 원정을 구분해

---

253 폴-에밀 미요 *Paul—Émile Miot*(1827~1900년). 크림 전쟁(1855~1856년), 멕시코 원정(1863~1864년), 튀니지 원정(1881년) 등에 참전했다. 인도양 함대에 속한 전함을 지휘하면서(1884~1886년) 보헤마르와 디에고-수아레즈를 점령하고, 프랑스가 마다가스카르와 조약을 체결하는(1885년 12월 17일) 데에 큰 역할을 했다. 해군 생활 중에 여러 지역의 사진을 많이 촬영했다.

보십시오. 근본적으로 우리는 무엇을 원하는가요? 그것은 우리가 [마다가스카르] 북서부 해안에 대해서 가지고 있는 권리를 [호바족으로부터] 인정받고, 호바족과 조약을 체결하는 것입니다. 오늘, 더 많은 권리를 인정받고 더 많은 조약을 체결해야 합니다. 우리는 우리의 권리를 선포했으며, 그 권리에 제한을 두지 않으며, 그 권리는 그 섬 전체로 확대될 것입니다. 모든 연안지대에서 쫓겨난 호바족이 우리의 전진을 방해하려고 한다면, 그들이 사는 타나나리브 *Tananarive*[254]로 진격해서, 그들이 [그 섬에서의] 프랑스의 주권을 인정하도록 압박할 것입니다. 여러분이 보시고 있듯이, 우리는 지금 식민화 사업 *colonisation*의 시작 단계에 있습니다. 이렇게 하는 데에 부분적인 전투가 동반되고 있으며, 결국에는 원정을 벌여야 할 것입니다. 프랑스 정부는 이 위대하고 멋진 일에 협력해주실 것을 여러분에게 요청합니다. 여러분은 이러한 특별 배려를 자랑스러워해야 합니다.≫

프랑스 정부의 승인을 받아서 호바족의 재산을 수용하는 것, [마다가스카르섬을] 정복하는 것, [그곳] 전체를 정복하는 것이 바로 그 위대한 일입니다. 정부의 승인을 받았다고 한 것은, 제가 조금 전에 읽은 포고문에서 레위니옹섬 총독 퀴니에르 씨[255]가 정부를 대표하는 사람으로서 말했기 때문입니다!

그런데 이 포고문은 레위니옹섬 전역에 나붙었습니다. 이 포고문은 공식 문건으로서, 정부의 승인을 받았다는 사실이 부정되지도 않았고 또 그 중요성이 줄지도 않았습니다. 따라서 만일 의원님들이 더 토론을 하지 않은 채로 정부가 요청한 예산을 가결하신다면, 나중에 누군

254 당시에 마다가스카르의 지배 종족인 호바족의 수도. 지금의 안타나나리보.

255 피에르 에티엔 퀴니에르 *Pierre Étienne Cuinier*(1824~1888년). 과들루프 태생. 마다가스카르 총독(1879~1886년)을 지냈다.

가가 다음과 같이 말할 때, 그때 의원님들은 대꾸할 말이 하나도 없게 될 것입니다. 우리의 병력과 돈을 또다시 집어삼킬 원정이 야기하게 될 고통에 대한 확실한 보상도 받지 못하면서 정복을 계속하기 위해서 의원님들이 이 예산을 가결했다고 말입니다. 프랑스의 명예가 그렇게 하도록 명령하는 것은 아니므로, 여러분은 프랑스의 이익이 무엇인지를 잘 깨달으시고, 그렇게 하시지 않아야 할 것입니다.

말을 너무 많이 했군요…….(시끄러운 소리)

제가 드릴 말씀은 단 하나입니다. 저는 그 말씀을 드릴 권리가 있으며, 그 말을 할 것입니다.

그저께 쥘 페리 의원님은 [식민지 확보] 사업 — 저는 이것을 정신 나간 짓으로 간주합니다.—을 열정적으로 찬양하면서, 독일 제국의 재상이 보여준 정치적 본보기를 스스럼없이 내세우셨습니다. 그래서 저는 다음과 같은 사실을 페리 의원님에게 말씀드리고자 합니다. 독일 제국의 재상은 의원님 자신의 정책을 모방하기를 몹시 삼갔다는 사실을 말입니다.

그런데 여러분은 이 정책이 라인강 저 너머에서 어떻게 평가되었는지를, 여러분에게 본보기로 제시된 비스마르크가 식민 정책을 어떻게 여기는지를 아시는 것이 좋습니다.

제가 생각하기에, 페리 의원님은 기이하게도 그 칭찬 — 페리 의원님은 자신이 칭찬 대상이라고 여기십니다. —을 몹시 잘못 이해하셨습니다. 비스마르크 재상이 한 말은 칭찬보다는 비판과 훨씬 더 흡사하고 야유에 가깝기 때문입니다.

사실, 비스마르크는 다음과 같은 말로 자신의 뜻을 밝혔습니다.(발언 방해)

저는 저의 의무를 다하고자 하며, 그 말을 여러분의 눈앞에 제시하고자 합니다. 왜냐하면 이 연단에서 행해지는 말은 밖에서 되풀이되기 때문이며, 재난을 불러오는 이 정책[256] — 저는 이 정책에 끊임없이 반대해왔습니다. —을 옹호하는 사람들이 쥘 페리 의원님에 뒤이어 독일의 예를 내세울 수 있지 않아야 하기 때문입니다. 독일이 관세 — 독일의 관세는 사실은 우리나라 관세보다 대체로 훨씬 낮습니다. —를 통해서 스스로를 보호하고 있다고 어느 분이 주장하면서 날마다 내세우는 예를 말입니다. 그분이 그런 주장을 하는 것은 우리에게 다소간 높은 관세를 부과하기 위해서입니다.

독일 의회에서 식민 정책에 대해서 한 발언에서 독일 제국의 재상이 어떻게 말했는지 들어보십시오. 그 발언은 극동, 오스트레일리아, 아프리카 노선을 오가는 기선(汽船)에 매년 지급하는 보조금이 정당하다는 것을 증명하기 위한 것이었습니다. 발언 내용은 다음과 같습니다.

≪앞서 발언한 사람은 지금 프랑스인들이 통킹과 관련하여 겪고 있는 어려움에 대해서 언급했습니다. 저는 바로 다음과 같은 결론에 도달합니다. 계산에 매우 밝고 또 사업에도 매우 능한 프랑스 국민들은 자국의 여러 식민지에 엄청난 값을 매겨야만 할 것입니다. 그들이 그 식민지로 말미암아 희생을 무릅쓴다면 말입니다. 그러나 우리는 누구에게도 그런 희생을 감히 권하지 않을 것입니다.

게다가 저는 이러한 프랑스의 예를 따를 생각이 전혀 없습니다. 우리에게는 우리만의 특별한 식민 정책, 훨씬 더 신중한 식민 정책이 있습니다.≫

저 역시 훨씬 더 신중한 정책으로 만족할 것입니다. 이런 이유로 저

256 식민 정책.

는 각의장이 요청하신 예산에 찬성표를 던지지 않을 작정입니다.(우파 의석에서 박수갈채)

여러 의원 투표합시다! 투표합시다! 폐회합시다!

의장 본회의를 종결하는 문제를 표결에 부치겠습니다.

(본회의 폐막이 선포되었다.)

의장 제1조를 읽어드리겠습니다.

≪제1조. 해군·식민부가 마다가스카르 사건으로 야기된 지출에 충당하기 위해서 총액 1219만 프랑의 특별 예산을 1885 회계 연도의 본 예산에서 전용해서 1885 회계 연도에 사용한다.

이 예산은 해군·식민부 예산의 여러 항목에 다음과 같이 배정된다.

제1항 — 해군부

제4호. 지도국(地圖局)[257] (기자재) — 8000프랑.

제5호. 참모부, 그리고 육상과 해상에서 사용할 군수품 — 148만 6000프랑.

제6호. 군수품과 관련한 병영 및 기타 물품 — 5만 프랑.

제8항. 부대원, 군속 — 56만 1000프랑.

제10호. 부대원과 관련한 병영 및 기타 물품 — 16만 4000프랑.

제13호. 식량 — 190만 5000프랑.

제14호. 진료소 — 16만 1000프랑.

제15호. 선박 건조 — 선박 제작 마무리 및 개조 임금 — 20만 프랑.

제16호. 선박 건조 — 새 선박 건조 임금 — 30만 프랑.

제17호. 선박 건조 — 수리 임금 — 10만 2805프랑.

---

257 1720년에 설립된 것으로, 해군부 내의 지형 지도 및 교통망 지도를 담당하던 부서.

제18호. 선박 건조 — 일반 서비스 임금 — 10만 프랑.

제19호. 선박 건조 — 일반 선구(船具), 기업이 건조한 전함 구입 — 323만 2000프랑.

제23호. 포병 — 일반 선구(船具) — 기자재 구입 56만 2000프랑.

제26호. 인쇄 총비용, 서적 구입 — 4000프랑.

제27호. 인력 이동 비용 — 60만 프랑.

제28호. 기타 지출 — 20만 프랑.

제1항 합계 963만 5805프랑.

제2항 — 식민부

제2호. 식민지에서의 민간 서비스 인력 — 7만 6000프랑.

제3호. 식민지에서의 군 서비스 인력 — 63만 1180프랑.

제7호. 이동 비용 — 5만 9500프랑.

제8호. 식민지 전교회 — 6만 2000프랑.

제9호. 식량 — 11만 프랑.

제10호. 진료소 — 47만 8515프랑.≫

(위의 각 호는 연속적으로 투표에 부쳐져서 가결되었다.)

의장 여러분, 가결된 ≪제10호. 진료소 — 47만 8515프랑≫ 다음에 ≪제11호. 기자재(기자재, 민간 서비스) — 30만 프랑≫이라는 내용을 삽입할 필요가 있다는 것을 위원회가 저에게 알려줍니다.

(제11호- 새로운 호가 투표에 부쳐져서 가결되었다.)

≪제12호. 기자재(군 서비스) — 61만 5000프랑.(가결되었다.)

제13호. 공익 관련 기타 지출 — 22만 2000프랑.(가결되었다.)

제2항 합계 255만 4195프랑.

총계 1219만 프랑 — (가결되었다.)≫

(제1조가 투표에 부쳐져 가결되었다.)

≪제2조 — 1885 회계 연도 본예산 총액에서 위의 지출비를 전용한다.≫(가결되었다.)

드 랑쥐이네 의원님이 예산안 전체에 대해서 발언하시겠습니다.

드 랑쥐이네 의원 여러분 이번 토의가 예기치 않게 큰 규모로 진행되어서 저로서는 본의 아니게 연단에 올라서, 제가 할 투표에 대해서 설명하지 않을 수 없습니다. 쥘 페리 의원님이 그저께 이 자리에서 자신의 식민 정책을 변호하셨을 때, 그분은 마다가스카르와 관련한 예산을 계기로 그 정책을 지지하는 사람들과 반대하는 사람들의 수가 드러날 것이라고 믿는 체했습니다. 그런데, 의원님이 펴신 모든 식민지 확보 사업 중에서 일찍이 저의 동의를 얻은 것은 최근에 진행된 식민지 확보 사업입니다. 저는 의견을 바꾸지 않았으며, 법안에 찬성표를 던질 것입니다. 그러나 우리가 곧 하게 될 표결에 대해서 쥘 페리 의원님이 하려고 하신 해석을 저는 받아들일 수 없습니다. 그리고 그저께 어느 분이 여러분 앞에 서서 찬양한 피크로콜[258]식의 대외 정책에 대한 어떤 종류

---

258 프랑스 작가 프랑스와 라블레 *François Rabelais*(1483 또는 1494~1553년)의 작품 『가르강튀아 *Gargantua*』에 등장하는 인물. 이 이름은 그리스어로 "쓴 담즙을 가진 자"라는 뜻을 담고 있다. 화를 잘 내고 승산이 없는 싸움에 마구 뛰어드는 성격의 소유자이다. 가르강튀아의 아버지 그랑구지에 *Grandgousier*가 다스리는 나라에 피크로콜이 쳐들어오자, 수도사인 쟝 데 장토뫼르 *Jean des Entommeures*와 가르강튀아가 그를 격퇴한다. "피크로콜식의 대외 정책"이란 무모하게 대외 정복 전쟁을 벌이는 정책을 의미한다.

의 연대 행위도 저는 받아들이기를 거부합니다. 저는 혼신의 힘을 기울여 이런 정책을 규탄합니다.(우파 의석에서 "옳소! 옳소!"라는 외침)

루이 기요 의원(이제르도 출신) 제가 할 투표에 대해서 설명하기 위해서 발언권을 요청합니다.

의장 기요 의원님이 발언하시겠습니다.

루이 기요 의원(이제르도 출신) 여러분, 저는 예산 규모가 더 크지 않다는 아쉬움을 표명하면서 예산에 찬성표를 던집니다. 제가 이런 아쉬움을 표명하는 것은, 보다 신속하고 보다 완벽한 행동을 하기 위해서는 보다 큰 규모의 예산을 요청하는 것이 바람직했을 것이라고 여기기 때문입니다.

리보 의원 그것을 제안하십시오!

루이 기요 의원(이제르도 출신) 저는 이런 소견을 피력하면서 예산안에 찬성표를 던질 것임을 천명합니다.

드 라 포르트[259] 의원 우리들 중의 몇몇 의원은 그와는 정반대되는 이유로 예산안에 찬성표를 던질 것입니다.

의장 예산안 전체에 대한 투표가 곧 실시됩니다.

(집표가 되고 서기관들이 개표하다.)

의장 개표 결과는 다음과 같습니다.

투표자 수 397명

절대 과반수 199표

찬성 277표

반대 120표

하원은 가결했습니다.

---

259 아메데 드 라 포르트 *Amédée de La Porte*(1848~1900년). 공화주의 계열의 하원의원(1877~1900년)을 지냈다. 7월 30일의 표결에서 예산안에 찬성표를 던졌다.